県立伊奈学園中学校

〈収録内容〉

便利な DL コンテンツは右の QR コードから

問題は
紙面に掲載

⇒ 

※データのダウンロードは 2025 年 3 月末日まで。
※データへのアクセスには、右記のパスワードの入力が必要となります。 ⇒ 395889

本書の特長

実戦力がつく入試過去問題集

- 問題 …………… 実際の入試問題を見やすく再編集。
- 解答用紙 …… 実戦対応仕様で収録。
- 解答解説 …… 解答例は全問掲載。詳しくわかりやすい解説には、難易度の目安がわかる「基本・重要・やや難」の分類マークつき（下記参照）。各科末尾には合格へと導く「ワンポイントアドバイス」を配置。

入試に役立つ分類マーク

基本 確実な得点源！
受験生の 90%以上が正解できるような基礎的、かつ平易な問題。
何度もくり返して学習し、ケアレスミスも防げるようにしておこう。

重要 受験生なら何としても正解したい！
入試では典型的な問題で、長年にわたり、多くの学校でよく出題される問題。
各単元の内容理解を深めるのにも役立てよう。

やや難 これが解ければ合格に近づく！
受験生にとっては、かなり手ごたえのある問題。
合格者の正解率が低い場合もあるので、あきらめずにじっくりと取り組んでみよう。

合格への対策、実力錬成のための内容が充実

- 各科目の出題傾向の分析、最新年度の出題状況の確認で、入試対策を強化！
- その他、学校紹介、過去問の効果的な使い方など、学習意欲を高める要素が満載！

解答用紙ダウンロード 解答用紙はプリントアウトしてご利用いただけます。弊社ＨＰの商品詳細ページよりダウンロードしてください。トビラのＱＲコードからアクセス可。

UD FONT 見やすく読みまちがえにくいユニバーサルデザインフォントを採用しています。

公立中高一貫校の入学者選抜

ここでは，全国の公立中高一貫校で実施されている入学者選抜の内容について，その概要を紹介いたします。

公立中高一貫校の入学者選抜の試験には，適性検査や作文の問題が出題されます。

多くの学校では，「適性検査Ⅰ」として教科横断型の総合的な問題が，「適性検査Ⅱ」として作文が出題されます。しかし，その他にも「適性検査」と「作文」に分かれている場合など，さまざまな形式が存在します。

出題形式が異なっていても，ほとんどの場合，教科横断的な総合問題(ここでは，これを「適性検査」と呼びます)と，作文の両方が出題されています。

それぞれに45分ほどの時間をかけていますが，そのほかに，適性検査がもう45分ある場合や，リスニング問題やグループ活動などが行われる場合もあります。

例として，東京都立小石川中等教育学校を挙げてみます。

① 文章の内容を的確に読み取ったり，自分の考えを論理的かつ適切に表現したりする力をみる。

② 資料から情報を読み取り，課題に対して思考・判断する力，論理的に考察・処理する力，的確に表現する力などをみる。

③ 身近な事象を通して，分析力や思考力，判断力などを生かして，課題を総合的に解決できる力をみる。

この例からも「国語」や「算数」といった教科ごとの出題ではなく，「適性検査」は，私立中学の入試問題とは大きく異なることがわかります。

東京都立小石川中等教育学校の募集要項には「適性検査により思考力や判断力，表現力等，小学校での教育で身に付けた総合的な力をみる。」と書かれています。

教科知識だけではない総合的な力をはかるための検査をするということです。

実際に行われている検査では，会話文が多く登場します。このことからもわかるように，身近な生活の場面で起こるような設定で問題が出されます。

これらの課題を，これまで学んできたさまざまな教科の力を，知識としてだけではなく活用して，自分で考え，文章で表現することが求められます。

実際の生活で，考えて，問題を解決していくことができるかどうかを学校側は知りたいということです。

問題にはグラフや図，新聞なども多く用いられているので，情報を的確につかむ力も必要となります。

算数や国語・理科・社会の学力を問うことを中心にした問題もありますが，出題の形式が教科のテストとはかなり違っています。一問のなかに社会と算数の問題が混在しているような場合もあります。

少数ではありますが，家庭科や図画工作・音楽の知識が必要な問題も出題されることがあります。

作文は，文章を読んで自分の考えを述べるものが多く出題されています。

文章の長さや種類もさまざまです。筆者の意見が述べられた意見文がもっとも多く採用されていますが，物語文，詩などもあります。作文を書く力だけでなく，文章の内容を読み取る力も必要です。

調査結果などの資料から自分の意見をまとめるものもあります。

問題がいくつかに分かれているものも多く，最終の１問は400字程度，それ以外は短文でまとめるものが主流です。

ただし，こちらも，さまざまに工夫された出題形式がとられています。

それぞれの検査の結果は合否にどのように反映するのでしょうか。

東京都立小石川中等教育学校の場合は，適性検査Ⅰ・Ⅱ・Ⅲと報告書(調査書)で判定されます。

報告書は，400点満点のものを200点満点に換算します。

適性検査は，それぞれが100点満点の合計300点満点を，600点満点に換算します。

それらを合計した800点満点の総合成績を比べます。

このように，形式がさまざまな公立中高一貫校の試験ですが，文部科学省の方針に基づいて行われるため，方向性として求められている力は共通しています。

これまでに出題された各学校の問題を解いて傾向をつかみ，自分に足りない力を補う学習を進めるとよいでしょう。

また，環境問題や国際感覚のような出題されやすい話題も存在するので，多くの過去問を解くことで基礎的な知識を蓄えておくこともできるでしょう。

適性検査に特有の出題方法や解答方法に慣れておくことも重要です。

また，各学校間で異なる形式で出題される適性検査ですが，それぞれの学校では，例年，同じような形式がとられることがほとんどです。

目指す学校の過去問に取り組んで，形式をつかんでおくことも重要です。

時間をはかって，過去問を解いてみて，それぞれの問題にどのくらいの時間をかけることができるか，シミュレーションをしておきましょう。

検査項目や時間に大きな変更のある場合は，事前に発表がありますので，各自治体の教育委員会が発表する情報にも注意しましょう。

県立伊奈学園（いながくえん）中学校

https://inagakuen.spec.ed.jp/jhs/

〒362-0813　北足立郡伊奈町学園4-1-1
☎048-729-2882
交通　埼玉新都市交通ニューシャトル羽貫駅　徒歩10分
JR高崎線上尾駅・JR宇都宮線蓮田駅　バス

［カリキュラム］

・一日の授業は**6時限目**まで行われる。週に1回、**7時限目**を設定。

・**6年間一貫教育**。国公立大学進学という6年後の進路を見据えて、幅広い学力を身につけるべく、中学の3年間は各教科をバランスよく学ぶ時間割になっている。

・数学と英語の授業は**少人数編制**で**習熟度別**に展開する。また、週あたりの授業時間（31時間）は通常の中学校（29時間）よりも多く設定。

・3年生の総合的な学習の時間は「**表現**」「**国際**」「**科学**」をティームティーチングで実施。これらは複数の教科を融合したもので、幅広い学力を身につけることが目的。社会人講師による指導や体験学習なども行う。

・**英語・数学・漢字検定**に取り組んでいる。漢検では準1級（大学程度）を取得する者もいる。英検・数検でも2級取得者を輩出。

［部活動］

・下記は中学の部活動。高校の部活動で、中学生の参加を受けいれているものもある。

★設置部

陸上競技、新体操、バドミントン、硬式テニス、体力向上、吹奏楽、文化教養、英語

［行　事］

・**ミニコンサート**はクラス合唱と吹奏楽部の演奏の二部構成。

・いなほ祭や体育祭は**中・高合同**で開催する。

4月　宿泊研修（1年）
5月　修学旅行（3年）
7月　自然体験研修（2年）、職場体験（1年）
8月　オーストラリア語学研修（3年）
9月　いなほ祭（文化祭）、体育祭
11月　ミニコンサート
1月　百人一首大会、持久走大会
3月　イングリッシュセミナー（3年）、校外学習（1・2年）、3年生を送る会

［進　路］

・朝の**スキルアップタイム**（10分間）は、検定の取得に向けた学習を中心に、新聞、ランニングなど教養や体力をつける時間。

・**サタデーセミナー**（土曜補習）では年間最大24時間の特別講座を受けることができる。令和元年度の開講講座は「僕もニュートン（数理解析入門）」など。

・以下は中学校からの内部進学生のみのデータ。

★卒業生の主な合格実績

東京大、東京工業大、埼玉大、筑波大、東北大、一橋大、千葉大、東京医科歯科大、早稲田大、慶應義塾大、東京理科大、上智大、青山学院大、学習院大、中央大、法政大、明治大、立教大

［トピックス］

・**併設型中高一貫教育校**として、平成15年に開校。

・保護者とともに埼玉県内に居住している者なら誰でも受検が可能。

・母体校である県立伊奈学園総合高校には7つの学系があるが、内部進学生は、高校進学時に**人文系**または**理数系**へ試験を受けずに入学することができる。人数制限はない。スポーツ科学系・芸術系・生活科学系・情報経営系・語学系を選ぶことはできない。

・高校の内容を**先取学習**するため、内部進学生は高校からの入学生とは**別のクラス編制**となる。

・すべての普通教室および特別教室で**冷房が完備**されている。

・**第一次選考**は作文の結果および意欲・適性をもとに選考する。**第二次選考**では第一次選考合格者に面接を実施し、その結果と作文、調査書、意欲などをもとに総合的に合格者を選考する。

［学校見学］（令和5年度実施内容）

★学校公開・授業公開　10・11月各1回

入試！インフォメーション

※本欄の内容はすべて令和6年度入試のものです。

受検状況

募集人員	応募者数	第1次選考		第2次選考	
		受検者数	合格者数	受検者数	合格者数
80	400	395	206	178	80

県立伊奈学園中学校　出題傾向の分析と合格への対策

●出題傾向と内容

2006年度以来，検査は作文Ⅰと作文Ⅱの2種で構成され，配点が各50点，試験時間が各50分である。

作文Ⅰは，大問4つから構成されている。リスニング，国語，社会分野からの出題となっており，全体を通して記述式の解答が求められる問題が非常に多い。過去年からの傾向として，表やグラフなどの与えられた資料を読み解く問題，資料をふまえて自分の考えを書く問題，地理・歴史の知識を問う問題，道案内を通して，筋道を立てて相手に物事を伝える能力をみる問題，文章の内容を身近な物事に応用して考える問題などが出題される。2016年度以降，地理・歴史の基本的な知識に加え，漢字やことわざの知識を問う問題や，グラフを分析して正答を導く問題など，全体として多岐にわたる力，表現力が問われるようになってきている。

作文Ⅱは，理科や算数の学力を，実際の身近な場面で活用していく設問形式になっている。算数分野では，計算力が求められる問題や図形問題がまんべんなく出題され，いずれも応用的な内容になっている。また，答えを出すまでの考え方に重点が置かれ，問題解決の論理的思考力とそれを相手に説明する記述力が問われている。理科分野では，導き出した答えについて説明を求められるなど，物事の仕組みについて正確に理解しているかが問われることがある。

基礎的な学力の定着度を測る内容が多く盛り込まれている。

● 2025 年度の予想と対策

作文Ⅰでは，リスニング，国語・社会の基本的な教科知識を元に，資料を読み解く力，読解力，実体験をふまえた作文力を問う出題が今後も続いていくと予想される。内容の定着のみならず，自分が興味を感じた内容について積極的に学習するとよい。また，日々の体験を日記に残しておき，出題に対してすぐに思い出せるようにしておくとよい。普段からよく考え，自分の意見を説明できるようにしておくことも大切である。リスニングの対策として，日ごろから英語を聞き，ポイントとなる単語を聞き取れるようにしておこう。

作文Ⅱでは，算数・理科からあらゆる分野の問題が幅広く出題される。いずれも中学入試でよく出題される内容なので，演習を通して考え方と解き方に慣れておくとよい。また，過去に出題されたグラフ・表の読み取りや比，図形にも注意。理科では，観察や実験は積極的に行い，「この観察によって何がわかるか」「何のためにこの実験をするのか」を考え，観察した方法や結果，実験の手順がどういった意味を持つかを正確に理解する必要がある。

ともに記述式の設問が多く，課題の分析結果や，解決方法の判断を答える必要があるので，簡潔に自分の考えを文章にまとめる練習をしておくとよい。

✔ 学習のポイント

授業で習ったことが日常生活のどんな場面で生かされているかを考える習慣をつけよう。発見したことをノートに書くことも，記述力をつける練習になる。「なぜ・どうして」「どうしたらこうなるか」を筋道立てて考え，説明できるようにしておこう。

2024年度

★★★★★★★★★★★★★★★★★★★★★★★★

入　試　問　題

2024年度

県立伊奈学園中学校入試問題

【作文Ⅰ】（50分）　＜満点：50点＞

1 これから放送される英語を聞いて，あとの問いに答えましょう。
　＊ 問題は，問１～問３まであります。
　＊ 英語はすべて２回ずつ放送されます。
　＊ 問題用紙にメモを取ってもかまいません。
　＊ 答えはすべて解答用紙に記入しましょう。

（放送台本）
問１
Yuki : Jeff, I like sports. I like tennis very much. How about you?
Jeff : I like rugby. Rugby is popular in my country, Australia.
Yuki : I watched the France Rugby World Cup on TV. Did you watch it?
Jeff : Of course! I watched it too.
問２
I want to talk about summer in Australia.
In Japan, it is winter in December, but in my country, it's summer.
And summer in Australia is interesting!
Our summer vacation starts in December. I enjoy surfing with my friends and I listen to music on the beach.
You can see many beautiful flowers in summer.
Thank you for listening.
問３
Yuki : I want to watch a tennis game.
Jeff : Oh, the big game starts in Spain tomorrow.
Yuki : What time is the game?
Jeff : Well, you can watch the game on TV at 5 in the evening in Japan.
Yuki : Really? I can't watch the game. I have the piano lesson at 5.

問１　ゆうきさんと友達のジェフさんは好きなスポーツについて話しています。２人の会話を聞いて，文を完成させましょう。
　⑴　ジェフさんの好きなスポーツは＿＿＿＿＿です。
　⑵　ジェフさんとゆうきさんは，
　＿＿＿＿＿で行われた＿＿＿＿＿＿＿＿＿＿＿＿＿をテレビで見ました。
問２　ジェフさんのオーストラリアの夏についてのスピーチを聞いて，文を完成させましょう。

⑴　オーストラリアの夏休みは，＿＿＿＿＿月に始まります。

⑵　ジェフさんは，友達と＿＿＿＿＿＿＿＿＿を楽しんだり，
ビーチで＿＿＿＿＿＿＿＿＿＿＿＿＿＿＿＿＿＿＿＿。

⑶　オーストラリアでは，夏にたくさんの＿＿＿＿＿＿＿＿＿を見ることができます。

問３　ゆうきさんとジェフさんは，テニスの国際試合について話しています。２人の会話を聞いて，文を完成させましょう。
ゆうきさんは５時にピアノのレッスンがあるため，
＿＿＿＿＿＿＿＿＿＿＿＿＿＿＿＿＿＿＿＿＿＿＿＿＿＿＿＿＿。

2　ゆうきさんとひかるさんの会話文を読んで，あとの問いに答えましょう。

ひかるさん　今年は，日本がトルコと外交関係を結んでからちょうど100年の年だね。
ゆうきさん　そうなんだ。トルコって，どこにある国なのかな。
ひかるさん　資料１の地図を用意したよ。トルコは，６つの大陸のうち［　①　］大陸にある国なんだね。
ゆうきさん　なるほど。さらに気付いたんだけど，日本とトルコは，同じ緯度（いど）の地域（ちいき）があるね。ということは，その地域の気候は似ているのかな。
ひかるさん　トルコの首都のアンカラと，ほぼ同じ緯度にある秋田市の気温と降水量（こうすいりょう）のグラフを用意したよ。気温と降水量に着目して比べると，どのようなことが分かるかな。
ゆうきさん　例えば，６月から８月に注目すると，［　②　］
ひかるさん　そうだね。他にも，日本とトルコのことについて調べてみよう。

問１　会話文中の［①］にあてはまる大陸名を書き，文章を完成させましょう。

資料１

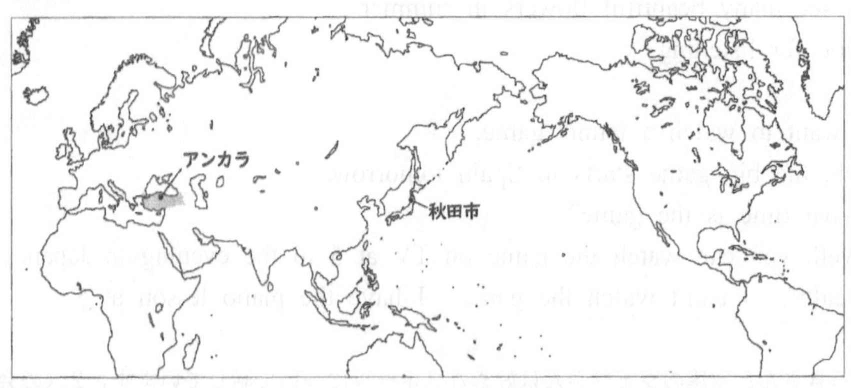

問２　資料２と資料３の気温と降水量のグラフを見て，会話文中の［②］にあてはまる言葉を書き，文章を完成させましょう。
（資料２，資料３は次のページにあります。）

資料２　アンカラのグラフ

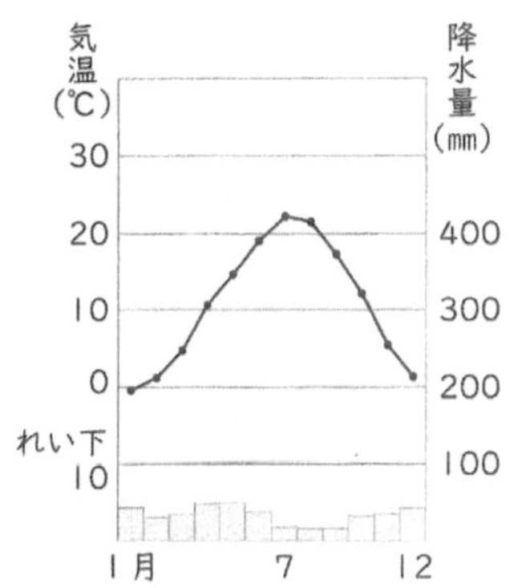

資料３　秋田市のグラフ

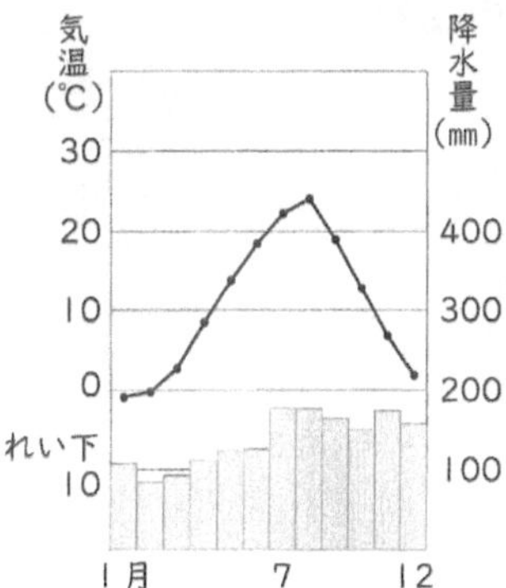

ゆうきさん　日本とトルコは，何がきっかけでつながりをもつようになったのかな。
ひかるさん　きっかけの一つと言われているのは，現在のトルコが建国される前のオスマン帝国(ていこく)の時代に起こったエルトゥールル号に関する出来事だね。
ゆうきさん　どんな出来事なのかな。
ひかるさん　1890年に日本を訪(おとず)れていたエルトゥールル号が和歌山県沖(おき)でちんぼつしてしまったんだ。そのときに，和歌山県の人々が救助にあたって，日本全国からも多くの支えんが寄せられたんだよ。
ゆうきさん　大変な出来事だったんだね。なぜエルトゥールル号は日本に来たのかな。
ひかるさん　実は当時のオスマン帝国は，日本と同じようにイギリスやフランスと③不平等条約を結んでいたんだ。それが関係しているんじゃないかな。

問３　ゆうきさんとひかるさんは，会話文中の下線部③について，調べ学習を行い，発表することになりました。その様子を示した，次のページの ④ にあてはまる言葉を15字以上25字以内で書き，文章を完成させましょう。

日本が結んでいた不平等条約の内容の一つに、領事裁判権(りょうじさいばんけん)を認(みと)めている点があります。これでは、外国人が日本で罪をおかしても日本の法律(ほうりつ)でさばくことができません。

そのため、日本で起こった外国人の犯罪に対して、外国人に有利な判決がくだされやすくなってしまいます。

他にも、関税自主権がないという不平等な内容があります。これにより、日本は外国からの輸入品にかける税金を自由に決めることができません。

そのため、日本国内の製品よりも［ ④ ］国内の産業がおとろえてしまいます。

ゆうきさん　日本とトルコの歴史には，他にどんな関係があるのかな。
ひかるさん　明治時代に，トルコで男の子に「トーゴー」っていう名前を付けることがはやった時期があったんだ。なぜだか分かるかな。
ゆうきさん　よく分からないな。「トーゴー」って何のことだろう。
ひかるさん　⑤日露戦争で活躍した東郷平八郎のことだよ。日本海海戦で東郷平八郎の指揮する艦隊がロシアを破ったことで，一気に人気が高まったんだよ。
ゆうきさん　そうなんだ。いろいろな関係があるんだね。

問４　ひかるさんは，会話文中の下線部⑤について調べ学習を行いました。そして，この戦争が日清戦争と関わっていることに気付き，資料４（次のページ）の表に整理しました。資料４の［⑥］にあてはまる文章を，30字以上40字以内で書きましょう。

資料４　ひかるさんが作成した表

名称	日清戦争	日露戦争
戦争前の様子を描いた絵		
絵に描かれた国際関係の説明	⑥	朝鮮半島に勢力をのばしているロシアに、イギリスに背中をおされた日本が立ち向かっています。その様子をアメリカが見ています。
結果	下関で条約が結ばれ、清は朝鮮半島の独立を認めました。しかし、ロシアが日本に対して、新たに手に入れた領土の一部を清に返すようにせまったため、日本はこの要求を受け入れました。その後ロシアは朝鮮半島に勢力をのばしました。	アメリカの仲立ちによって条約が結ばれ、ロシアは、朝鮮半島を日本の勢力のもとに置くことを認めました。この日本の勝利は、ロシアや欧米の圧力や支配に苦しむトルコなどの国々を勇気づけました。

ひかるさん　昨年は，トルコで大統領選挙が行われていたね。
ゆうきさん　私もニュースで見たよ。ところで日本には，大統領はいるのかな。
ひかるさん　日本には，大統領はいないけど，内閣総理大臣はいるよ。
ゆうきさん　そうなんだ。トルコの大統領の決め方と，日本の内閣総理大臣の決め方には，どのようなちがいがあるのかな。
ひかるさん　トルコの大統領は，選挙権をもつ人々によって直接選ばれるけど，日本の内閣総理大臣は［　⑦　］

問５　資料５（次のページ）を見て，会話文中の ⑦ にあてはまる言葉を書き，文章を完成させましょう。

資料５　ひかるさんのノート

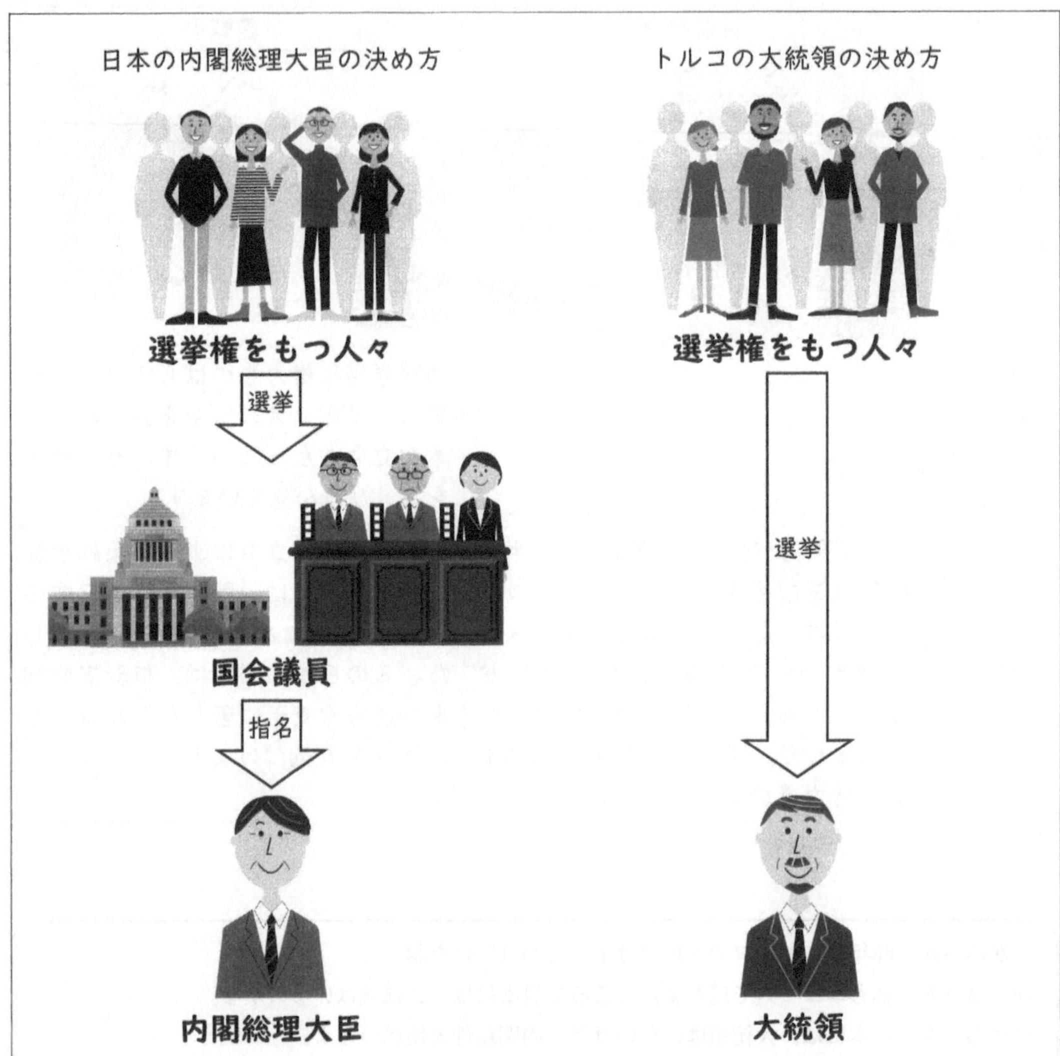

ふたをきちんと閉め、④タカちゃんと正和はつかれた顔にほっとした笑みをうかべて、うなずき合いました。

そして、ならんで帰っていくふたりの後ろ姿を、葉子は祈りをこめて見送りました。

（『箱の中のホワイトデイズ』三野誠子　著より　一部省略がある。）

問一　――線①「正和は苦笑いして、しばらく考えこみました。」とありますが、なぜ正和はこのようにふるまったのですか。次の文の空らんア、空らんイに当てはまるように、それぞれ五字以上七字以内で書きましょう。

> 葉子の頼みが［　ア　］ことには苦笑いしたけれど、その一方で、たしかに何か［　イ　］しかないとも思ったからです。

問二　――線②「葉子は、待っててと言うなり、走って家に帰りました。」とありますが、このときの葉子はどのようなことを考えていましたか。次の文の空らんに当てはまるように、「思いついた」という言葉を使って、一〇字以上一五字以内で書きましょう。

> 正和の［　　　］と考えていました。

問三　――線③「たちまちほおを真っ赤にそめ、タカちゃんは花を集め始めました。」とありますが、このときのタカちゃんのようすをくわしく説明しましょう。次の文の空らんに当てはまるように、四〇字以上五〇字以内で書きましょう。

> よつばは見つけられなくても、［　　　］ようす。

問四　――線④「タカちゃんと正和はつかれた顔にほっとした笑みをうかべて、うなずき合いました。」とありますが、このときタカちゃんはどんな気持ちでしたか。次の文の空らんに当てはまるように、「よつばの代わりに」「安心」という言葉を両方使って、二五字以上三五字以内で書きましょう。

> 暗くなるまでよつばを探して体はつかれたが、［　　　］し、正和の言葉に納得した気持ちを表しています。

4　あなたが好きな場所はどこですか。場所を一か所取り上げて、自分の気持ちや考えにふれながらその場所での体験をふまえて、なぜ好きかを書きましょう。書くときは、次の（注意）にしたがいましょう。

（注意）

○　作文は一〇行以上一二行以内で書きましょう。

○　原稿用紙の正しい使い方にしたがって、文字、仮名づかいも正確に書きましょう。

○　氏名は書かないで、一行目から本文を書きましょう。

差しました。
「なあタカ、この花、クローバーの他にも名前があるのを知ってるか」
タカちゃんはすぐに、知らないと首をふり、葉子を見あげました。
「シロツメクサ……？」
答える葉子に正和はうなずきました。
「昔、シロツメクサは、外国から送ってくる荷物の詰めものとして使われていたんだ。詰める草だからツメクサ」
「詰めもの……」
葉子は、首をひねりました。
「パッキングってこと？」
「そう、パッキング。こわれやすいガラス製品なんかを送るとき、箱のすきまに詰めたんだ」
「ぱっきんぐ」
タカちゃんは、こまった顔をしています。
「わかんない」
「ぷちぷちつぶすやつって言ったら、わかるかなあ。大事なものを送るとき、傷つかないように入れるの。クッションみたいに」
葉子は言いました。
「知ってる！」
タカちゃんは目を輝かせました。
「クッキーの缶に入ってる」
「そうそれ。大事なクッキーが割れないように入ってるんだよ」
うなずいて聞いているタカちゃんに、正和は言いました。
「シロツメクサの花を持てるだけ摘んできてくれないか。いいか。ママのことを思いながら、摘んできてくれ」
③たちまちほおを真っ赤にそめ、タカちゃんは花を集め始めました。
数分後、タカちゃんは「とったよー」と、にぎりしめたシロツメクサの花の束を差し出しました。
「いっぱいとれたね」
葉子がほめると、へへっと笑いました。
「そのシロツメクサ、よーこが持ってきてくれた箱に詰めてごらん」
タカちゃんは、ふしぎそうな顔をしながら、シロツメクサの花を箱に詰め始めました。最初はふんわり、やがてぎゅうぎゅうに。
「さっきも話したけど、シロツメクサは、こわれやすくて大切なものを傷つけないで相手に送るために使われたんだ。なあ、一番こわれやすくて、一番大切なものって何だろうな」
うーん。タカちゃんは首をかしげました。なんだろう。
「おれは、タカがさっき花を摘んでいたときの気持ちが、それだと思うんだよ」
んんん？　タカちゃんはきょとんとして正和を見ています。
「だから、あとは箱のふたを閉めて、そのままママにわたせばいい。それでいい」
「よつば、入ってない」
こまっているタカちゃんに、正和はきっぱり言いました。
「大丈夫。こんなにいいお守りはないぞ」
葉子は大きくうなずいて、言いました。
「ふた、しっかり閉めてね」
タカちゃんの大切な気持ちが、少しもこぼれないように。

3 次の文章を読み、あとの問一～問四に答えましょう。

> 葉子と正和(ハカセ)は、公園で正和の弟のタカちゃんの姿を目にする。タカちゃんは、手術を受ける母親のために、よつばのクローバーを探しているが見つからない。正和は、よつばをわたせてもわたせなくても手術がうまくいかなかったときに、タカちゃんが自分のせいだと思ってしまうのではないかと葉子に話す。

想像もしなかった言葉に、葉子は息を飲みました。

タカちゃんがママを思う気持ち、正和がタカちゃんを思う気持ち。もしかしたら正和が言う通りなのかもしれない、けど。

葉子はぐいっと目のあたりをぬぐい、強い口調で言いました。

「それでも何か方法を考えてよ。ハカセはハカセで、おにいちゃんなんだから」

え？　正和は目を見開きました。

「何かって？」

「そんなのわからないけど。何かないの？　あるでしょ？」

「なんだよ、その無茶ぶり」

①正和は苦笑いして、しばらく考えこみました。それからゆっくり、タカちゃんに向かっていきました。

「見つからないのか」

やさしいおにいちゃんの声でした。

「ぼく、どうしても見つけたいんだ」

「じゃあ、三人でさがそうよ」

葉子が口をはさみました。

「祈りは通じるんだよ。だって、わたし去年、運動会で一等賞になれますようにってお月様にお祈りしたら、本当に一等賞になったもん」

「それは、よーこがいっぱい練習したから……」

正和は言いかけて、言葉を止めました。

「そうだな」

それから三人は暗くなってくるまで、よつばをさがしましたが、見つかりませんでした。

「ねえ、物知りハカセでしょ。何かいい方法知らないの？」

葉子は、もう一度くり返しました。正和はむっとしたように、

「知らねえって」

と応じましたが、ふと何かを思いついたように言いました。

「なあ、なんか箱ない？」

正和は指で空中に小さな四角を描きました。

「そうだな、これくらいの箱」

「それがあれば、なんとかなるの？」

「うーん。わかんないけど」

自信はなさそうですが、正和は真剣な顔つきをしています。②葉子は、待っててと言うなり、走って家に帰りました。

数分後、息をきらしてもどってきた葉子は、黄色い小箱を差し出しました。

「これで、いいかな」

それは、いつも食べているキャラメルの空き箱でした。

「ありがとう」

うなずいた正和は、まっすぐに葉子を見てから、クローバーの花を指

【作文Ⅱ】（50分）　＜満点：50点＞

1 ゆうきさんとひかるさんの会話文を読んで，あとの問いに答えましょう。

ゆうきさん　去年まで運動会で使っていた図1のような表しょう台を，同じ大きさでつくりたいと思うんだ。何か去年のようすがわかるものはないかな。
ひかるさん　去年，私（わたし）が2位で表しょう台に上ったときの図2の写真が残っているよ。
ゆうきさん　これは参考になりそうだね。でもこの写真の縮尺（しゅくしゃく）がわからないから，これだけでは表しょう台の大きさは求められないね。どうしたらいいかな。
ひかるさん　①確かこのときの私の身長は，140cmだよ。このことをうまく使えないかな。

図1　表しょう台のイメージ

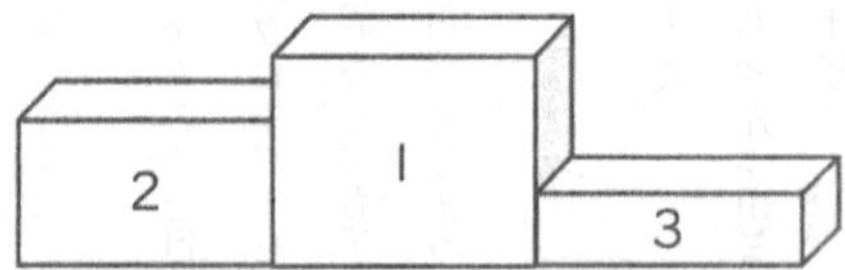

図2　表しょう台の正面からとった写真

問1　図3のように，表しょう台の底面部分がものさしのはしにあたるように，写真にものさしをあてました。このとき，2位の表しょう台の上部分はものさしの3cm，ひかるさんの頭の上はものさしの10cmをさしていました。図3と下線部①を使って，実際の表しょう台における2位の台の高さを求めましょう。

また，その求め方を説明しましょう。

図3　図2の写真にものさしをあてた図

問2　図1を参考にして，次の【つくり方】や【条件】を満たすように表しょう台をつくります。（図3は考えません。）このとき，必要な材料の板は最少で何枚ですか。

また，使い切ることができない板がある場合は，残った板について，縦(たて)何cm，横何cmのものが残るか，すべて答えましょう。残りがなければ「なし」と書きましょう。

【つくり方】

手順1　材料となる板を切断し，表しょう台の面をつくります。

手順2　手順1で切断した板を使い，3つの直方体をつくります。

（直方体の面1つあたりに使う板は1枚です。2枚以上の板をつないで1つの面をつくることはしません。）

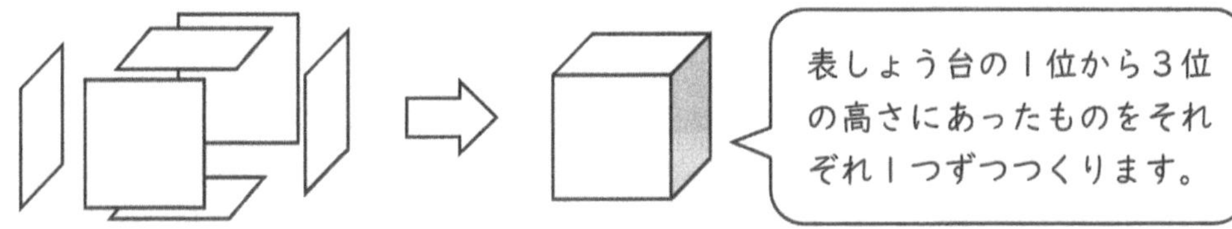

手順3　手順2でつくった3つの直方体をつなぎ合わせます。

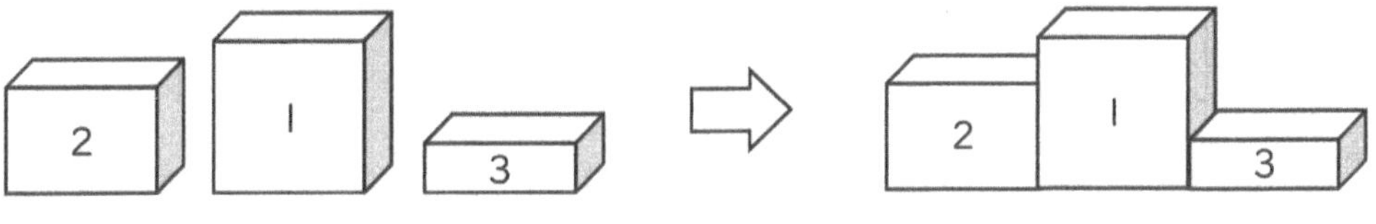

【条件】

条件1　縦90cm，横180cmの長方形の板を材料にしてつくります。

条件2　表しょう台の上の面は，1位～3位のいずれも1辺が90cmの正方形です。

条件3　表しょう台の高さは，1位，2位，3位の比が3：2：1です。

条件4　つなぎ合わせる3つの直方体のうち，1位のものは立方体です。

条件5　板の厚みはないものとして考えます。

ゆうきさん　運動会で使う万国旗を準備していて思ったけど，世界にはいろいろなデザインの国旗があるね。

ひかるさん　そうだね。でも，色がちがうだけで形が似ている国旗もたくさんあるよ。図4（次のページ）のような3色を並べた国旗はたくさんあるね。例えば，アフリカのギニアとマリでは，赤，黄，緑のような3色を横に並(なら)べているね。

ゆうきさん　赤，黄，緑の3色を1回ずつ使って横に並べて新しい旗をつくるとしたら，全部で何種類つくることができるかな。

ひかるさん　27種類じゃないかな。図5（次のページ）のように考えてみたよ。

ゆうきさん　本当にこの考え方であっているのかな。

図４　３色を横に並べた旗

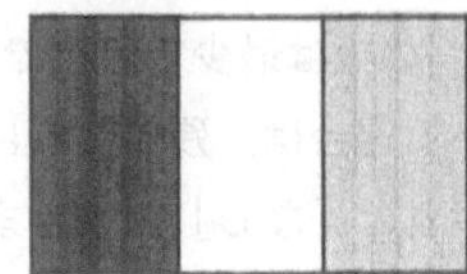

図５　ひかるさんが考えた図

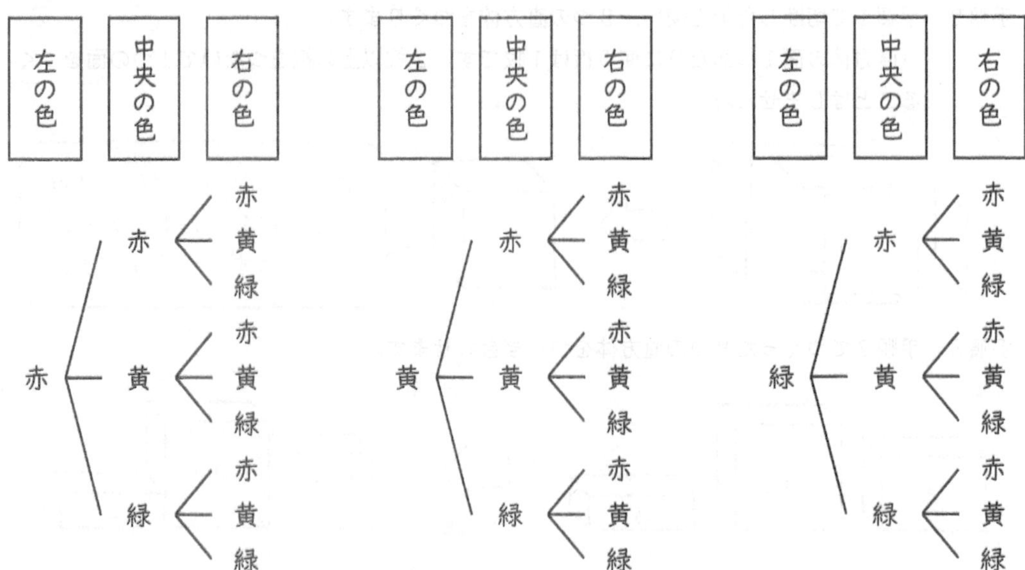

問３　赤，黄，緑の３色を１回ずつ使って横に並べて図４のような旗をつくります。このとき，次の【注意】を読み，次の⑴，⑵の問いに答えましょう。

【注意】

下の旗Ｂは，回転すると旗Ａと同じものに見えてしまいますが，旗Ａと旗Ｂは別のものとして考えます。

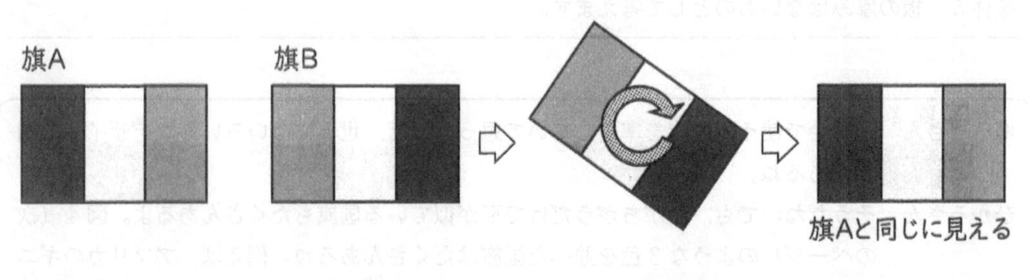

⑴　ひかるさんは，図５をもとに全部で27種類の旗をつくることができると考えました。しかし，ひかるさんの考えは誤（あやま）っています。

次のページの文章の空らんに当てはまる言葉を書き，ひかるさんの考えがどのように誤っているか説明する文章を完成させましょう。

> 例えば，図５の中には，左の色が＿＿＿，中央の色が＿＿＿，右の色が＿＿＿となっているものがあります。
> これは，＿＿＿＿＿＿＿＿＿＿＿＿＿＿＿＿＿＿＿＿ので，誤っています。

⑵ 全部で何種類の旗をつくることができるか求めましょう。
また，図５のように，求めるときの考えを図に表しましょう。

2 ゆうきさんとひかるさんの会話文を読んで，あとの問いに答えましょう。

ひかるさん　この前，家族と川原でバーベキューをしたときに，写真１と写真２のようなものを見たよ。
ゆうきさん　写真１と写真２のしま模様(もよう)は地層(ちそう)だね。特に写真２に写っている大地のずれのことは［　①　］というね。
ひかるさん　②地層は，おもに川を流れる水のはたらきによって運ばれた，れき，砂(すな)，どろが海や湖の底にたい積してできたものだね。

写真１

写真２

問１　会話文中の［①］にあてはまる言葉を書き，文を完成させましょう。
問２　下線部②以外の地層のでき方を１つ書きましょう。

ひかるさん　バーベキューをした場所は，川が曲がっているところの内側だったよ。その外側の川岸はがけのようになっていたよ。
ゆうきさん　川の曲がっているところの内側と外側では何かちがいがあるのかな。
ひかるさん　じゃあ，実験をして調べてみよう。

実験

【課題】　川の曲がっているところの内側と外側で，流れる水のはたらきには，どのようなちがいがあるのだろうか。
【計画】　⑴　図のように，土のしゃ面をつくり，みぞをつけ，川のように曲がったところの３か所を，それぞれ，地点Ａ，地点Ｂ，地点Ｃとする。

⑵　地点Ａ，地点Ｂ，地点Ｃの内側と外側に棒(ぼう)を６本ずつ立てる。

⑶　上から水を流し，たおれた棒の数を調べる。

図

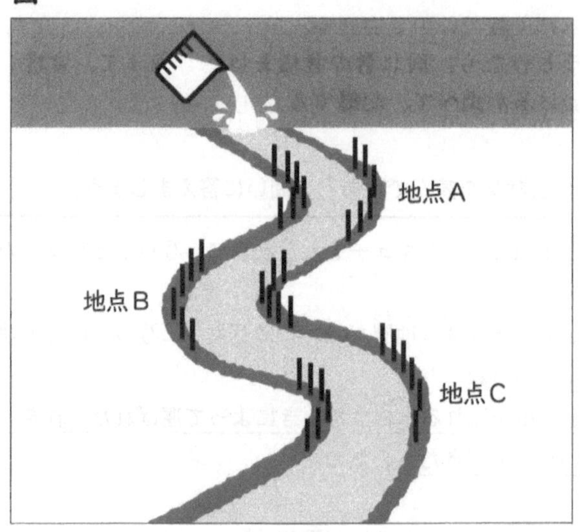

【結果】

	地点A		地点B		地点C	
	内側	外側	内側	外側	内側	外側
たおれた棒の数（本）	2	6	1	5	0	4

問３　実験の【結果】から，川の曲がっているところの内側と外側では，流れる水のはたらきがどのようにちがうか書きましょう。

3　ゆうきさんとひかるさんの会話文を読んで，あとの問いに答えましょう。

ゆうきさん　この前，テレビで海の水から塩をとり出しているのを見たよ。
ひかるさん　とり出せるということは，もともと海の水にふくまれてるということだね。
ゆうきさん　そのように，ものが水にとけた液のことを［　①　］というと学んだね。
ひかるさん　海の水はとても塩からいよね。とても塩からい食塩水をつくるには，たくさんの食塩を水にとかさないといけないね。
ゆうきさん　食塩は水にいくらでもとけるのかな。それとも限りがあるのかな。
ひかるさん　実験して調べてみよう。

実験

【課題】食塩が水にとける量には，限りがあるのだろうか。

【計画】⑴　３つのビーカーに，20℃の水を50mLずつはかり取って入れる。

⑵　食塩をＡ班(はん)は３ｇ，Ｂ班は４ｇ，Ｃ班は５ｇはかり取って，それぞれ水に入れて静かにかき混ぜる。

(3) 全部とけたら，同じ量の食塩をはかり取って，食塩をとかし，何gまでとけるか調べて，記録する。

【結果】

A班

加えた食塩の量（g）	3	6	9	12	15	18
加えた食塩のようす	すべてとけた	すべてとけた	すべてとけた	すべてとけた	すべてとけた	とけ残った

B班

加えた食塩の量（g）	4	8	12	16	20
加えた食塩のようす	すべてとけた	すべてとけた	すべてとけた	すべてとけた	とけ残った

C班

加えた食塩の量（g）	5	10	15	20
加えた食塩のようす	すべてとけた	すべてとけた	すべてとけた	とけ残った

ゆうきさん　実験の結果から食塩が水にとける量には，限りがあることがわかるね。また，その限りの量が考えられそうかな。

ひかるさん　そうだね。3つの班の結果を合わせて考えると，20℃で50mLの水にとける食塩の最大の量は［　②　］g以上，［　③　］g未満にしぼりこめるね。

問1　会話文中の［①］にあてはまる言葉を書き，文を完成させましょう。

問2　会話文中の［②］，［③］にあてはまる数字を書き，文を完成させましょう。

ひかるさん　実験のあと調べてみたら，次のような2つのグラフを見つけたよ。

ゆうきさん　グラフ1を見ると，水100mLにものがどれくらいとけるかは，水の温度によって変わることがわかるね。

ひかるさん　うん。それに加えて，④とけるものによってもちがうみたいだね。

ゆうきさん　グラフ2を見ると，水の温度が同じときには，ものがとける量は水の量に比例しているね。

グラフ1　水の温度と水100mLにとけるものの量

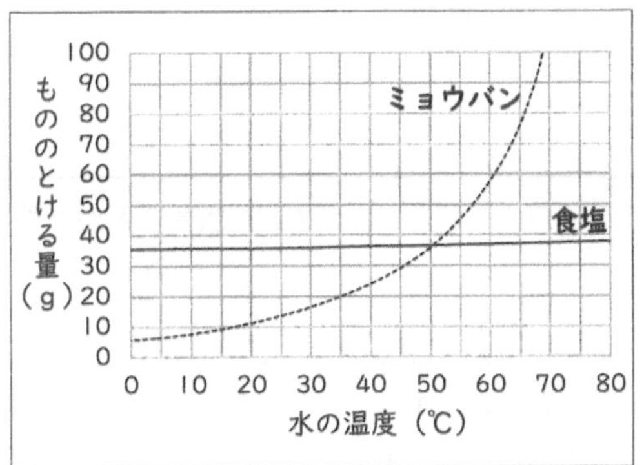

グラフ2　水の量と20℃の水にとけるものの量

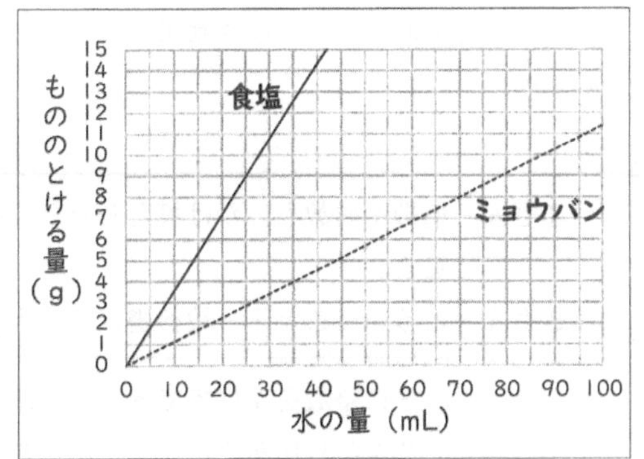

問３　下線部④について，食塩とミョウバンでは，水の温度が上がったときのとける量の変化のしかたにはどのようなちがいがあるか，グラフ１をもとに書きましょう。

問４　次のグラフ３は水の温度を60℃にしたときの水の量ともののとける量を表したものです。ミョウバンのようすを正しく表していると考えられるのはア～エのどれか，記号で書きましょう。

　また，そのように考えられる理由を書きましょう。

グラフ３　水の量と６０℃の水にとけるものの量

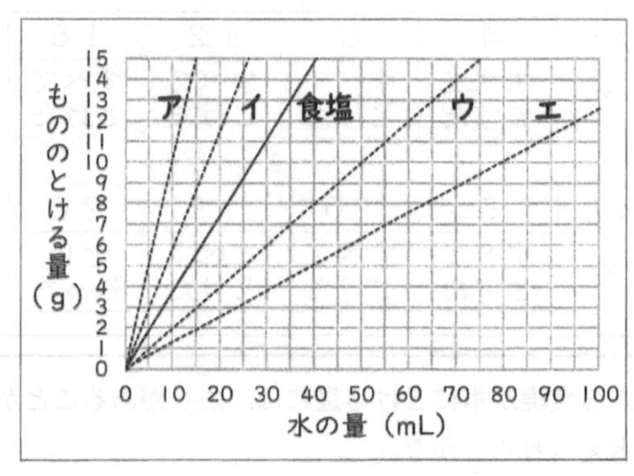

4　ゆうきさんとひかるさんの会話文を読んで，あとの問いに答えましょう。

ゆうきさん　先生が「わり算は，習いたてのころはかけ算の式を使って商を求めていたね」と言っていたんだけど，どういうことなんだろう。

ひかるさん　例えば，「①12÷４の商を求めるときに，12÷４＝xとすると，このxを求めるために，頭の中では別のかけ算の式を思いうかべている」ということだよ。

ゆうきさん　たしかにそうだね。習いたてのころ，頭の中では４の段(だん)の九九を思いうかべて求めていたなあ。

ひかるさん　②あまりのあるわり算の式も，かけ算を含(ふく)んだ式で表すことができるね。

問１　下線部①について，12÷４＝x の x を求めるときに考えるかけ算を，x を使った式で表しましょう。

問２　下線部②について，「ＰをＡでわったときの商がＱであまりがＲである」という関係をたし算とかけ算の式で表すとき，下のような式で表すことができます。このとき，空らんにＡ，Ｐ，Ｑ，Ｒのいずれかを入れ，式を完成させましょう。

＿＿＿　×　＿＿＿　＋　＿＿＿　＝　＿＿＿

ひかるさん　倍数や約数も，かけ算とわり算の関係に注目すれば，ひとつの式で表すことができるよ。

ゆうきさん　どういうこと？　教科書にはこう書いてあったよ。

３に整数をかけてできる数を，３の倍数といいます。 12をわり切ることができる整数を，12の約数といいます。

これを読むかぎり，倍数はかけ算，約数はわり算の話なんじゃないの？

ひかるさん　実は，③A×B＝Cという１つの式で，倍数も約数も説明ができるよ。

問３　下線部③の式を使って，倍数，約数を次の文のように説明しました。説明中の空らんそれぞれにA，B，Cのいずれか１つを当てはめて説明しましょう。ただし，A，B，Cは０以外の整数とします。

＿＿＿＿は＿＿＿＿の倍数です。また，＿＿＿＿は＿＿＿＿の約数です。

ひかるさん　A×B＝Cの式をもとに，12の約数の個数を考えてみたよ。まず，12を整数の積の形に表すために，メモ１のように，12を１以外のできるだけ小さい整数で，商が１になるまでわりきれる計算をしつづけてみたんだ。その結果，12は次の式で表せることがわかったよ。

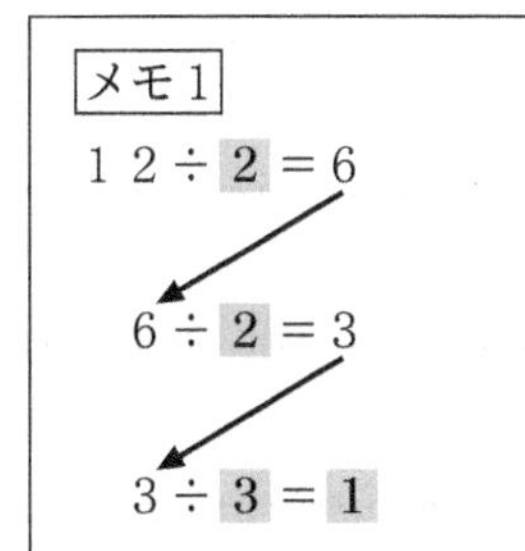

④１×２×２×３＝１２

ゆうきさん　確かに，メモ１の最後に商として出てきた１に，これまでに出てきたわる数をかけると，12にもどるよね。そのあとどう考えるの？

ひかるさん　メモ２のように，④の式を⑤A×B＝Cの形にして，ひとまとまりの数とみる部分をかっこを使ってつくれば，約数がみつかるよ。そして，ひとまとまりの数とみる部分を変えることで，すべての約数をみつけられるはずだよ。

ゆうきさん　なるほど。そうすればすべての約数を求められそうだね。

メモ２

１×（２×２×３）　＝１２

（２×２）×（２×２）＝１２

（１×２×２）×３　＝１２

問４　下線部⑤，メモ２について，次の問いに答えましょう。

⑴　下線部⑤の考えを使って12の約数をすべて求めましょう。

⑵　メモ２のように，ひとまとまりの数とみる部分を，かっこを使ってつくる考えをもとに，48の約数をすべて求めましょう。

また，その求め方を説明しましょう。

大切なことはメモしておこうネ！

2024 年 度

解 答 と 解 説

《2024年度の配点は解答欄に掲載してあります。》

＜作文Ⅰ解答例＞

1 問1 (1) (ジェフさんの好きなスポーツは)ラグビー(です。)

(2) (ジェフさんとゆうきさんは,)フランス(で行われた)ラグビーワールドカップ(をテレビで見ました。)

問2 (1) (オーストラリアの夏休みは,)12(月に始まります。)

(2) (ジェフさんは，友達と)サーフィン(を楽しんだり，ビーチで)音楽を聞いたりします(。)

(3) (オーストラリアでは，夏にたくさんの)美しい花(を見ることができます。)

問3 (ゆうきさんは5時にピアノのレッスンがあるため,)テニスの試合を見ることができません(。)

2 問1 (トルコは，6つの大陸のうち)ユーラシア(大陸にある国なんだね。)

問2 (例えば，6月から8月に注目すると,)気温はあまり変わらないが，降水量は秋田市のほうが多い

問3 (そのため，日本国内の製品よりも)値段の安い外国製品が売れるようになり(国内の産業がおとろえてしまいます。)

問4 朝鮮半島をめぐって日本と清が対立しています。その様子をロシアが見ています。

問5 (トルコの大統領は，選挙権をもつ人々によって直接選ばれるけど，日本の内閣総理大臣は)選挙で選ばれた国会議員によって，国会議員の中から指名される。

3 問一 ア (葉子の頼みが)無茶ぶりである(ことには苦笑いしたけれど，その一方で，たしかに何か)

イ 方法を考える(しかないとも思ったからです。)

問二 (正和の)思いついた方法を形にしたい(と考えていました。)

問三 (よつばは見つけられなくても,)ママのことを思いながらシロツメクサの花を持てるだけ摘んでくることならできそうだと，張り切っている(ようす。)

問四 (暗くなるまでよつばを探して体はつかれたが,)よつばの代わりにこんなにいいお守りをママにわたせそうなことに安心(し，正和の言葉に納得した気持ちを表しています。)

4 私の好きな場所は祖父の畑です。その理由は，野菜を育てる大変さや楽しさを感じることができるからです。

祖父は畑で家庭菜園をしているので，私も野菜に水やりをしたり，雑草をぬいたりして手伝います。農作業は体力がいるので大変ですが，その分収かくするときの感動も大きい

です。だから私は，農業の大変さや楽しさを学べる畑が好きです。

○配点○
1 問1(1)・問2(1)・(3) 各1点×3 問1(2)・問3 各2点×2 問2(2) 3点
2 問1・問2 各2点×2 問3・問4・問5 各4点×3
3 問一・問四 各4点×2 問二・問三 各3点×2 **4** 10点 計50点

＜作文Ⅰ解説＞

1 （英語：リスニング）

問1 二人の好きなスポーツが反対にならないように聞き取ることがポイントである。「tennis(テニス)」，「rugby(ラグビー)」という単語を「like～」の後ろから聞き取りそれぞれ整理する。二人がテレビで何を見ていたのかは，「watch(見る)」という単語を聞きのがさないように注意して聞く。

＜放送全文(日本語訳)＞

Yuki : Jeff, I like sports. I like tennis very much. How about you?
Jeff : I like rugby. Rugby is popular in my country, Australia.
Yuki : I watched the France Rugby World Cup on TV. Did you watch it?
Jeff : Of course! I watched it too.

ゆうき：ジェフ，私(わたし)はスポーツが好きです。私はテニスがとても好きです。あなたはどうですか。
ジェフ：私はラグビーが好きです。ラグビーは私の国であるオーストラリアで人気です。
ゆうき：私はテレビでフランスラグビーワールドカップを見ました。あなたは見ましたか。
ジェフ：もちろん！ 私も見ましたよ。

問2 「summer vacation(夏休み)」や「enjoy(楽しむ)」という言葉を聞きのがさないように気をつける。ジェフさんがビーチで何をするのか，夏のオーストラリアでは何を見ることができるのかに注意して聞き取る。

＜放送全文(日本語訳)＞

I want to talk about summer in Australia.
In Japan, it is winter in December, but in my country, it' s summer.
And summer in Australia is interesting!
Our summer vacation starts in December. I enjoy surfing with my friends and I listen to music on the beach.
You can see many beautiful flowers in summer.
Thank you for listening.

私はオーストラリアの夏について話したいと思います。
日本では12月は冬ですが，私の国では夏です。
そしてオーストラリアの夏はおもしろいです！
私たちの夏休みは12月に始まります。私は友達とサーフィンを楽しんだり，ビーチで音楽を聞いたりします。
夏にはたくさんの美しい花を見ることができます。

聞いてくださりありがとうございました。

問３　会話の中から，テニスの試合が何時から始まるのか聞き取る。ゆうきさんは5時にピアノのレッスンがあるので，日本時間の5時から始まるテニスの試合は見ることができないとわかる。

＜放送全文(日本語訳)＞

Yuki : I want to watch a tennis game.
Jeff : Oh, the big game starts in Spain tomorrow.
Yuki : What time is the game?
Jeff : Well, you can watch the game on TV at 5 in the evening in Japan.
Yuki : Really? I can' t watch the game. I have the piano lesson at 5.

ゆうき：私はテニスの試合が見たいです。
ジェフ：おお，明日スペインで大きな試合が始まります。
ゆうき：試合は何時ですか。
ジェフ：ええっと，日本時間の夕方の5時にテレビで試合を見ることができます。
ゆうき：本当ですか。私は試合を見ることができません。私は5時にピアノのレッスンがあります。

2　**（社会：気候，明治時代，選挙制度）**

問１　世界の陸地は，ユーラシア，アフリカ，北アメリカ，南アメリカ，オーストラリア，南極の６つの大陸と多くの島々に分けられる。海洋は，太平洋，大西洋，インド洋の３つの大洋とその他の小さな海に分けられる。会話文と**資料１**から，トルコはもっとも大きい大陸である，ユーラシア大陸に位置していることがわかる。

問２　**資料２**のアンカラのグラフと**資料３**の秋田市のグラフを見て，気温と降水量を比べる。６月から８月にかけてどちらも気温は20℃前後である。一方で，降水量は秋田市が100mmを超えるのに対して，アンカラは50mm以下と非常に少ないことが読み取れる。これらの内容を，解答らんに合うようにわかりやすくまとめる。

問３　ゆうきさんとひかるさんの発表の２つめのふきだしから，不平等条約によって日本には関税自主権がなかったこと，つまり，日本は海外からの輸入品にかける税金を自由に決められなかったことがわかる。海外からは，工場で大量生産された製品が流入し，それらの輸入品が日本の製品よりも安かったために日本の製品が売れなくなり，国内産業は打げきを受けた。これらの内容を，字数制限に気をつけてまとめるとよい。

問４　**資料４**の日清戦争前の様子を描いた絵に注目する。絵の左側には，ちょんまげをして着物を着た日本が，絵の右側にはぼうしをかぶった清が描かれ，２人がつろうとしている魚は朝鮮を表している。また，その２人の様子を橋の上からうかがっているのがロシアである。さらに，**資料４**の日清戦争の結果からは，朝鮮半島の独立を清が認めたこと，ロシアが朝鮮半島に勢力をのばしたことが読み取れる。これらの内容から，日清戦争前から朝鮮半島をめぐって日本と清が対立していたこと，その様子をロシアが見ていたことがわかる。字数制限に気をつけてまとめるとよい。

問５　日本の内閣総理大臣の決め方を説明する問題である。まず，会話文中の最後のひかるさんの発言と**資料５**から，トルコでは，大統領は選挙権をもつ人々から直接選挙で選ばれることがわかる。一方で，日本の内閣総理大臣は選挙権をもつ人々が選挙によって選んだ国会議員の中から指名されることがわかる。このことを会話文につながるようにまとめる。トルコの大統領の決め方と対応するように答えるとよい。

3 **（国語：文章読解）**

問一　**ぼう線部**①の直前の部分を読むと，葉子が正和に対して，自分にはわからないがよつばのクローバーを見つける以外の方法がないか考えるようにたのんでおり，正和が葉子に対して「なんだよ，その無茶ぶり」と返している。また，**ぼう線部**①からは，正和がしばらく考えこんでいる様子が読み取れる。この文脈から，正和は葉子の頼みが無茶ぶりであることには苦笑いしたけれど，その一方でたしかに何か方法を考えるしかないと思っているとわかる。このことを空らんアと空らんイの前後につながるように，それぞれ五字以上七字以内でまとめる。

問二　**ぼう線部**②の前の二人の様子からは，暗くなるまでよつばを探しても見つからなかったために，葉子が正和に何かいい方法がないか再びたずね，正和がふと何かを思いついたように箱がないか葉子に聞いているとわかる。また，**ぼう線部**②中に「葉子は，待っててと言うなり，走って家に帰りました。」とあり，数分後にもどってきた葉子は正和が求めていた小箱を持っていた。つまり，葉子は正和が思いついた方法を形にしたいと考え，黄色い小箱を家から持ってきたと考えられる。解答を書くときは「思いついた」という言葉を使って，空らんの前後につながるように答えることに気をつける。

問三　**ぼう線部**③のほおを真っ赤にそめ，花を集め始めたタカちゃんの様子をくわしく説明する。「ほおを真っ赤にそめ」花を集め始めたということは，タカちゃんが張り切っている様子を表しており，直前の正和の「シロツメクサの花を持てるだけ摘んできてくれないか。いいか。ママのことを思いながら，摘んできてくれ」というセリフの後に書かれていることから，タカちゃんはよつばのクローバーが見つけられなくても，シロツメクサをたくさん摘むことでママのために何かができそうだと希望を感じ，張り切っているとわかる。これらを空らんに当てはまるように，四〇字以上五〇字以内でまとめる。また，「ほおをそめる」とは，主にはずかしがる様子を指す表現だが，今回は三人の会話の流れやタカちゃんの行動から，タカちゃんの興奮している様子を示していると考える。

問四　**ぼう線部**④中の「つかれた顔に」は，タカちゃんと正和が暗くなるまでよつばを探してつかれていることを，「ほっとした笑み」は二人が安心していることをそれぞれ表している。まず，タカちゃんが安心している理由を考える。**ぼう線部**④の前の会話からは，「よつば，入ってない」とこまった様子のタカちゃんに，正和がきっぱりと「大丈夫。こんなにいいお守りはないぞ。」と答えている。また，正和は，一番こわれやすくて，一番大切な，タカちゃんのママへの気持ちをシロツメクサに包んでママにわたすことは，よつばのクローバーをわたす代わりになるくらいいいお守りだと話した。これらの様子から，タカちゃんは暗くなるまでよつばを探して体はつかれたが，よつばの代わりにこんなにいいお守りをママにわたせそうなことに安心し，正和の言葉に納得した気持ちでいると考えられる。解答では，「よつばの代わりに」「安心」という言葉を使うことに注意する。

4 **（国語：課題作文）**

字数制限と原稿用紙の使い方に注意する。問題文の（注意）の部分にある，書き方に関する指示は，したがわないと減点の対象となるので気をつける。内容には，自分の好きな場所とそこが好きな理由をふくめる。実際に自分が経験したことについて書くこと，なるべく具体的に自分の気持ちや考えを書くことが大切である。

★ワンポイントアドバイス★

図表や文章の中に解答のヒントがかくされている問題も多い。自分が持っている知識だけでなく，問題文の読解力も必要である。国語の記述は字数が多い問題が多いため，時間配分に気をつけながら，要点をしっかりととらえた上で解答するように気をつけるとよい。

＜作文Ⅱ解答例＞

1 問1　60(cm)

(求め方)まず，写真の縮尺を求めます。ひかるさんの身長が140cmで，写真にものさしをあてると7cmになっていることから，7÷140＝1/20で，1/20です。次に，写真の表彰台の2位の高さは，ものさしをあてると3cmになっていることから，3×20＝60で，60cmとわかります。

問2　7(枚)

(残り)なし

問3　(1)　(例えば，図5の中には，左の色が)赤(，中央の色が)赤(，右の色が)赤(となっているものがあります。これは，)1つの色を何回も使うことを考えている(ので，誤っています。)

(2)　6(種類)

(考え)

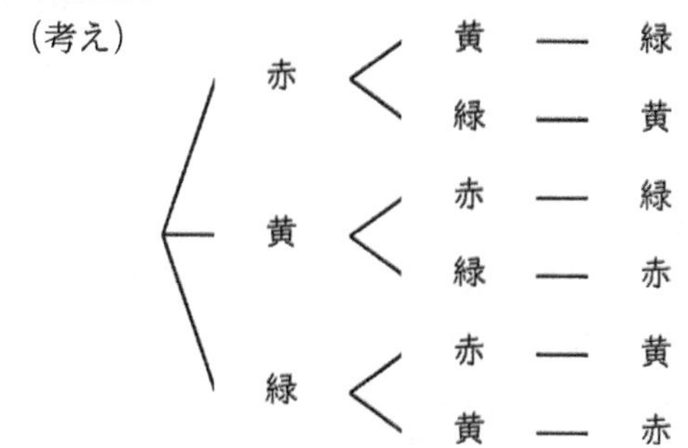

2 問1　(特に写真2に写っている大地のずれのことは)断層(というね。)

問2　火山のふん火による火山灰が積もることでできる。

問3　川の曲がっているところの外側の方が，けずるはたらきが大きい。

3 問1　(ものが水にとけた液のことを)水よう液(というと学んだね。)

問2　(20℃で50mLの水にとける食塩の最大の量は)16(g以上，)18(g未満にしぼりこめるね。)

問3　ミョウバンは水の温度が上がれば上がるほど，とける量の増え方が大きくなっていくが，食塩は温度が上がっても少ししか増えない。

問4　(記号)　イ

（理由）　グラフ１を見ると，ミョウバンは60℃の水100mLに約60gとける。グラフ２より，ものがとける量は水の量に比例しているので，60℃の水10mLにとけるミョウバンの量は約6gである。よって，それを表しているグラフはイであるため。

4　問１　4×x＝12
問２　A（×）Q（＋）R（＝）P
問３　C（は）A（の倍数です。また，）A（は）C（の約数です。）
問４　(1)　（12の約数）1，2，3，4，6，12
(2)　（48の約数）1，2，3，4，6，8，12，16，24，48
（求め方）48をメモ２のような式で表すと，次のようにできます。
1×(2×2×2×2×3)＝48　　…約数1，48
2×(2×2×2×3)＝48　　…約数2，24
(2×2)×(2×2×3)＝48　　…約数4，12
(2×2×2)×(2×3)＝48　　…約数8，6
(2×2×2×2)×3＝48　　…約数16，3
以上から，約数は1，2，3，4，6，8，12，16，24，48です。

○配点○
1　問1・問3(2)　各4点×2　　問2・問3(1)　各3点×2
2　問1　2点　　問2　3点　　問3　4点
3　問1　2点　　問2　3点　　問3・問4　各4点×2
4　問1・問2　各3点×2　　問3・問4(1)　各2点×2　　問4(2)　4点　　計50点

＜作文Ⅱ解説＞

1　（算数：縮尺，立体図形，場合の数）

基本　問１　「（縮尺（しゅくしゃく））＝（図の長さ）÷（実際の長さ）」で求めることができ，問題文からひかるさんの実際の身長は140cm，**図３**の写真のひかるさんの身長は10－3＝7(cm)と読みとれる。これらの値を式にあてはめると，写真の縮尺は7÷140＝$\frac{1}{20}$より，20分の1とわかる。「（実際の長さ）＝（図の長さ）÷（縮尺）」で求められ，実際の２位の表しょう台の高さは，３cmになっていることから，3÷$\frac{1}{20}$=60(cm)であるとわかる。これらをわかりやすくまとめる。

問２　まず，１位の表しょう台に必要な材料の板の枚数（まいすう）を考える。**【条件】**から，１位の表しょう台は１辺が90cmの正方形でできた立方体であることがわかる。したがって，１辺が90cmの正方形が６枚必要となり，これは，縦（たて）90cm，横180cmの長方形の板３枚分にあたる。

次に，２位と３位の表しょう台に必要な材料の板の枚数を考える。**【条件】**から，いずれの表しょう台も上の面は１辺が90cmの正方形であること，表しょう台の高さは１位，２位，３位の比が３：２：１であることがわかる。したがって，２位と３位の表しょう台の高さは，それぞれ60cm，30cmになる。２位と３位の表しょう台の上と下の面は１辺が90cmの正方形であるため，１辺が90cmの正方形は合わせて４枚必要となり，これは材料となる長方形の板２枚分にあたる。また，残りのまわりの面として，２位の表しょう台は縦60cm，横90cmの長方形が４枚，３位の表しょう台は縦30cm，横90cmの長方形が４枚必要となる。縦60cm，横90cmの長方形と縦30cm，横90cmの長方形とを組み合わせると，ちょうど１辺が90cmの正方形をつくることができ，材料となる長方形の板２枚からあまりなくつくることができる。よって，必要な材料の板は最小で3＋2＋2＝7(枚)，残りはなしである。

問３　⑴　ひかるさんの考えがどのように誤っているかを説明する問題である。ゆうきさんとひかるさんの会話文のゆうきさんの２番目の発言から，赤，黄，緑の３色を１回ずつ使って旗をつくろうと考えているとわかる。そこで，**図５**を見ると，左の色が赤，中央の色が赤，右の色が赤，と色がかぶっているものがあることが読みとれる。これは，１つの色を何回も使うことを考えているため，誤っている。これらの内容を問題文に合うようにまとめるとよい。解答ではすべて赤を使っているものを例に挙げているが，同じ色を何度も使っていることが示せていれば正答となる。

⑵　全部で何種類の旗をつくることができるかを考える問題である。同じ色は１回しか使えないことに注意して，**図５**のように左の色，中央の色，右の色を樹形図にあてはめていくとよい。

2 （理科：土地のつくりと変化）

本　問１　地層や岩石の割れ目にそって，地層や岩石がずれているものを断層という。大きな断層は地しんなどの大きな力が加わって生じる。

問２　地層の多くは，地表の岩石がけずられて，それらが川の流れによって運ばれ，川や海，湖の底にたい積してできる。それ以外では，火山がふん火した時に広いはん囲に火山灰がふり積もり，よう岩が流れ出すことで，地層を形成することがある。

問３　川の曲がっているところの内側と外側での，流れる水のはたらきのちがいを説明する問題である。**実験**の**【結果】**から，いずれの地点でも外側の方が内側よりもたおれた棒の本数が多かったことが読みとれる。また，ひかるさんとゆうきさんの会話文の最初のひかるさんの発言から，川が曲がっているところの外側の川岸は，がけのようになっていたとわかる。したがって，川の曲がっているところの外側の方が，内側よりも土や地面をけずるはたらきが大きいことがわかる。このことをわかりやすくまとめる。

3 （理科：もののとけ方）

問１　ものが水にとけた液を水よう液という。水よう液には，固体だけでなく，気体がとけているものもある。

問２　**実験**の**【結果】**「加えた食塩のようす」において「とけ残った」という結果が見られることから，決まった量の水にとける食塩の量には限りがあることがわかる。A班では，15gまですべてとけたが，18gではとけ残った。B班では，16gまですべてとけたが，20gではとけ残った。C班では，15gまですべてとけたが，20gではとけ残った。これらの結果を合わせて考えると，20℃で50mLの水にとける食塩の最大の量は，16g以上18g未満にしぼりこめる。

要　問３　食塩とミョウバンの，水の温度が上がったときのとける量の変化のしかたのちがいを説明する問題である。**グラフ１**を見ると，水の温度が上がるにつれてとけるミョウバンの量が増え，増え方も大きくなっていくことがわかる。一方で，食塩は水の温度が上がっても，とける量はわずかに増えるものの，大きく変わらないことがわかる。食塩とミョウバンの変化のちがいをわかりやすくまとめるとよい。

問４　**グラフ１**から，水の温度が60℃のとき，水100mLにとけるミョウバンの量は約60gであることが読みとれる。**グラフ２**からは，温度が一定のとき，水の量とものとける量は比例することがわかる。したがって，水の温度が60℃のとき，水10mLにとけるミョウバンの量を求めると，水が100mLから10mLと$\frac{1}{10}$になっているため，ミョウバンの量も$\frac{1}{10}$にして，60÷10＝6より約6gである。よって，ミョウバンのようすを正しく表しているグラフはイである。

4　**（算数：整数のかけ算わり算，約数と倍数）**

基本

問１　かけ算とわり算の関係から,「わる数×商＋あまり＝わられる数」となる。これを「12÷4＝x」の式にあてはめて考えると，4×x＝12となる。

問２　問１と同様の式を利用して考える。わられる数がＰ，わる数がＡ，商がＱ，あまりがＲとなるため，これらをあてはめると，Ａ×Ｑ＋Ｒ＝Ｐとなる。

問３　Ａ×Ｂ＝Ｃという下線部③の式を使って，倍数と約数についてひかるさんとゆうきさんが考えている。ここからある数に整数をかけた積は，ある数の倍数であることがゆうきさんの発言からわかる。また，整数は，いくつかの約数の積で表されていることがわかる。したがって，ＣはＡの倍数であり，ＡはＣの約数であるといえる。また，同じようにＣはＢの倍数であり，ＢはＣの約数である。

問４　⑴　下線部④と下線部⑤より，1×2×2×3＝12にかっこをつけてひとまとまりの数とみる部分を変えることで，すべての約数が求められるとわかる。メモ２を見ると，1×(2×2×3)＝12，(1×2)×(2×3)＝12，(1×2×2)×3＝12，とかっこのつく位置が変わっている。かっこ内を計算して12の約数をすべて求めると，小さい方から順に，1，2，3，4，6，12となる。

⑵　まず，48を整数の積の形で表すために，メモ１のように48を１以外のできるだけ小さい整数で，商が１になるまでわり続ける。その結果，48は「1×2×2×2×2×3＝48」という式で表すことができるとわかる。次に，メモ２のようにかっこをつける位置を変え，ひとまとまりの数とみる部分を変えることで，48のすべての約数を求めればよい。約数にもれがないように注意する。

★ワンポイントアドバイス★

長さはさまざまであるが，考え方や答えを文章で記述する問題が多い。会話文や問題文の要点をおさえ，問題文で聞かれたことをわかりやすく伝えるように心がける。実験の結果やグラフの読みとりでは，必要な情報をぬき出す練習を日ごろから行うとよい。

2023年度

★★★★★★★★★★★★★★★★★★★★★★★★★

入　試　問　題

2023年度

県立伊奈学園中学校入試問題

【作文Ⅰ】（50分）　＜満点：50点＞

（放送台本）

これから，放送による問題を始めます。問題は，問題用紙の１ページにあります。

問題は，問い１から問い３まであります。英語はすべて２回ずつ放送されます。
問題用紙にメモを取ってもかまいません。答えはすべて解答用紙に記入しましょう。

はじめに問い１を行います。

問い１．マイクさんとゆうきさんが，スーパーマーケットで食材を見ながら話をしています。２人の会話を聞いて，スーパーマーケットで売っている食材の産地についてあてはまる国を書き，文を完成させましょう。
それでは始めます。

問い１の１回目を放送します。

Yuki: We can get a lot of food from this supermarket.
Mike: Oh, this pork is from Canada. I like pork very much.
Yuki: Me too. Oh, this beef is from Australia. And this chicken is from Brazil.
Mike: Food in the supermarket comes from many countries!

問い１の２回目を放送します。

続いて問い２を行います。
問い２．マイクさんとゆうきさんが，バーベキューの食材について話をしています。２人の会話を聞いて，スーパーマーケットで２人が買おうとしている食材を４つ書き，文を完成させましょう。それでは始めます。

問い２の１回目を放送します。

Yuki: Mike, what do you want to buy for the barbecue?
Mike: I want to buy beef and some sausages.
Yuki: OK. And we need some vegetables, too.
Mike: Oh, I see. Well, how about onions and corn?
Yuki: OK. Good idea.

問い２の２回目を放送します。

続いて問い３を行います。

問い３．マイクさんはレジで会計をしています。店員とマイクさんの会話を聞いて，レジで支払う金額についてあてはまる数字を書き，文を完成させましょう。それでは始めます。

問い３の１回目を放送します。

Clerk: Hi, how are you?
Mike: I'm good, thanks. How much is it all?
Clerk: It is 1000yen, please.
Mike: Oh, wait! I have a coupon. Here!
Clerk: I see. You can use this 10% off coupon.
Mike: OK. Then, we can get 100yen off, right?
Clerk: Yes.
Mike: Here you are.
Clerk: Thank you.

問い３の２回目を放送します。

以上で，放送による問題を終わりにします。

1 マイクさんとゆうきさんはスーパーマーケットに来ています。放送される英語を聞いて，あとの問いに答えましょう。

＊ 問題は，問１～問３まであります。
＊ 英語はすべて２回ずつ放送されます。
＊ 問題用紙にメモを取ってもかまいません。
＊ 答えはすべて解答用紙に記入しましょう。

問１ マイクさんとゆうきさんが，スーパーマーケットで食材を見ながら話をしています。２人の会話を聞いて，スーパーマーケットで売っている食材の産地についてあてはまる国を書き，文を完成させましょう。

問２ マイクさんとゆうきさんが，バーベキューの食材について話をしています。２人の会話を聞いて，スーパーマーケットで２人が買おうとしている食材を４つ書き，文を完成させましょう。

問３ マイクさんはレジで会計をしています。店員とマイクさんの会話を聞いて，レジで支払う金額についてあてはまる数字を書き，文を完成させましょう。

2 次の会話を読んで，あとの問いに答えましょう。

ひかるさん 今年は，関東大震災からちょうど100年の年だね。
ゆうきさん 100年前は，大正時代だね。どのような時代だったのかな。
ひかるさん 大正時代は，民主主義の考え方が広まって，25歳以上の男性に選挙権が認められるようになったんだよ。
ゆうきさん 女性には，当時，選挙権が認められていなかったんだね。

ひかるさん　現在は，（　①　）歳以上の国民に選挙権が認められているね。選挙権は，歴史の中で獲得してきた権利なんだ。

ゆうきさん　そんな権利なら大切にしていきたいね。そのためにも，社会のできごとや政治に関心を持っていきたいな。

ひかるさん　じゃあ，災害対策をテーマにして，社会のことについて考えていこう。

問１　会話文中の（①）にあてはまる数を書き，文を完成させましょう。

ゆうきさん　私の家では，災害対策として防災バッグを準備しているよ。万が一，大きな地震が起きたら，それを持って避難することにしているんだ。

ひかるさん　地震はいつ起こるか分からないから，日頃の備えが大切だよね。

ゆうきさん　それにしても，日本で地震が多く起こるのは，なぜだろう。

ひかるさん　理由の１つとして，②日本の国土やその周辺に，複数のプレートの境目が集中していることが考えられるね。

問２　会話文中の下線部②について，ゆうきさんは，資料１で示したひかるさんの説明を聞きながら，地図にプレートの境目を表す線を書きました。ひかるさんの説明をもとにしてかいた地図として最も適切なものを，あとのア～エの中から１つ選び，解答用紙にある文を完成させましょう。

資料１　ひかるさんの説明

日本列島の周辺には，北アメリカプレート，太平洋プレート，フィリピン海プレート，ユーラシアプレートの４つのプレートがあります。東日本は，そのほとんどが北アメリカプレート上に位置しており，西日本は，そのほとんどがユーラシアプレート上にふくまれています。東日本と西日本の境目は，新潟県から長野県，山梨県を通って，静岡県にいたります。ユーラシアプレートは，西日本の太平洋沖でフィリピン海プレートと接しています。千葉県沖は，北アメリカプレートと太平洋プレート，フィリピン海プレートの３つが接する世界でも珍しい場所です。

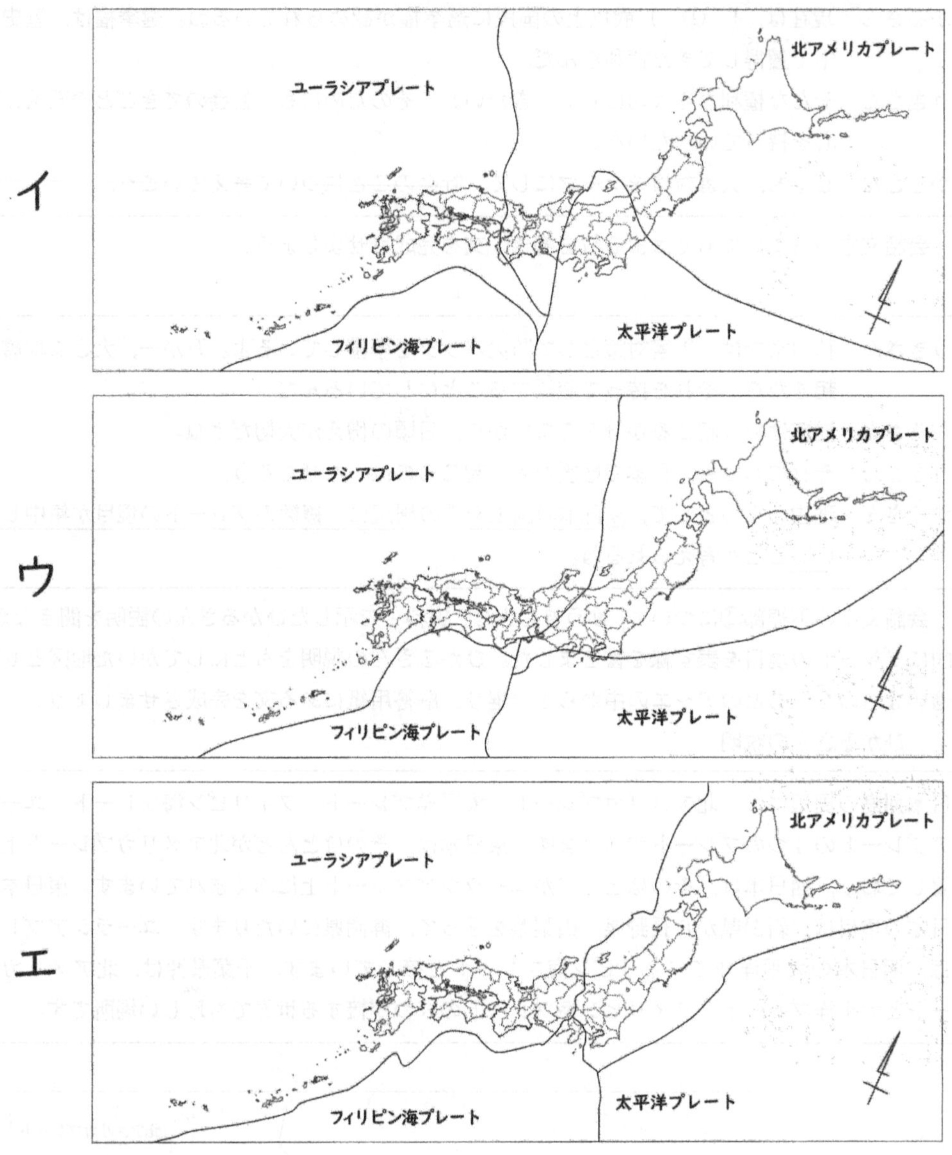

ゆうきさん　関東大震災よりも昔に，地震は起こっていたのかな。
ひかるさん　飛鳥（あすか）時代や奈良時代のころから地震の記録が残されているようだね。
ゆうきさん　そういえば社会の授業で，③奈良時代に大仏がつくられたことを学習したよ。今度，調べたことを紙しばいで発表することになっているんだ。

問３　ゆうきさんたちのクラスでは，会話文中の下線部③について発表することになりました。資料２の場面１の［　　］にあてはまる言葉を，資料３を見て，「不安」という言葉を使い，30字以上40字以内で書きましょう。　（資料２，資料３は次のページにあります。）

資料２　紙しばい

場面１　奈良時代の様子

ゆうきさんたちが奈良時代の様子の絵を作成中です。

ナレーション

奈良時代に入ってから、

（　　　　　　　　）

場面２　聖武天皇の命令

ナレーション

聖武天皇は、仏教の力で国を治めようと考え、大仏をつくる命令を出しました。

場面３　大仏づくり

ナレーション

聖武天皇の命令で大仏づくりが始まりました。行基らも協力しました。

場面４　大仏の開眼式

ナレーション

開眼式では、外国から招かれた位の高い僧が、大仏に目を入れました。

「NHK for School」より作成

資料３　聖武天皇が生まれてからのおもなできごと

年	できごと
701	文武天皇の子として生まれる
710	都が平城京に移る
720	九州地方で反乱が起こる
724	即位し、聖武天皇となる
734	大きな地震が起こる
737	このころ、都で病気が広まる
740	貴族の反乱が起こる
741	国分寺を建てる命令を出す
743	大仏をつくる命令を出す
747	大仏づくりが始まる
752	大仏の開眼式が行われる

ゆうきさん　奈良時代の大仏は，聖武天皇の命令でつくられたんだよね。

ひかるさん　そうだね。当時は天皇中心の国づくりを行っていたからね。現在の政治は，私たちの意思を尊重して，憲法や法律にもとづいて行われているよ。

ゆうきさん　先日，私たちの市でも多くの市民が要望していた防災センターができることになったね。④防災センターがどのような流れで建設されるのか，調べてみよう。

問４　ひかるさんたちは，会話文中の下線部④について調べ，まとめました。資料４を見て，ひかるさんたちのまとめの［　　］にあてはまる言葉を書き，文を完成させましょう。

資料４　防災センターが建設されるまでの流れ

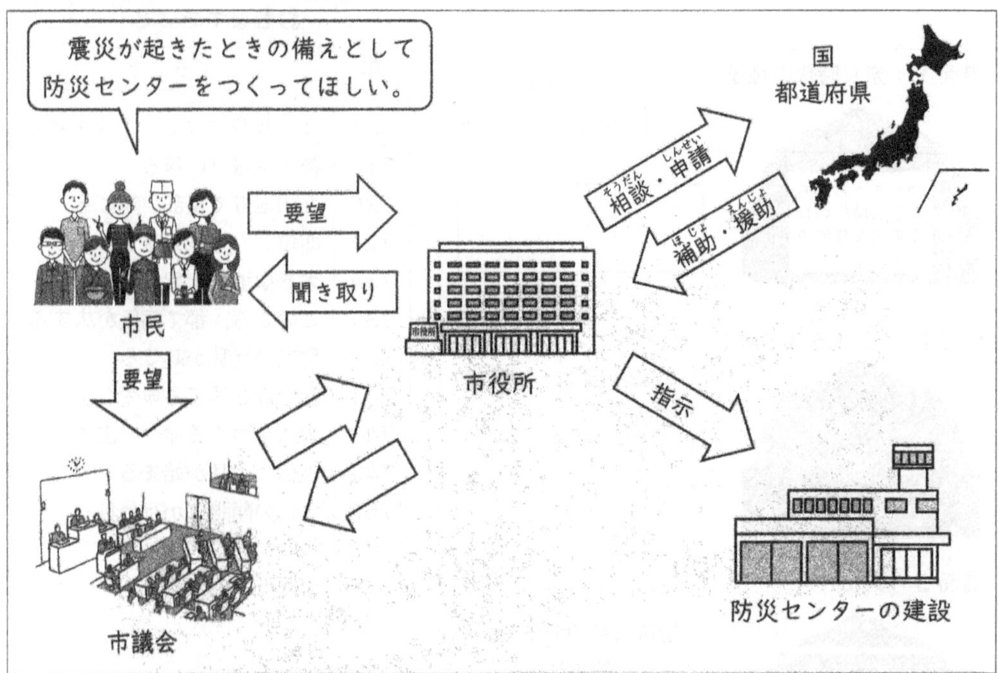

ひかるさんたちのまとめ

私たちの住んでいる市では，多くの市民から，防災センターをつくってほしいという要望が出ていました。そこで，市役所は市民からの聞き取りを行いました。

それを受けて，市役所は国や県に相談や申請をしたり，必要な補助や援助を受けたりしながら建設の計画を立てました。

そして，［　　　　　　　　　　］

その後，市役所から指示が出て，防災センターの建設が実現しました。

ひかるさん　防災センターの建設を記念して，博物館では「災害の歴史」という特別展（とくべつてん）が開かれているよ。資料５の熊本豪雨（ごうう）で橋が流された写真にはおどろいたな。

ゆうきさん　丈夫（じょうぶ）な橋が流されてしまうなんて，自然の力は本当にこわいね。今後も自然災害はいつどこで起こるか分からないから，もっと頑丈（がんじょう）な橋が必要だね。

ひかるさん　ただ，技術が進化し続けても，自然の力に勝つのは難（むずか）しいと思うよ。そういえば，高知県へ観光に行ったときに渡った沈下橋（ちんかばし）と呼ばれる橋が印象的だったよ。

ゆうきさん　沈下橋って，どんな橋なのかな。

ひかるさん　資料６の観光ボランティアの方の説明が分かりやすかったよ。それに，説明を聞いていくうちに，⑤<u>資料６の橋は，資料５の橋と違う特ちょうを持っていることに</u>も気づいたんだ。

問５　会話文中の下線部⑤について，次のページの資料６の橋には，どのような特ちょうがあるか，次のページの資料５の橋とくらべて書きましょう。

資料５　熊本豪雨で橋が流された写真

「日経クロステック」より

資料６　観光ボランティアの方の説明

「たびこふれ」より

「たびこふれ」より

左の写真をご覧(らん)ください。これは通常時の沈下橋の様子です。一方で右の写真は、川が増水したときの沈下橋の様子です。沈下橋は潜水橋(せんすいばし)とも呼ばれていて、写真のように、増水時には川にしずんでしまいます。自然を押さえつけるのではなく、あるがままの自然を受け入れ、折り合って生きていこうとするこの地域の人々の生活様式を象ちょうしています。

観光ボランティアの方

葵が、七海に［　　　　］ようすを表しています。

問四 ――線④「はじめて教室の中がはっきり見えた気がした。」とありますが、葵がこのように感じたのはなぜですか。次の文の空らんにあてはまるように、三五字以上四五字以内で書きましょう。

七海の言葉を聞いて［　　　　］からです。

4 あなたの心に特に残っている出来事にはどのようなものがありますか。なぜ心に残っているかを明らかにして、自分の気持ちや考えにふれながら、出来事を一つ具体的に取り上げて書きましょう。書くときは、次の（注意）にしたがいましょう。

（注意）

○ 作文は一〇行以上一二行以内で書きましょう。
○ 原稿(げんこう)用紙の正しい使い方にしたがって、文字、仮名づかいも正確に書きましょう。
○ 氏名は書かないで、一行目から本文を書きましょう。

話しかけられたことは意外だったけれど、それ以上に質問の内容に驚(おどろ)いてしまった。なぜそんなことをきかれたのか考える前に、するりと返事が飛び出した。

「疲れる。すごく」

　ぽかんとした顔で言うと、七海ちゃんはやっぱりね、と言うように肩(かた)をすくめた。

「転校を機に変わろうとしているからよ。無理してるから、ちょっと変」

　③図星をつかれて、葵は目を丸くした。

「どこが変？」

「発表するときとか、給食のときとかプチパニックになってる。一番ひどいのは掃除のとき。手足の動きがばらばらだよ」

「あんなに気をつけてたのに」

　絶望的に言った葵に、七海ちゃんは声をひそめた。

「もしかして誰(だれ)かの真似(まね)をしてない？」

「どうしてわかるの？」

　まん丸にした目でたずねた葵に、七海ちゃんは顔をゆるめた。やわらかな笑顔だった。

「私もそうだったから。半年前転校してきたとき変わろうと思ったの。前の学校では無口なせいであんまり友達がいなかったからね。それで人気者だった活発な子を真似して笑ったりしゃべったりしてたら、舌(した)をかんで大きな口内炎(こうないえん)ができた。無理はするもんじゃないって思った」

「はあ～」

　葵は伸ばしていた背筋を椅子(いす)の背もたれに投げ出した。シュルシュルとなにかが体から抜(ぬ)けていく。きっと萌ちゃんのイメージだ。体の中いっぱいにふくらませていた萌ちゃんが、音をたてて出ていったのだ。

「大丈夫(だいじょうぶ)、まだ誰も気がついてないから」

　七海ちゃんはいたずらっぽく笑った。その言葉にあたりを見回した葵には、④はじめて教室の中がはっきりと見えた気がした。

（『あたらしい私』まはら三桃(みと)　著(ちょ)より　一部省略がある。）

問一　――線①「葵には自信があった。」とありますが、葵にはどのような自信があったのですか。次の文の空らんにあてはまるように、本文中から一〇字でぬき出しましょう。

［　　　　］自信がありました。

問二　――線②「常に萌ちゃんを思い浮かべて、つとめておしとやかにふるまった。」とありますが、葵の「おしとやかなふるまい」を次の表にまとめました。表の中にある空らん［ア］と空らん［イ］にあてはまる言葉を、それぞれ一〇字以内で書きましょう。

表

発表するとき	［ア］こと。
給食のとき	［イ］こと。
掃除のとき	

問三　――線③「図星をつかれて、葵は目を丸くした。」とありますが、これは葵のどのようなようすを表した言葉ですか。次の文の空らんにあてはまるように、二五字以上三五字以内で書きましょう。

3 次の文章を読み、あとの問一～問四に答えましょう。

> 葵は少しどじな小学生である。二学期に転校してきた優等生の萌ちゃんにあこがれていたが、半年後、今度は自分が父の転勤の都合で転校することになった。

新しい学校では、ちゃんとやろう。忘れ物もしないし、勉強だって頑張る。もちろん掃除中には歌わない。そして萌ちゃんみたいなヒロインキャラになるんだ。

①葵には自信があった。なにしろこの半年間、萌ちゃんのことをじっくり観察していたのだ。笑い方や話し方を。それだけじゃない。給食を食べるときは、必ずスープから飲むのも知っているし、発表するときは、左耳に髪をかけることにも気がついている。

あんな風にやれば、正真正銘のヒロインになれるに違いない。

あたらしい私になるんだ。

葵は先生に並んで教壇に立った。知らない人の視線が集まってみぞおちのあたりがきゅっと固くなった。のど元にどきどきがせりあがってきて、みんなの顔がぼんやり見えた。

「すずかけ小学校から来た、松岡葵です」

けれども葵はおしとやかな笑顔を作って言った。鏡の前で何度も練習したように、うっすらと目を細めて口のはしを少しあげた。

周りに座っている人たちがちらちらと自分を見ているのがわかった。転校生がどんな子なのか気にしているのだ。葵はすっと背筋を伸ばした。

優等生らしくしなくっちゃ。

休み時間になると、萌ちゃんがそうされていたように葵の周りにも人が集まってきた。いくつか質問をされたので、葵はその間ずっと微笑んだまま、萌ちゃんみたいなきれいな言葉遣いで答えた。なんだか自分が本当に萌ちゃんになったみたいな気分だった。

三日がたった。葵はますます頑張っていた。②常に萌ちゃんを思い浮かべて、つとめておしとやかにふるまった。授業中は自分からは発表をしなかったが、数度当てられたときは、右か左か確かめてから耳に髪をかきあげたし、給食のときは、まずスープ。間違えそうになったときはやり直した。特に気をつけたのは掃除のときだ。つい癖で何度も歌をうたいそうになってしまうのを必死で抑えた。

あたらしい私、あたらしい私。

おかげで前みたいに笑われることはなかったけれど、ひとつ困ったこともあった。萌ちゃんのことばかり考えているせいか、肝心のクラスメートの顔と名前が、なかなか覚えられないのだ。そればかりか、教室全体がまるでフィルターでもかかっているみたいに白っぽく見える。

そんなふうにして一週間がたった。

「疲れない？」

そう声をかけられたのは、中休みだ。顔を上げると隣の席の七海ちゃんと目が合った。席が隣同士とはいえあまり話したことがなかった。七海ちゃんは口数が少ない。

葵はあわてて背筋を伸ばした。

「え？」

【作文Ⅱ】（50分）　＜満点：50点＞

1 ゆうきさんとひかるさんの会話を読んで，あとの問いに答えましょう。

ゆうきさん　Aさん，Bさん，Cさんの中から，競歩大会の代表選手を1人決めようと思っているよ。

記録

	歩いた道のり	タイム（かかった時間）
Aさん	1000m	15分30秒
Bさん	1500m	18分45秒
Cさん	2500m	40分00秒

ひかるさん　でも，この記録を見ると，3人の歩いた道のりもそのときのタイムもばらばらだから，比べにくいね。

ゆうきさん　それじゃあ，歩く速さを求めてみたらいいんじゃないかな。分速を求めてみよう。

ひかるさん　そうだね。他にこんな方法でも比べられると思うよ。

ひかるさんの考え

Aさん	Bさん	Cさん
15.5÷1000=0.0155	18.75÷1500=0.0125	40÷2500=0.016

ひかるさん　この方法で考えたら，Bさんが一番速いとわかるよ。

問1　Aさんの歩く速さは分速何mですか。答えは四捨五入して，$\frac{1}{10}$の位までのがい数で表しましょう。

問2　先生は，ゆうきさんとひかるさんの考え方のちがいを次のようにまとめました。

［①］，［②］にあてはまる言葉を書き，説明を完成させましょう。

ゆうきさんとひかるさんの考え方のちがい

ゆうきさんは3人の分速を求めて考えました。
分速とは［　①　］で表した速さのことですね。
一方，ひかるさんは，時間を道のりでわりました。
これは，3人それぞれの［　②　］を求めて考えたのですね。

ゆうきさん　歩いた道のりや，かかった時間がちがうと，比べにくいことがあるんだね。

ひかるさん　そうだね。いろいろな移動手段について，移動した道のりや，移動した時間，速さを表にまとめてみたよ。

表

移動した時間（分）		0	5	10	15	20	25	30
移動した道のり（m）	徒歩（分速　６０m）	0	300	600	900	1200	1500	1800
	ランニング（分速１２０m）	0	600	1200	1800	2400	3000	3600
	自転車（分速１８０m）	0	900	1800	2700	3600	4500	5400

ゆうきさん　この表を見ると，比例している量の関係がみつかるね。
ひかるさん　比例だけじゃなく，反比例している量の関係もみつかるよ。

問３　上の表をもとに考えると，ランニングで750m走るのにかかる時間は，何分何秒だと考えられるか書きましょう。

問４　上の表の３つの移動手段において，移動した道のりが1800mである部分をもとに，反比例とはどのような関係か数値を使って説明しましょう。

2　ゆうきさんとひかるさんの会話文を読んで，あとの問いに答えましょう。

ひかるさん　この前，空のようすを写真にとったよ。
ゆうきさん　この写真をとった日の天気は雲があるからくもりかな。
ひかるさん　どうだろう。くもりの定義は［　①　］だと学習したよね。でも，写真だけで晴れかくもりかを判断するのは難しいね。
ゆうきさん　他にも，晴れの日とくもりの日にはちがいがあるかな。
ひかるさん　たしか，②<u>天気によって気温の変化に特ちょうがあったよね。</u>

写真

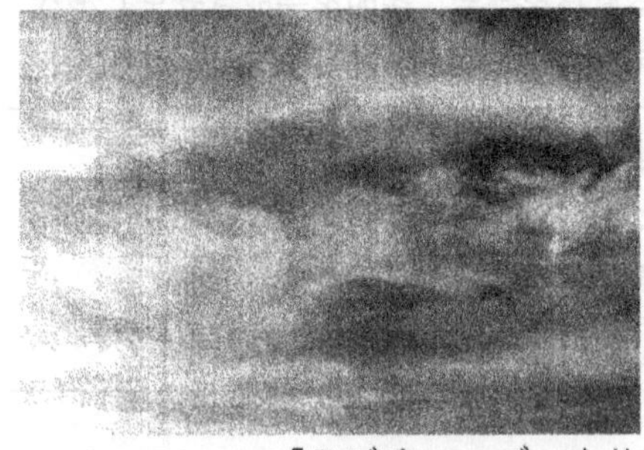

「ラジチューブ」より

問１　会話文中の［①］にあてはまるひかるさんの説明を書きましょう。

問２　会話文中の下線部②について，次のページのグラフ ア，イは同じ場所ではかった異なる季節の別の日の気温を記録したものです。これらのうち，１日が晴れ，もう１日がくもりでした。晴れだと考えられるのはアとイのどちらか，記号で書きましょう。また，そのように考えられる理由を，晴れの日とくもりの日の１日における気温の変化の特ちょうに着目して書きましょう。

グラフ

ア

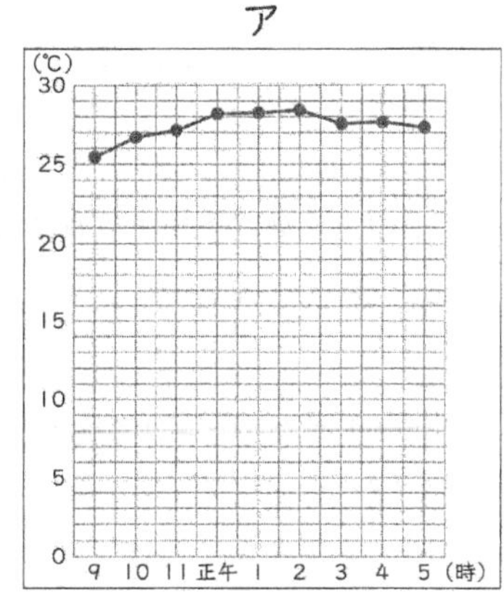

イ

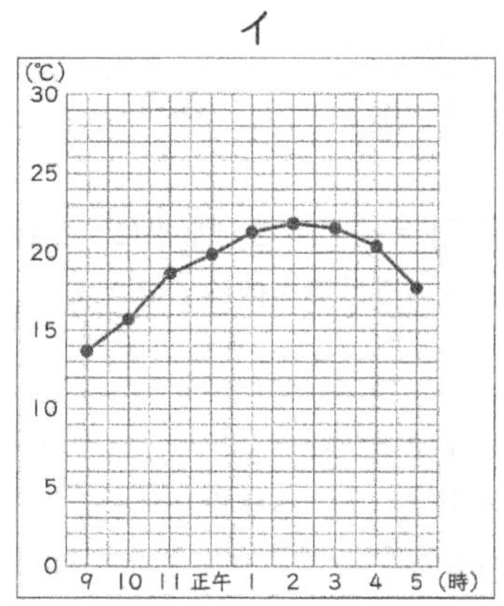

3 ゆうきさんとひかるさんの会話を読んで，あとの問いに答えましょう。

ゆうきさん　弟の誕生日にモビールを作ろうと思っているんだ。
ひかるさん　モビールって何？
ゆうきさん　絵のようなかざりだよ。棒のはしに結んだ糸にかざりがぶら下がっているんだよ。
ひかるさん　いろいろなものがぶら下がっているけれど，棒が水平になっているね。どういうときに水平につり合うのかな。
ゆうきさん　じゃあ，一緒に調べてみよう。

絵

ゆうきさんとひかるさんは，図の実験用てこを使って，次の実験を行いました。

実験

【課題】　実験用てこが水平につり合うときには，どのようなきまりがあるのだろうか。

【計画】　(1)　左のうでの支点から30cmのところに10gのおもりをつるす。
(2)　右のうでにおもりをつるして，水平につり合うときの支点からおもりまでのきょりとおもりの重さを調べる。
(3)　左のうでにつるすおもりの重さを20gに変えて，(2)のようにして調べる。

図

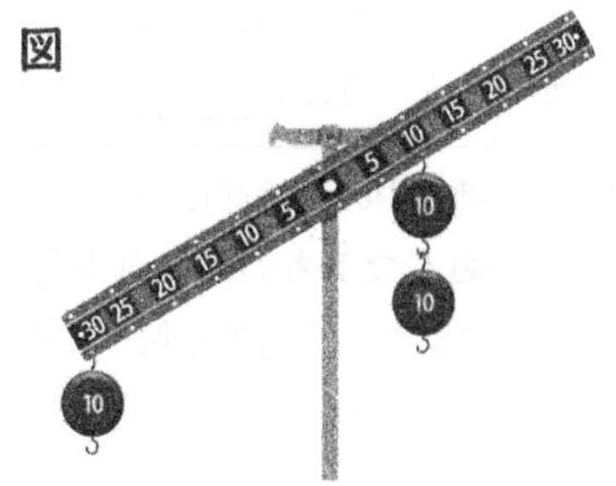

【結果】

	左のうで	右のうで				
支点からのきょり（cm）	30	30	15	10	5	
おもりの重さ（g）	10	10	20	30	60	

	左のうで	右のうで				
支点からのきょり（cm）	30	30	20	15	10	5
おもりの重さ（g）	20	20	30	40	60	120

問１　実験の【結果】から，てこが水平につり合うとき，どのようなきまりがあるといえるか，「きょり」と「重さ」という言葉を使って書きましょう。

ゆうきさん　弟は恐竜(きょうりゅう)が好きだから，恐竜の模型(もけい)を使って，大きなモビールを作りたいんだよね。
ひかるさん　模型はいろいろな重さがあるけれど，作れるかな。
ゆうきさん　模型をつるす位置を調節すれば，つり合って水平を保てるはずだよ。設計図をつくってみよう！

問２　次のゆうきさんの設計図について，全てのてこが水平につり合うときのＢの重さは何ｇになるか書きましょう。ただし，てこやひもの重さは考えないものとします。

ゆうきさんの設計図

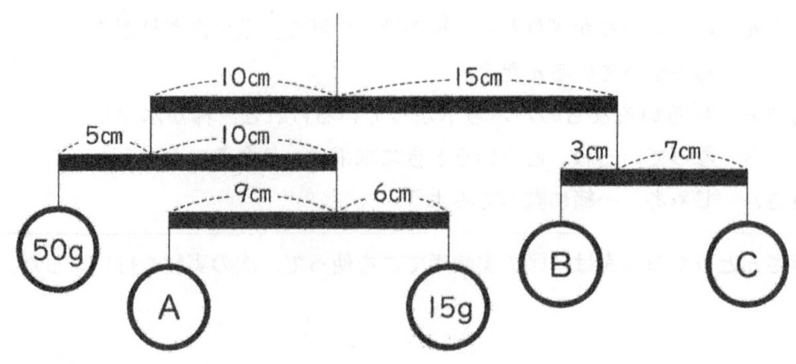

ゆうきさん　モビールが，つり合ったりつり合わなかったりするのは，てこのはたらきが関係しているんだね。
ひかるさん　うん。てこの原理は身近なところで，さまざまな道具に使われているね。

問３　会話文中の下線部について，次の３つの道具のうち，加える力の大きさより作用する力の大きさが小さくなるものはどれか道具の名前を書きましょう。また，そのように考えられる理由を「きょり」という言葉を使って書きましょう。

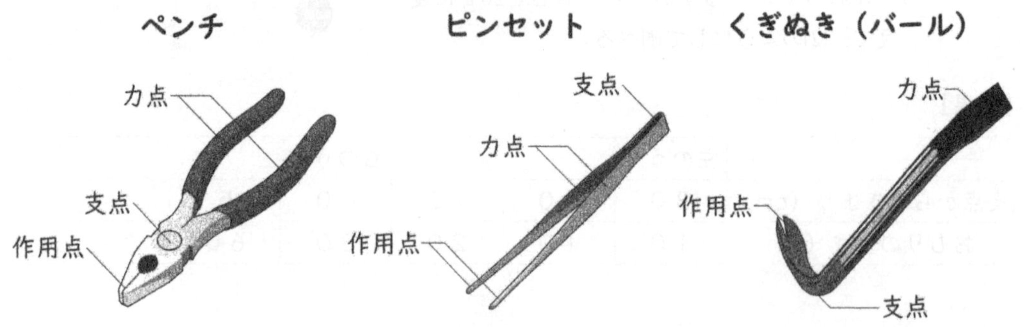

4 ゆうきさんとひかるさんは，ゆうきさんのロボットを動かして遊んでいます。２人の会話を読んで，あとの問いに答えましょう。

ゆうきさん	この円形ロボットの中心にはペンがついていて，ロボットが進んだあとに線が残るんだよ。
ひかるさん	ロボットに指示はどうやって出すの？
ゆうきさん	ロボットに「90度，10㎝，１回」と指示すると，真上から見て時計回りに90度回転してから，10㎝直進するよ。
ひかるさん	なるほど。１回でなくてもいいの？
ゆうきさん	大丈夫だよ。「90度，10㎝，４回」と指示を出すと，ロボットは１辺が10㎝の正方形をかくように動くんだ。

ロボットの取りあつかい説明書

［１］「□度，△㎝，○回」で１つの指示とします。
［２］角度，距離，回数はそれぞれ整数の指示しか出せません。
［３］角度については，０度から180度までの指示しか出せません。
［４］真上から見て時計回りに回転してから，矢印の方向に直進します。

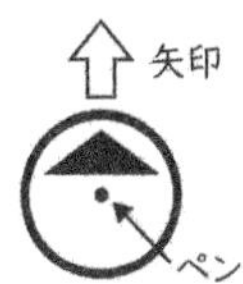

真上から見たときのロボットが正方形をかく動き

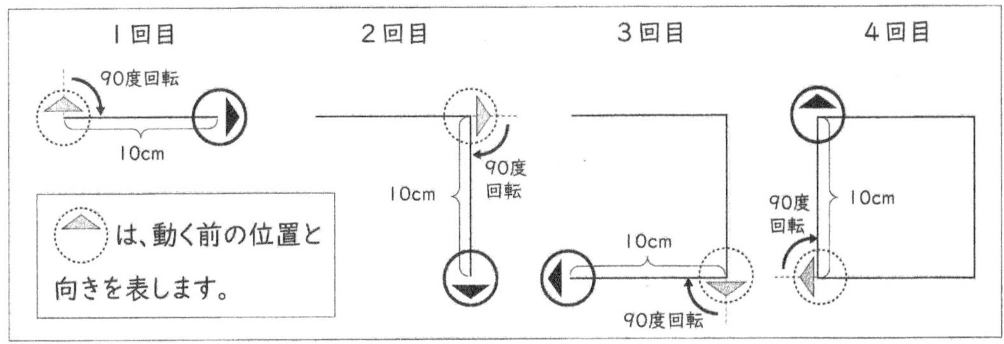

問１　ロボットが15度回転するのに１秒間かかり，２㎝進むのに３秒間かかるとします。ロボットが，１辺が10㎝の正方形をかくとき，最初の回転を始めてから元の位置までもどるのに何分何秒かかるか書きましょう。

ひかるさん	正三角形をかくには，ロボットに「60度，10㎝，３回」と指示を出せばいいのかな？
ゆうきさん	いや，それだと正三角形をかくことはできないんだよ。ロボットの取りあつかい説明書に書いてあることを意識してね。

問２　１つの指示だけで，ロボットに１辺が10㎝の正三角形をかき終えるように動かすためには，何と指示を出せばよいか書きましょう。

ひかるさん　正方形も正三角形も１つの指示だけでかくことができるんだね。
ゆうきさん　ほかの正多角形も１つの指示だけでかくことができそうだね。
ひかるさん　じゃあ，正五角形から正八角形までの図形をかいてみようか。

問３　ひかるさんとゆうきさんは，ロボットを使って１つの指示だけで１辺が10㎝の正五角形から正八角形までの図形をそれぞれかこうとしましたが，１つだけかけない正多角形がありました。その図形は正何角形か答えましょう。また，かけない理由について説明しましょう。

2023 年 度

解 答 と 解 説

《2023年度の配点は解答欄に掲載してあります。》

＜作文Ⅰ解答例＞

1 問１　(スーパーマーケットでは,)カナダ(産のぶた肉や)ブラジル(産のとり肉が売られています。)

問２　(２人は,)牛肉(,)ソーセージ(,)玉ねぎ(,)とうもろこし(を買おうとしています。)

問３　(買う物の合計金額は,)1,000(円ですが，クーポン(割引券(わりびきけん))で)100(円分引かれたので，残りの)900(円を支払(しはら)います。)

2 問１　(現在は,)18(歳以上の国民に選挙権が認められているね。)

問２　(日本付近のプレートを正しく表している地図は,)エ(です。)

問３　(奈良時代に入ってから,)病気が広まったり，地震や反乱が起こったりして，社会に不安が広まっていました。

問４　市役所から市議会に建設案が提出され，市議会は話し合いを行い，防災センターを建設することを決めました。

問５　資料６は，資料５と異なり，川が増水したときに川の下に沈むので，流木や土砂が引っかかりにくくなり，橋がこわれにくいという特ちょうがある。

3 問一　ヒロインキャラになる(自信がありました。)

問二　ア　左耳にかみをかける(こと。)

イ　必ずスープから飲む(こと。)

問三　(葵が，七海に)転校を機に変わろうと無理をしていることを見ぬかれて，おどろいている(ようすを表しています。)

問四　(七海の言葉を聞いて)それまでは萌ちゃんのまねに必死だった葵が，はじめて本来の自分になって教室を見た(からです。)

4 　わたしの心に特に残っているのは，五年生の時の運動会でのクラス対こうリレーです。

　わたしが五年生の時の運動会で，競技の中にクラス対こうリレーがありました。わたしは走るのが苦手で，みんなに迷わくをかけてしまわないか不安でした。でも，クラスの子が走り方やうでのふり方を教えてくれ，当日うまく走ることができたので，それが特に心に残っています。

○推定配点○

1 完答　各3点×3　**2** 問1・問2　各2点×2　問3・問4・問5　各4点×3

3 問一　3点　問二　各2点×2　問三・問四　各4点×2　**4** 10点　計50点

<作文Ⅰ解説>

1 （英語：リスニング）

問１　会話文のなかに出てくる肉の種類と国名がまざらないように聞き取ることがポイントである。pork(ぶた肉)・beef(牛肉)・chicken(とり肉)の単語を正しく聞き取り，それぞれ「from ～」で示される産地を聞きのがさないように注意する。

<放送全文>

Yuki: We can get a lot of food from this supermarket.
Mike: Oh, this pork is from Canada. I like pork very much.
Yuki: Me too. Oh, this beef is from Australia. And this chicken is from Brazil.
Mike: Food in the supermarket comes from many countries!

(日本語訳)

ゆうき：私たちはたくさんの食べ物をこのスーパーマーケットから手に入れることができます。
マイク：ああ，このぶた肉はカナダ産です。私はぶた肉がとても好きです。
ゆうき：私もです。ああ，この牛肉はオーストラリア産です。そしてこのとり肉はブラジル産です。
マイク：スーパーマーケットにある食べ物はたくさんの国々から来ているのですね。

問２　「want to buy(買いたい)」や「need(必要)」という言葉を聞きのがさないように気をつける。食材の名前として会話に出てきていた「beef(牛肉)」，「sausages(ソーセージ)」，「onions(玉ねぎ)」，「corn(とうもろこし)」を聞き取り，単語の意味を理解した上で日本語で答えられればよい。

<放送全文>

Yuki: Mike, what do you want to buy for the barbecue?
Mike: I want to buy beef and some sausages.
Yuki: OK. And we need some vegetables, too.
Mike: Oh, I see. Well, how about onions and corn?
Yuki: OK. Good idea.

(日本語訳)

ゆうき：マイク，バーベキュー用に何を買いたいですか。
マイク：私は牛肉といくつかのソーセージを買いたいです。
ゆうき：分かりました。それから私たちはいくらか野菜も買う必要がありますね。
マイク：ああ，なるほど。では，玉ねぎととうもろこしを買うのはどうでしょう。
ゆうき：分かりました。いいアイデアですね。

問３　最初に会話に登場する「1000 yen」にまどわされないよう注意が必要である。10%引きのクーポンがあり，100円引かれることが話されているため，最終的に支払う額は1000－100＝900(円)になる。

<放送全文>

Clerk: Hi, how are you?
Mike: I' m good, thanks. How much is it all?
Clerk: It is 1000 yen, please.
Mike: Oh, wait! I have a coupon. Here!

Clerk: I see. You can use this 10% off coupon.
Mike: OK. Then, we can get 100 yen off, right?
Clerk: Yes.
Mike: Here you are.
Clerk: Thank you.

（日本語訳）

店員　：こんにちは，お元気ですか。
マイク：元気です，ありがとうございます。全部でいくらになりますか。
店員　：1000円ちょうだいします。
マイク：ああ，待ってください。私はクーポンを持っています。これです。
店員　：分かりました。あなたはこの10%引きクーポンを使うことができます。
マイク：分かりました。それでは，私たちは100円引きにしてもらえるということであっていますか。
店員　：そうです。
マイク：どうぞ。
店員　：ありがとうございます。

2　**（社会：政治，歴史，地形，災害，資料の読み取り）**

問１　現在の公職選挙法では，18歳以上の国民に選挙権が認められている。平成27年公布の公職選挙法で18歳に引き下げられるまでは，選挙権は20歳以上の国民が持つ権利であったため，まちがえないように気をつける必要がある。

問２　**資料１**のなかの，東日本はほとんどが北アメリカプレート上にあり，西日本はほとんどがユーラシアプレート上にあるという部分と，東日本と西日本の境目は新潟県から長野県，山梨県を通って静岡県にいたるという部分がポイントである。選たくしのなかで，新潟～静岡のラインで東西日本を分けているものは**ア**と**エ**である。**イ**は新潟ではなく富山を，**ウ**は静岡ではなく愛知を通って分けているので適切でない。また，太平洋沖でユーラシアプレートがフィリピン海プレートと接していること，千葉県沖で北アメリカプレートと太平洋プレート，フィリピン海プレートの３つのプレートが接していることなどの条件もふまえると，**エ**の選たくしのみが正しくプレートの分かれ目をえがいているものだと分かる。

問３　**資料３**の年表をみると，聖武天皇が743年に大仏をつくる命令を出す前には，720年や740年の反乱，734年の地震，737年の流行病など，人々の不安な気持ちをかりたてる様々なできごとが起こっていたことが分かる。30～40字にまとめるときは，複数の不安要素にふれることや，それによって世の中全体の不安感が高まっていたことにふれることが必要である。

問４　**資料４**の図の中で，**ひかるさんたちのまとめ**のなかでふれられていない部分を探すと，市議会と市役所のやり取りの部分についての説明がないことが分かる。市役所が国や都道府県とやり取りをして建設の計画を立てたあと，実際に建設する前に市議会で行うことは，防災センターの建設案について，その必要性を話し合い，正式に建設の許可をもらうことだと考えられる。よって空らんには，市役所からもらった建設議案について市議会で話し合いを行い，採決をすることについての説明がされるとよい。

問５　**資料５**も**資料６**も川の上にかかる橋だが，**資料６**の川が増水したときの沈下橋の様子に注目すると，ちがいが明らかである。**資料６**の沈下橋は，川が増水したときには水の中にしずむように作られている。**資料５**の橋とはちがって，複雑な柱のつくりや骨組みがなく，川が

増水したときに流れてくる草木などが引っかかってこわれることはない。よって，解答では，川の増水を想定してそれに対応する設計をしている**資料6**の橋と，川の増水が想定されておらず，複雑な設計をしている**資料5**の橋の特ちょうをくらべて書けばよい。

3 （国語：文章読解）

問一　**ぼう線部①**の直後の部分を読むと，話し方や笑い方など，萌ちゃんの行動について書かれており，その後に「あんな風にやれば，正真正銘のヒロインになれるに違いない」とある。この文脈から，葵は萌ちゃんのようにふるまうことで彼女同様クラスの人気者になれると考えていることが分かる。このことを10字以内で示している部分としては，**ぼう線部①**の直前の「ヒロインキャラになる」が最も適している。

問二　**ぼう線部②**中に「萌ちゃんを思い浮かべて，つとめておしとやかにふるまった」とある。葵の考えるおしとやかなふるまいとは，萌ちゃんのようなふるまいのことであるため，葵がまねしている萌ちゃんのふるまいについて書いてある部分を探せばよい。発表するときや給食を食べるときの萌ちゃんの様子が書いてあるのは，２段落目の「給食を食べるときは～」の一文である。解答を書くときは「～こと」につながる形で答えることに気をつける。

問三　**ぼう線部③**「図星をつかれて」と「目を丸くした」のそれぞれの意味する内容について考える。「図星をつかれる」は，自分が考えていたことを人にみすかされるという意味である。ここでは，直前の七海ちゃんのセリフから，葵が転校を機に変わろうと無理をしていたことを七海ちゃんに気づかれた，という内容だとわかる。そして，「目を丸くする」はおどろく様子を示す慣用句である。よって，答えるときには，葵が転校を機に変わろうと無理をしていたことを七海ちゃんに気づかれて，それにおどろいているという内容を書けばよい。

問四　まず，それまで教室がはっきり見えていなかった理由を考える。文章中に，「教室全体がまるでフィルターでもかかっているみたいに白っぽく見える」とあり，このときと比べて葵が変わったことを考えると，七海ちゃんにだれかの真似をしていることに気づかれたことが大きな変化だと分かる。**ぼう線部④**の一つ前の段落で，七海ちゃんとの会話をきっかけに，それまで萌ちゃんのことで頭がいっぱいだった葵から，萌ちゃんのイメージがぬけていく様子が書かれている。このことが，教室がはっきりと見えるようになった理由だと考えられる。

よって，それまでは萌ちゃんを真似することや萌ちゃんのことで頭がいっぱいだった葵が，はじめてそれをわすれ，本当の自分になって教室を見回すことができたという内容が書ければよい。

4 （国語：課題作文）

字数制限と，原稿用紙の使い方に注意する。（注意）にある書き方に関する内容は，まちがえると減点の対象になるので気をつける。内容は，実際に自分が経験したことについて書くことと，なるべく具体的に書くことが大切である。

★ワンポイントアドバイス★

図表や写真，文章の中に解答のヒントがかくされている問題が多く，自分が持っている知識の他に問題文の読解力も必要である。時間配分に気をつけながら問題文を丁ねいに読みこみ，要点をしっかりとらえた上で解答することに気をつけるとよい。

＜作文Ⅱ解答例＞

1 問１　(Ａさんの歩く速さは分速)64.5(mです。)

問２　①　(分速とは)１分間に進む道のり(で表した速さのことですね。)

②　(これは，３人それぞれの)１m進むのにかかる時間(を求めて考えたのですね。)

問３　６(分)15(秒かかると考えられます。)

問４　速さが分速60mから，分速120m，分速180mのように２倍，３倍となると，1800mの道のりを移動するのにかかった時間が30分から15分，10分のように1/2倍，1/3倍となっている関係。

2 問１　(くもりの定義は)空全体を10としたときに，雲の量が９から10のとき(だと学習したよね。)

問２　(記号)イ

(理由)晴れた日の気温は朝から昼にかけて上がっていき，昼過ぎ最も高くなり，その後低くなっていくが，くもりの日の気温は１日の中であまり変化しないので，晴れた日の気温の特ちょうにあてはまるのはイのグラフだから。

3 問１　左のうでの「支点からおもりまでのきょり×おもりの重さ」の値と，右のうでの「支点からおもりまでのきょり×おもりの重さ」の値が等しくなる。

問２　(Ｂの重さは)35(ｇです。)

問３　(道具の名前)ピンセット

(理由)ピンセットは支点から力点までのきょりと支点から作用点までのきょりを比べると，支点から力点までのきょりの方が短いので，加える力よりも作用する力の方が小さくなるから。

4 問１　１(分)24(秒かかります。)

問２　120(度,)10(cm,)３(回)

問３　(正)七(角形です。)

(理由)取りあつかい説明書の[２]にあるように，このロボットには整数の指示しか出せません。正七角形をかくときに指示する角度を計算すると，360÷7＝51.42…度となってしまい，整数で指示を出すことができないから。

○推定配点○

1 問1・問3　各2点×2　　問2・問4　各4点×3　　**2** 問1　4点　　問2(記号)　2点　問2(理由)　5点　　**3** 問1・問3(理由)　各4点×2　　問2・問3(道具の名前)　各2点×2　**4** 問1・問2・問3(短答)　各2点×3　　問3(理由)　5点　　計50点

＜作文Ⅱ解説＞

1 (算数：速さと時間)

基本　問１　(速さ)＝(道のり)÷(時間)で求めることができ，Ａさんの歩いた道のりは1000m，かかった時間は15分30秒，つまり15.5分である。これらの値(あたい)を式にあてはめると，Ａさんの歩く速さは1000÷15.5=64.51…(m)となり，$\frac{1}{100}$の位を四捨五入すると分速約64.5mであるとわかる。

問２　①　分速とは，１分間にどれだけの道のりを進むことができるかという数量を示す言葉である。空らんにはこのことをわかりやすく書けるとよい。

②「時間を道のりでわりました」という部分に注目する。①で答えた分速は，道のりを時間でわることで求められ，１分間に進む道のりのことを表す。同様に考えると，時間を道のりでわれば１m進むのにかかる時間を表しているとわかる。

問３　会話文中にある**表**から，ランニングが分速120mであることがわかる。かかる時間は(道のり)÷(速さ)で求められるので，ランニングで750m走るのにかかる時間は750÷120=6.25(分)となり，６分15秒である。

問４　移動した道のりが1800mの部分に注目すると，分速60mの徒歩で30分，分速120mのランニングで15分，分速180mの自転車で10分の時間がかかっていることがわかる。この数値を比べると，ランニングは徒歩の２倍，自転車は徒歩の３倍の速さになっているのに対し，移動した時間はランニングが徒歩の$\frac{1}{2}$，自転車が徒歩の$\frac{1}{3}$になっているという関係性が読み取れる。一方の値が２倍・３倍…となるときにもう一方の値が$\frac{1}{2}$倍・$\frac{1}{3}$倍…と変化する関係性を反比例というため，これらの値は反比例の関係にあるといえる。

2 （理科：天気）

問１　くもりの定義は，空全体を10としたときに，雲の量が９から10のときである。同じように，雲量が０から１のときは快晴，２から８のときは晴れであることもあわせて覚えておくとよい。

問２　**ア**と**イ**の**グラフ**を見比べると，**ア**は気温が25℃以上で安定しており，時間帯によっても大きな変化がないことがわかる。それに対して**イ**は，朝の気温が低く，昼にかけて気温が上がっていき，また昼を境に気温が下がっている。くもりの日は太陽が出ていないため，時間帯による気温の変化も小さいが，晴れの日は太陽がのぼったりしずんだりするのにあわせて気温も変化するという特ちょうがある。これらの特ちょうをふまえると，晴れの日の**グラフ**としては**イ**がふさわしいとわかる。

3 （理科：てことおもり）

問１「きょり」と「重さ」という言葉の指定に注意する。実験の結果に注目すると，左のうでの支点からのきょり30cm，おもりの重さ10gのときも，左のうでの支点からのきょり30cm，おもりの重さ20gのときも，左のうでと右のうでそれぞれのきょり(cm)の値とおもりの重さ(g)の値をかけ合わせた値が一定になっていることがわかる。**(2)**の実験では，どの結果のときもかけ合わせると300に，**(3)**の実験では600になっている。つまり，左のうでの「支点からのきょり」と「おもりの重さ」をかけた値が，右のうでの「支点からのきょり」と「おもりの重さ」をかけた値と常に等しくなるというきまりの上で，てこのつり合いがとれており，これをまとめて解答にすればよい。

問２　Aから順に考える。Aは対応する右うでの支点からのきょりとおもりの重さをかけると，6(cm)×15(g)=90となるため，90÷9=10(g)のおもりがつくとわかる。そうすると，最も大きい(最も上に位置している)モビールの左のうでには，全部で50+10+15=75(g)のおもりがついており，10(cm)×75(g)=750が支点からのきょりとおもりの重さをかけた値である。

それに対して右のうでは750÷15=50(g)より，ＢとＣを合わせて50gのおもりがついているとわかる。モビールの支点からのきょりが３cmと７cmであることから，ＢとＣのおもりの重さの比は7：3になることがわかる。よって，Ｂのおもりは50÷(3+7)×7=35(g)，Ｃのおもりは50−35=15(g)である。

問３　３つの道具を見比べると，ペンチとくぎぬきは「作用点・支点・力点」の順で，支点を残りの２点がはさむように位置していることがわかる。それに対してピンセットは，はしに支点があり，力点・作用点と並んでいる。問２からもわかったように，支点からの力点・作用点それぞれのきょりが遠いほど軽いおもり，近いほど重いおもりが必要であった。

つまりこれを加える力と作用する力に置きかえると，支点と力点の間のきょりが支点と作用点の間のきょりよりも長ければ，加える力が作用する力よりも小さくてすむということになる。これをふまえてもう一度３つの道具を見てみると，ペンチとくぎぬきはその理論が成立しているのに対し，ピンセットは力点の方が作用点よりも支点に近く，加える力よりも作用する力のほうが小さくなるものである。よって，今回問われている条件にあてはまるものは，ピンセットがふさわしい。

4　**(算数：平面図形，正多角形)**

問１　15度回転するのに１秒間かかるということは，90度回転をするたびに90÷15=6(秒)かかるということになる。また，２cm進むのに３秒かかるということは，10cmある一辺をかくのには，10÷2=5なので，5×3(秒)=15(秒)かかるということになる。つまり，１回の回転と直進の動きに6+15=21(秒)かかる。正方形をかくためにはこの動きを４回くりかえすため，全部で 21×4=84(秒)がかかる。これを解答らんに合うように直すと，１分24秒となる。

難　問２　**ロボットの取りあつかい説明書**[４]の，「真上から見て時計回りに回転してから」と書いてある部分に注目する。つまり，このロボットはもともと向いている方向から指定された角度分時計回りに回転して図形をかくため，図形の１つの内側の角を指定してしまうと，正しく図形をかけない。正しく図形をかくには，作りたい角度の外側の角，つまり，(180度−内側の角１つ分)の角度を指定する必要がある。よって，正しく正三角形を作るためには，180−60=120(度)で角度の指示をすればよい。辺の長さは10cmなので距離は10cm，正三角形を作るので回数は３回である。

難　問３　ロボットで図形をかくとき，辺の長さや動作の回数の部分に制限はないため，問題が発生する可能性があるのは角度の部分である。**ロボットの取りあつかい説明書**[２]をみると，「角度，距離，回数はそれぞれ整数の指示しか出せません。」という条件がある。

内側の角１つ分の大きさが整数の値になれば，それに対応する外側の角１つ分の大きさも整数の値になるため，内側の角１つ分の大きさを考える。正多角形の内側の角１つ分の大きさは，その正多角形を何個の三角形に分けることができるかを考え，三角形の内側の角の和(180度)とその数をかけて，角の数でわると求めることができる。例えば，正方形であれば三角形２つに分けることができ，角の数は４つなので，180×2÷4=90(度)と計算で求められる。

よって，それぞれの正多角形の内側の角１つ分の大きさは，正三角形は60度，正方形は90

度，正五角形は180×3÷5＝108(度)，正六角形は180×4÷6＝120(度)，正七角形は180×5÷7＝128.57…(度)，正八角形は180×6÷8＝135(度)と求められる。このうち，正七角形の内側の角１つ分の大きさだけが整数ではなく，指示するべき外側の角１つ分の大きさも180－128.57…＝51.42…(度)となり，これも整数ではない。したがって，整数で指示することができないから，正七角形はかくことができないという内容をまとめて解答すればよい。

★ワンポイントアドバイス★

長さはさまざまであるが，文章で記述する問題が多い。会話文や問題文の要点をおさえ，計算式や図表からわかる内容をまとめながらわかりやすく伝えるように心がける。問題を解く上で必要な数値や条件をチェックしながら，集中力を保って解き進めていくとよい。

2022年度

★★★★★★★★★★★★★★★★★★★★★★★★

入　試　問　題

（放送台本）

問1
In Japan, the school year starts in April.
In many countries, the school year starts in September.
For example, in the U.S., France and China, the school year usually starts in September.
Let' s see other countries. How about other countries?
In Singapore, it starts in January and in Brazil, it starts in February.

問2
Jeff： I want to go to the supermarket. Where is the supermarket?
Yuki：OK. We are here on the map. Go straight on this street and turn left at the second corner. From there, go straight again. You can see the hotel on your right, and the supermarket is on your left.
Jeff： Thank you.

問3
Yuki：This is my timetable. Today, I have Japanese, science, social studies, P.E. and math.
Jeff： I see. What is your favorite subject?
Yuki：I like music. We have music classes on Tuesday and Friday. What subject do you like?
Jeff： I like P.E. What sports do you do in P.E. class?
Yuki：Well, this week, it's soccer. It is very fun.
Jeff： I like soccer very much.

2022年度

県立伊奈学園中学校入試問題

【作文Ⅰ】（50分）　＜満点：50点＞

1 これから放送される英語を聞いて，あとの問いに答えましょう。

＊ 問題は，問１～問３まであります。

＊ 英語はすべて２回ずつ放送されます。

＊ 問題用紙にメモを取ってもかまいません。

＊ 答えはすべて解答用紙に記入しましょう。

問１　ALTのジェフ先生が，外国語の時間に海外の学校について話をしています。ジェフ先生の話を聞いて，シンガポールの学校がはじまる月を数字で書き，文を完成させましょう。

問２　ジェフ先生は，現在地から近くのスーパーマーケットまでの道のりをゆうきさんに聞いています。ゆうきさんが教えてくれた道のりを，解答用紙の地図に線で書き入れましょう。

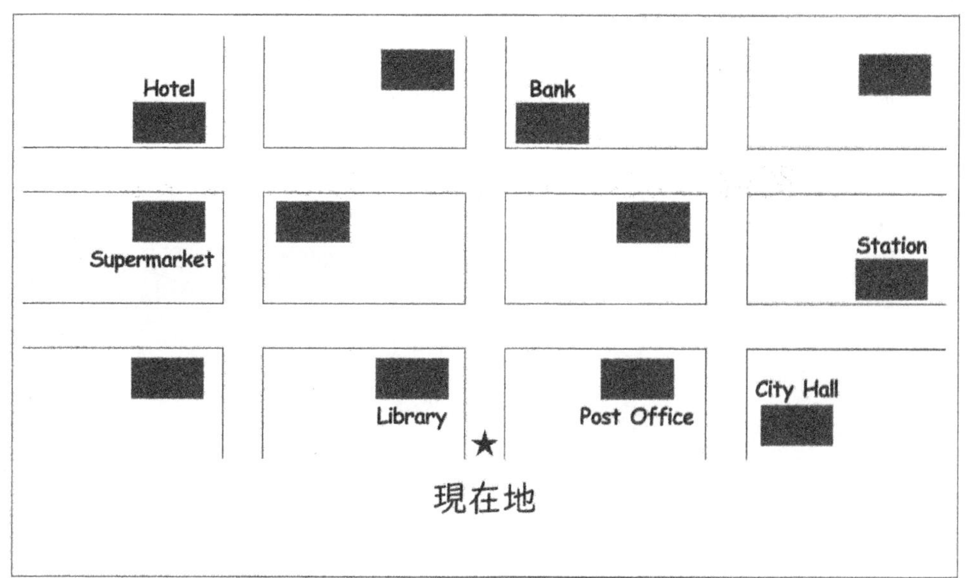

問３　ゆうきさんは，時間割表（timetable）を見ながらジェフ先生と会話をしています。

２人の会話を聞いて，文を完成させましょう。時間割表のAには(2)の教科が入ります。

(1) 今日は＿＿＿＿曜日です。

(2) 火曜日の１時間目の教科は＿＿＿＿です。

(3) 今週の体育の授業では＿＿＿＿＿＿＿＿。

時間割表（timetable）

	月	火	水	木	金
1	国語	A	国語	家庭	算数
2	理科	国語	社会	理科	体育
3	社会	外国語	算数	体育	社会
4	体育	算数	外国語	道徳	音楽
5	算数	図工	理科	国語	総合
6		図工	学活		総合

2 次の会話を読んで，あとの問いに答えましょう。

ひかるさん	ゆうきさんは，どんな職業に興味があるのかな？
ゆうきさん	わたしは，お寿司が好きだから漁業に興味があるよ。
ひかるさん	そうなんだ。社会の授業で学習したけど，漁業は縄文時代から行われていたんだよね。
ゆうきさん	そうそう。縄文時代の人々は，**資料 1** の **A** のような（　①　）と呼ばれる家に住み，狩りや漁，採集によって食料を手に入れていたようだね。
ひかるさん	**資料 1** の **B** に見られる，縄文時代の人々が食べ物の残りかすを捨てていた場所の遺跡は，貝塚と呼ばれているよ。
ゆうきさん	**資料 2** は貝塚の分布を表している地図だね。**資料 3** を見ると，貝塚からはさまざまなものが見つかっていることが分かるね。わたしの好きな魚のたいも，縄文時代から食べられていたんだね。
ひかるさん	②貝塚の分布と，貝塚から見つかったものから，当時の海岸線がどのあたりだったか考えられるみたいだよ。
ゆうきさん	へえ。食べ物の残りかすや，貝塚の分布から，縄文時代のことがわかるなんてすごいね！

問 1　会話文中の(①)にあてはまる縄文時代の人々が住んでいた家のことを何といいますか。(①)にあてはまる言葉を書き，文を完成させましょう。

資料 1

問２　会話文中の下線部②について，**資料２**は関東地方の一部における縄文時代前期（約6000～5000年前）の貝塚の分布を示したものです。また，**資料３**は貝塚から出土したものの説明です。

資料２と**資料３**をもとにして考えると，縄文時代前期（約6000～5000年前）の海岸線は，次の**ア**～**ウ**のどれだと考えられますか，記号で書きましょう。また，そのように判断した理由も書きましょう。

資料２　縄文時代前期（約6000～5000年前）の貝塚の分布

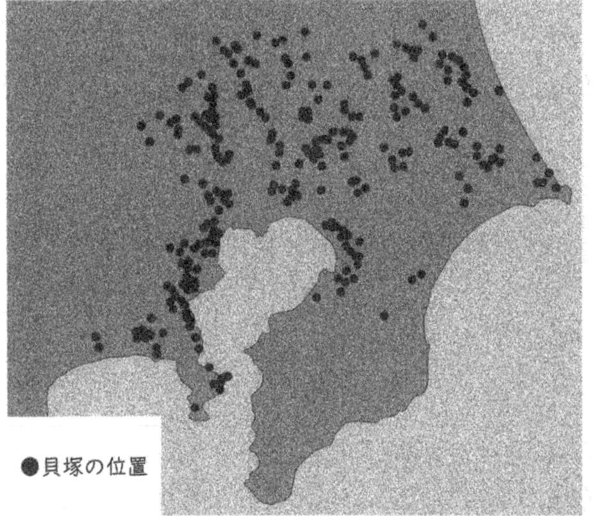

「地理学評論」より作成

資料３　貝塚から出土したもの

関東地方の多くの貝塚からは、しじみ・はまぐり・かき・あさり・あわびの貝がらなどが見つかっています。また、魚では、たい・いわし・はぜ・ぼら・すずきなどの骨の一部が見つかっています。

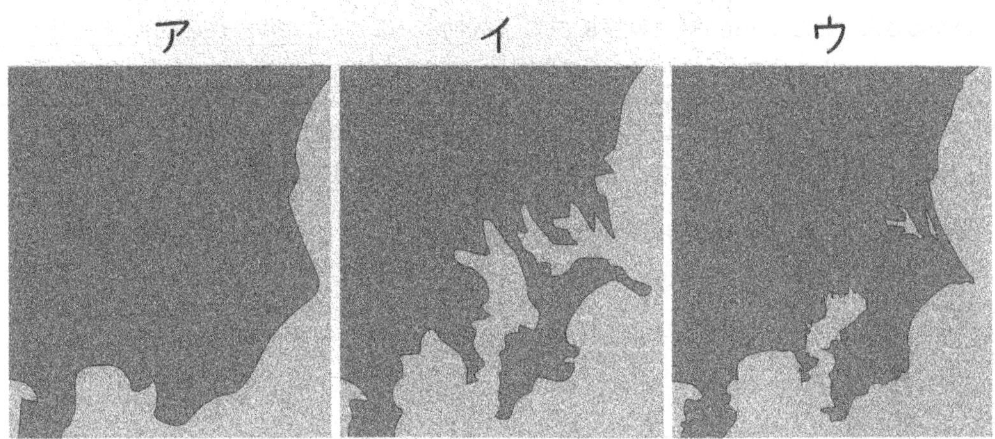

ひかるさん　わたしは，毎日食べているお米が好きだから，農業，特に米づくりに興味があるよ。

ゆうきさん　米づくりって弥生時代から始まったようだけど，お米は長い間，税として納められていたんだよね。

ひかるさん　そうだね。お米で納める税のしくみが大きく変わったのは，明治時代に地租改正（ちそかいせい）が行われてからだね。**資料4**を見ると，そのちがいがよくわかるね。

ゆうきさん　明治政府は，何のために税の集め方を変えたのかな？

ひかるさん　それはね，［　　　③　　　］

問3　会話文中の［③］にあてはまるひかるさんの説明を，**資料4**を見て，書きましょう。

資料4　**江戸時代と明治時代の税の集め方のちがい**

	江戸時代（地租改正前）	明治時代（地租改正以降）
税の基準	その年の米の収穫高（しゅうかくだか）	あらかじめ決められた土地の価格
税率	５割～６割	３％
税を納める方法	米などで納める	現金で納める
税の名前	年貢（ねんぐ）	地租（ちそ）

ひかるさん　本格的な米の品種改良が始まったのは明治時代のようだけど，人々の多くは白米に麦やいもを混ぜたものを食べていて，今のように多くの人が白米を食べるようになったのは第二次世界大戦の後になってからなんだよ。

ゆうきさん　米づくりはどのように変化していったのかな？

ひかるさん　わたしが見つけた**資料5**では，④2000年の米づくりの作業時間は1965年と比べると4分の1ぐらいになっているね。どうしてこんなに短くなったのだろう。

問4　会話文中の下線部④について，ゆうきさんは**資料6**と**資料7**を見つけました。**資料5**のように米づくりの作業時間が短くなった理由を，**資料6**と**資料7**を見て説明しましょう。

資料5　**米づくりの作業時間の変化**

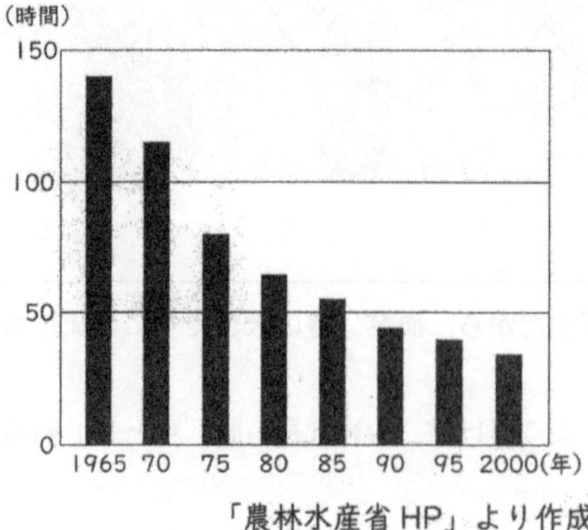

「農林水産省HP」より作成

資料6　**農家100戸当たりの稲作（いなさく）用機械の保有台数**

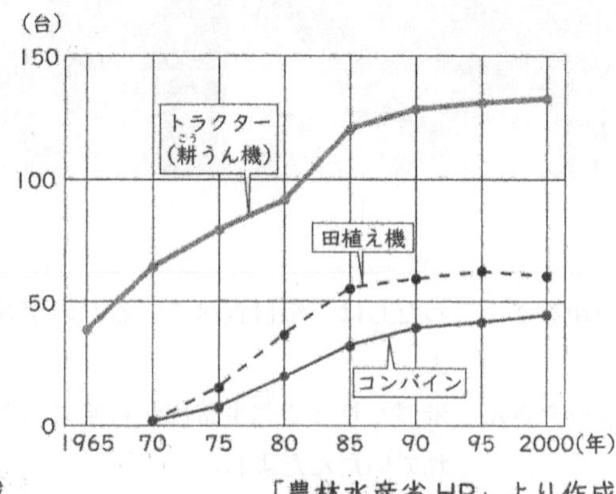

「農林水産省HP」より作成

資料7 **水田の変化**

耕地整理前（1960年代）

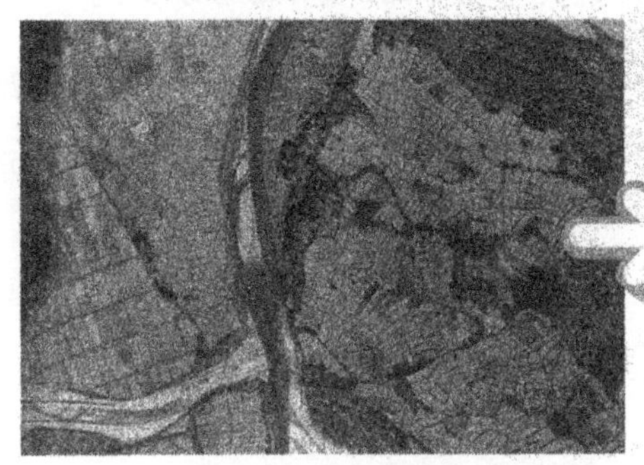

耕地整理後（2000年代）

ゆうきさん	わたしは漁業のことをもう少し調べてみたよ。2015年の国連サミットで設定されたSDGs（持続可能な開発目標）の中には，「海の豊かさを守ろう」という項目があったから，SDGsと漁業についてノートにまとめてみたんだ。
ひかるさん	わたしも漁師さんにインタビューしたことをまとめてみたよ。持続可能な漁業のために，⑤漁業を営む人たちは，未来のことを考えながら日々仕事をしているんだね。

問5　会話文中の下線部⑤について，ゆうきさんはSDGs（持続可能な開発目標）と漁業についてノートにまとめました。また，ひかるさんは富山県で行われている定置網漁（ていちあみりょう）が世界から注目されていることを知り，漁師さんにインタビューしたことをまとめました。２人のまとめを見て，定置網漁が世界から注目されている理由を書きましょう。

（２人のまとめは次のページ）

ゆうきさんのノート

SDGs（持続可能な開発目標）と漁業　「14 海の豊かさを守ろう」

SDGsの目標14のターゲットの1つには「魚介類などの水産資源（しげん）を、種ごとの特ちょうを考えながら、少なくともその種の全体の数を減らさずに漁ができる最大のレベルにまで、できるだけ早く回復できるようにする。」と定められています。

世界の水産資源の割合

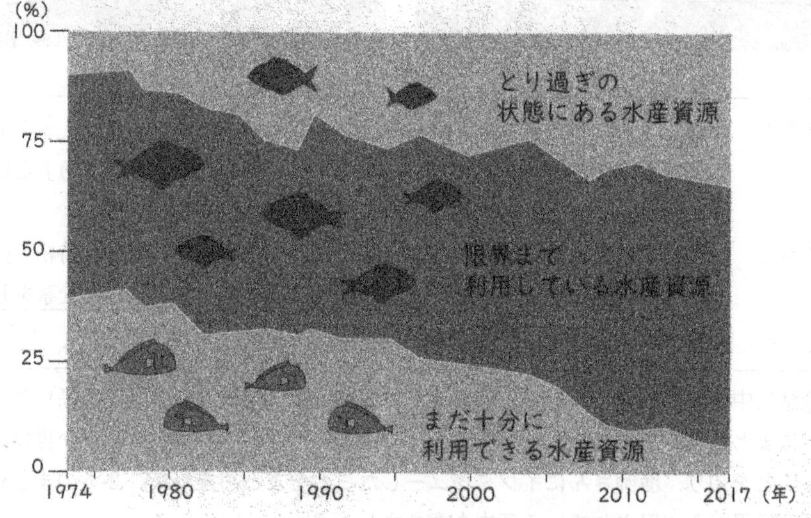

「世界漁業・養殖業白書（2020）」などより作成

◎グラフを見ると、SDGsの目標は本当に達成できるのかと不安になりました。このままでは、わたしの好きなお寿司が食べられなくなるかも！

ひかるさんのインタビューのまとめ

世界的にも注目されている定置網漁を富山県で行っている漁師さんに話を聞きました。

定置網漁

富山漁連 HP より作成

【漁師歴45年　佐藤さん（65歳）】

定置網漁は、一定の場所に網を固定し、網に入った魚を取る方法です。魚はいったん網に入っても出ていくことができる作りになっているので、最終的に捕獲（ほかく）するのは網に入った魚の2～3割程度になります。また、網の目が大きいので、稚魚（ちぎょ）は逃げられるようになっています。魚をとり過ぎない漁法です。

れると思う。

花音はわたしをにらみつけたまま話をきいていた。

（『金魚たちの放課後』河合二湖　著より　一部省略がある。）

問一　――線部①「絶対的な味方」について、次の（1）、（2）の問いに答えましょう。

（1）蓮実にとっての「絶対的な味方」とは誰ですか。本文中から漢字二字で書き抜きましょう。

（2）蓮実は「絶対的な味方」についてどのように考えていますか。「つかれはてて」という言葉を使って、次の文の空らんに当てはまるように、二〇字以上三〇字以内で書きましょう。

> 蓮実は「絶対的な味方」とは、その人がいることで［　　］という気持ちになることのできる存在であると考えています。

問二　――線部②「もうあきるほど長い時間を過ごしてきた学校の光景が、ふっとぼやけた。」とありますが、このとき蓮実はどのようなことに気づきましたか。次の文の空らんに当てはまるように、一〇字以上一五字以内で書きましょう。

> 蓮実の［　　］ことに気づきました。

問三　――線部③「花音には、明日、自分で伝えよう。」とありますが、蓮実はどのようなことを花音に伝えようと考えていますか。次の文の空らんに当てはまるように、それぞれ一〇字以上一五字以内で書きましょう。

> 花音の［　　］と思う気持ちを理解したことで、自分はこれまで［　　］と思っていましたが、花音とは［　　］関係でいたいと伝えようと考えています。

4　「（　　）のために自分ができること」というテーマで文章を書くことになりました。次の（注意）にしたがって書きましょう。

（注意）

○（　　）に入れる語句は自分で考えて書き入れましょう。

○ 作文は八行以上一〇行以内で書きましょう。

○ 原稿用紙の正しい使い方にしたがって、文字、仮名づかいも正確に書きましょう。

○ 氏名は書かないで、一行目から本文を書きましょう。

かできなかったときも、あせりはしたけれど、泣きたくなるほどつらくはなかった。

それがふつう……。

②もうあきるほど長い時間を過ごしてきた学校の光景が、ふっとぼやけた。

花音にとっては、学校に「絶対的な味方」がいるのがふつうで、もしもその「味方」がわたしだったのだとしたら？

「よかったね、蓮実。あなたのこと、大事に思ってくれる友だちができて」

お母さんは言った。

「でも、いっしょにボストンへ行くっていう蓮実の気持ちが変わらないなら、花音ちゃんのお母さんに電話して、そう伝えとくけど」

「ううん、いい」

いてもたってもいられなくなって、立ちあがった。わたしは、自分のことを考えるのにせいいっぱいで、花音の気持ちを置き去りにしてしまっていたかもしれない。

③花音には、明日、自分で伝えよう。

音楽室のそうじ当番をおえてもどってきた花音に、思いきって声をかけた。

「なに？」

花音は赤の他人を見るような目をわたしにむけた。

「蓮実は、ズルいよ」

花音はしぼりだすように言った。

「親にくっついてただ引っ越すだけで、めんどくさくていやな関係もぜんぶリセットできて、新しくやり直せるチャンスがあるのに。わたしはこれからもずっとここにいなきゃならないんだよ」

「ねえ花音」

わたしははげしく打つ胸(むね)の鼓動(こどう)に負けないように、言った。

「わたしたち、みんな、ずっとここにはいられないんだよ。花音だって、そのうちかならず卒業して、新しいとこへ行かなきゃならない。いまから死ぬときまでずっといっしょにいられる人なんて、ひとりもいないかもしれないんだよ」

いつからだろう。もうずっと昔から、人と人は、いつか離ればなれになるものだと思ってた。「絶対的な味方」のお父さんやお母さんとだって、いつまでもいっしょにいるわけにはいかないんだって。

「花音は、『べつのところに行ってぜんぶリセットしたい』っていうけど、わたしはずっと、おなじところにいたくたっていられなかった。人間関係だって、引っ越しのたびにリセットしてリセットして、けっきょくなんにも残ってなくて。けど、それだけじゃ、さみしすぎるから……この先も、友だちでいてくれたらうれしい」

これまでずいぶんたくさんの人たちと出会ってきた。だけど、引っ越したあともつづくような関係なんて、ひとつもつくれなかった。

こんなわたしと、ずっといっしょにいたいと思ってくれて、ありがとう。

おなじ教室にいなくても、おなじ塾(じゅく)や高校に行かなくても、この先、わたしたちは友だちでいられるかな。

せまい教室で寄りそいあうだけの関係を卒業できれば、きっと、いら

3 次の文章を読み、あとの問一～問三に答えましょう。

> 中学二年生の「わたし（蓮実）」は、父親の仕事の都合で引っ越しをくり返している。中学三年生に進級する直前にアメリカのボストンへ引っ越すことになった「わたし」は、クラスメイトで親友の「花音」にその報告をする。
> しかし花音は、蓮実と離ればなれになりたくないことから、蓮実が転校しないようにするため、自分の母親を通して、蓮実の母親に相談する。

「花音は……花音はなぜ、わたしをそんなにここにいさせたいのかな」

わたしはお母さんにきいた。わからない。クラスでいつもいっしょにいる友だちがいれば、だれでもよかったんじゃないの？

「あなたが大好きで、いっしょにいたいからよ」

お母さんはわたしの目を見つめたまま、言った。

「さっき、花音ちゃんのお母さんが言ってた。これまでは友だちができても、そのうちうまくいかなくなることが多かったんですって。だけど蓮実が転校してきてから、楽しそうに学校や遊びにいくようになったって。蓮実がいなくなるって知ってから、しょっちゅう泣いてるって」

「花音は、なにかあるとすぐに泣いたり怒ったりするよ」

「きっと、安心してたのよ」

お母さんは言った。

「花音ちゃんにとって、蓮実は、ほかでどんなに敵をつくったりきらわれたりしても、いつもそばにいて、味方でいてくれる存在だったんじゃないかな。人にはね、①絶対的な味方になってくれる人が必要なんだと思う。わたしにとっては、蓮実やお父さんがそうだし、お父さんにとってはたぶん、蓮実やわたしがそう」

「もしも見つけられなかったら？」

「大丈夫。それでも人は、案外平気で生きていけるんだと思う。いないならいないで、その状態がふつうだから。だけど、絶対に失いたくないと思えるくらい大切な人ができてみて、はじめて生まれてくる気持ちっていうのもあると思うの。うれしいとか愛しいってだけじゃなくて……苦しくてつらい気持ちだって、もっともっとたくさん、生まれてくるんだろうね」

わたしにとっての「絶対的な味方」はたぶん、友だちよりも、家族なんだと思う。

小さなころから、ときどき考えてた。もしもお母さんやお父さんが病気やケガで死んでしまったらどうしようって。そのたびに、うっかり深くて暗い穴のなかをのぞきこんでしまったような気分になって、あわてて目をそらしてきた。

慣れない土地の慣れない学校で、どんなに孤独な思いをして疲れはてて帰っても、うちに帰ってお母さんやお父さんと話していたらじわじわ元気になって、よし、また外でがんばってこようって気持ちになれる。

不安でたまらないのにボストンについていきたいと思ったのは、たぶんわたしも「絶対的な味方」のそばにいたかったから。

花音にとって、家族は「絶対的な味方」じゃなかったのかな。

家族が彼女にとってどんな存在なのかはわからない。だけど、わたしがいなくなってしまったあと、学校に、いつも安心していっしょにいられる人がいなくなってしまうことはたしかだ。

学校にも「絶対的な味方」がほしいなんて、花音はぜいたくだ。「絶対的な味方」なんて、家にいるだけでじゅうぶん。だって、わたしはこれまで、それがふつうだったから。前の学校で仲のいい友だちがなかな

【作文Ⅱ】（50分）　＜満点：50点＞

1　ゆうきさんとひかるさんの会話を読んで，あとの問いに答えましょう。

ゆうきさん「5年生の教科書を見ていたら，こんなことがのっていたよ。」

> 教科書の説明
> $2 \div 3 = \frac{2}{3}$のように，わり算の商は，分数で表すことができる。
> わる数が分母，わられる数が分子になる。

「もしわる数が0.1のように小数だったとしたら，同じように計算できるのかな。」

ひかるさん「$2 \div 0.1 = \frac{2}{0.1}$と表すのかな。分数の中に小数が入る数はあるのかな。」

ゆうきさん「あるかどうかは調べてみないとわからないね。

でも，式の意味を考えたら，$\frac{2}{0.1}$がどれくらいの大きさを表した値なのかは，求めることはできるね。」

ひかるさん「同じように考えていくと，この メモ に書いたような分母にも分子にもそれぞれ分数が入っている数も考えられそうだね。」

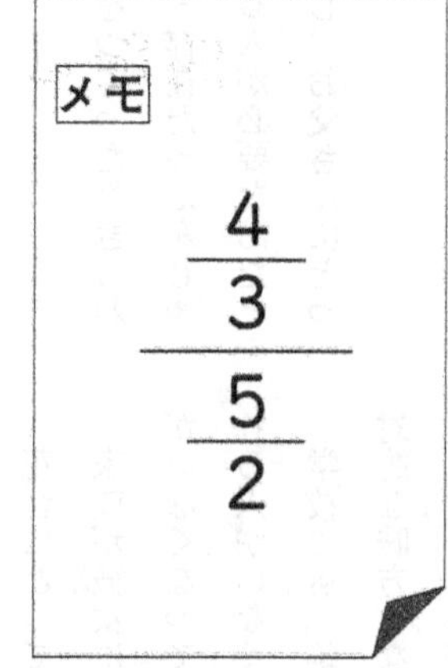

ゆうきさん「そうだね。わり算に直すと，$\frac{4}{3} \div \frac{5}{2}$ということだね。分数どうしのわり算の仕組みを考えることはむずかしそうだな。」

ひかるさん「そうかな。わられる数にわる数の①逆数をかければいいだけだから，簡単（かんたん）だよ。」

ゆうきさん「計算の方法はそう習ったよね。でも，どうしてそんな計算をしたらいいのか，仕組みがまだ理解できないんだよ。」

ひかるさん「なるほど。 じゃあ，今までに学習してきたわり算をふり返ってみよう。」

ひかるさん「たとえば，5年生のときに考えた$7.56 \div 6.3$の計算は，$75.6 \div 63$や$756 \div 630$に式をおきかえても商が変わらなかったね。②このときに使ったわり算の性質を使えば，こんなふうに計算ができそうだね。」

$\frac{4}{3} \div \frac{5}{2} =$

③

$= \frac{4}{3} \times \frac{2}{5}$

ゆうきさん「なるほど，だから④ある数を分数でわったときの商は，ある数にわる数の逆数をかけたときの積と等しくなるんだね。」

問1　会話文中の$\frac{2}{0.1}$の値を，整数で表しましょう。

問2　下線部①逆数とありますが，逆数とはどのような数のことか，「積」という言葉を使って説明しましょう。また，2の逆数の値を答えましょう。

問3　下線部②のわり算の性質を書きましょう。

問4　下線部④となることがわかるように，［③］に入る計算の過程を書きましょう。

2　ゆうきさんとひかるさんは持久走をしました。2人の会話を読んで，あとの問いに答えましょう。

ゆうきさん「持久走をしたときって，いつもより心臓（しんぞう）が速く動くよね。」
ひかるさん「どれくらいの速さで心臓は動いているのかな。」
ゆうきさん「心臓が動いた回数は①手首に指をあてると数えることができるね。」
ひかるさん「②じゃあ実際に数えてみよう。」
ゆうきさん「そういえば，1回の心臓の動きで70mLの血液が心臓から送り出されるらしいよ。」
ひかるさん「③運動すると心臓が速く動くのはどうしてかな。」
ゆうきさん「それは，肺（はい）で［　　　④　　　］だよ。」

問1　下線部①とありますが，手首に指をあてて感じることができる，心臓の動きが血管に伝わったもののことを何というか書きましょう。

問2　下線部②とありますが，ひかるさんが数えてみたところ15秒間で35回でした。このとき，5分間あたりで何Lの血液が心臓から送り出されることになるか書きましょう。

問3　下の図は全身をつなぐ血管のようすを表したものです。アとイの部分を比べると，酸素を多くふくむ血液が流れているのはどちらですか，記号で書きましょう。また，そう考える理由も書きましょう。ただし，図の矢印は血液の流れる方向を表しています。

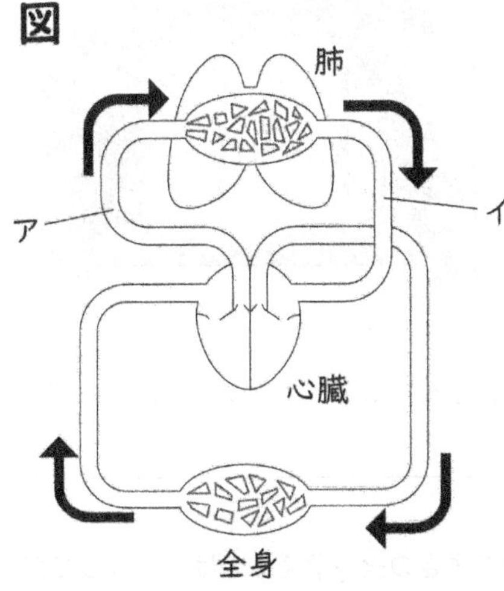

問4　下線部③とありますが，ひかるさんの疑問の答えとなるような説明を［④］に書きましょう。

添え字

3 ゆうきさんとひかるさんは，バーベキューをしました。２人の会話を読んで，あとの問いに答えましょう。

ゆうきさん「まきに火をつけるのが，なかなかうまくいかなかったね。」
ひかるさん「①まきの置き方が悪かったのかな。いろいろ工夫してみよう。」
ゆうきさん「片付けのときに，まきの火を消すには，水をかければいいのかな。」
ひかるさん「それはあぶないよ。火消しつぼに火のついたまきを入れてふたをすると，安全に火を消すことができるよ。」
ゆうきさん「どうして火消しつぼに入れると，まきの火を消すことができるのかな。」
ひかるさん「学校にもどったら，実験をして確かめてみよう。」

火消しつぼ

問１　下線部①とありますが，２人は下の図のようにまきを置いたところ，うまく火をつけることができませんでした。火がつきやすくなるようなまきの置き方を説明しましょう。また，その理由もあわせて書きましょう。

図

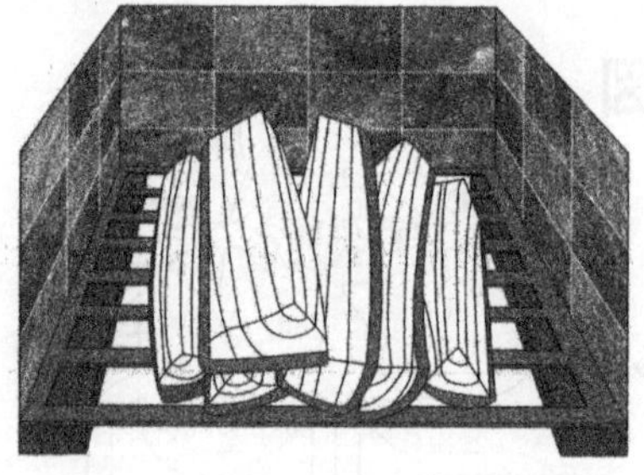

ゆうきさんとひかるさんは，学校にもどってきて，火消しつぼの中で起こったことについて調べる実験を行いました。

【実験１】

（課題）　火消しつぼの中でまきの火が消えるのは，どうしてだろうか。

（予想）　火消しつぼの中の酸素がなくなって，二酸化炭素ができたからだと思う。

（計画）　(1)　空気とほぼ同じ割合のちっ素と酸素を集気びんの中

に入れる。

(2) 火のついたろうそくを集気びんに入れ，ふたをして，火が消えるまで待つ。

(3) 火が消えたら，気体検知管を使って，集気びんの中の酸素と二酸化炭素の割合を調べる。

（結果）

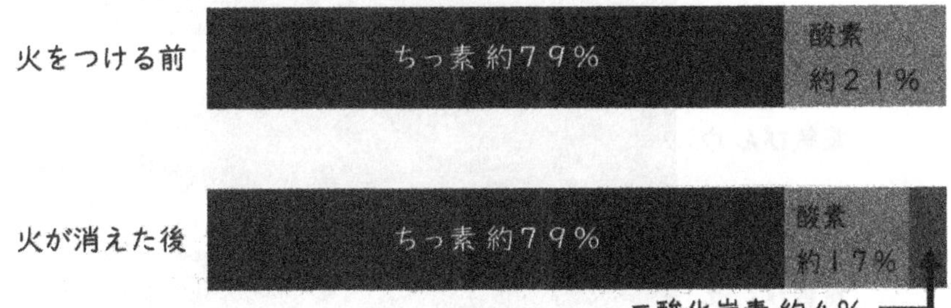

（考察）〈ゆうきさん〉

酸素がなくなるから，火が消えると考えたけど，まだ約17％あるから，予想が正しかったとはいえない。ちっ素の割合は，火をつける前と火が消えた後で変わっていないので，火が消えることとは関係ないと考えられる。

〈ひかるさん〉

二酸化炭素には火を消す性質があって，二酸化炭素ができたから火が消えたと考えられる。

ゆうきさん「実験では確かに酸素は減ったけど，まだ約17％あったね。あと，ちっ素の割合は変わってないから，火が消えることには関係なさそうだね。」

ひかるさん「ほとんどなかった二酸化炭素が約４％できたね。火が消えた原因は二酸化炭素ができたことだと思うよ。」

ゆうきさん「でも，酸素も減っているから，それが原因かもしれないよ。」

ひかるさん「じゃあ，酸素が減ったことと二酸化炭素ができたことの両方が起こったから，火が消えたんじゃないかな。」

ゆうきさん「そうかもしれないね。だけど，火が消えた原因は酸素と二酸化炭素のどちらかだけかもしれないよ。」

ひかるさん「この実験だけだと，まだわからないから，実験を続けてみよう。」

【実験２】

（課題） 火が消えることに，酸素と二酸化炭素はどのように関係しているのだろうか。

（予想） 二酸化炭素ができたから火が消えたのだと思う。

（計画） (1) 同じ形の集気びん４本に，次のページのグラフのような割合で気体を入れる。

(2) それぞれに火のついたろうそくを入れて，ふたをして，その様子を観察する。

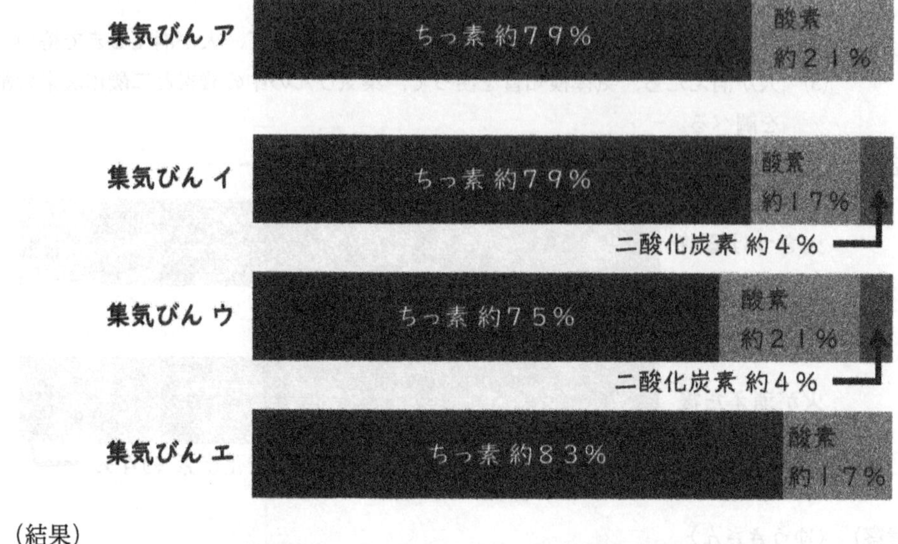

（結果）

集気びん ア	しばらく燃え続けた後に消えた
集気びん イ	すぐに消えた
集気びん ウ	しばらく燃え続けた後に消えた
集気びん エ	すぐに消えた

ゆうきさん「この実験の結果から，どのようなことがいえるかな。」

ひかるさん「４つの集気びんの結果を２つずつ比べれば，わかりやすいよね。」

ゆうきさん「そうだね。例えば，『②〈集気びん**ア**〉と〈集気びん**ウ**〉を比べると，酸素は両方とも約21％あって，二酸化炭素は〈集気びん**ア**〉はなく，〈集気びん**ウ**〉だけ約４％あるけど，両方とも燃え続けたから，火が消えることと二酸化炭素ができることは関係ないと考えられる。』といえるね。」

ひかるさん「そうか。２つずつ比べていけば，他のことも説明できそうだね。」

ゆうきさん「『〈集気びん**ア**〉と〈集気びん**エ**〉を比べると，［　　　③　　　］と考えられる。』ともいえるね。」

ひかるさん「つまり，『④火が消えることには酸素の割合が関係していて，二酸化炭素があるかどうかは関係ない。』とまとめられそうだね。」

問２　実験２のまとめが下線部④となるように，［③］にあてはまる文を書きましょう。書くときには下線部②の書き方を参考にしましょう。

4 ゆうきさんが，次の**資料１**のように家庭科で習った「本返しぬい」を使って，手ぬいのコースターを作ろうとしています。ゆうきさんとひかるさんの会話を読んで，あとの問いに答えましょう。ただし，糸は１本どりで使うこととします。

資料１

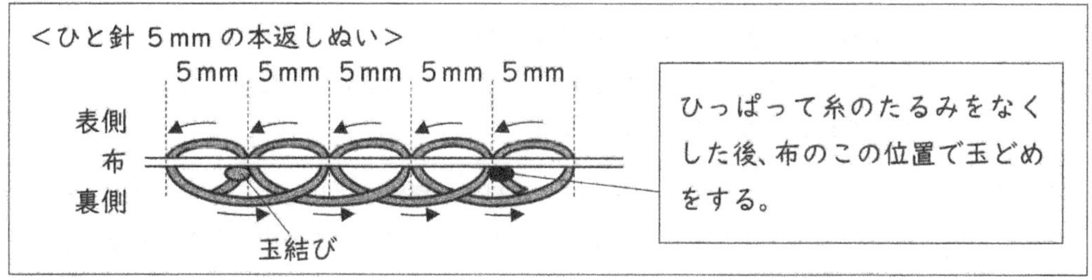

ゆうきさん「前に習った本返しぬいを使って，このメモのようにしてコースターを作ってみたいと思ってるんだ。」
ひかるさん「それはいいね。ぬう部分の長さはどれくらいになるのかな。」
ゆうきさん「必要な糸の長さも考えないといけないね。ぬう部分の長さをもとにして糸を準備するんだけど，いつも足りなくなってしまうんだ。」

ゆうきさんのメモ

- コースターを１辺が１０cm の正方形の形にする。
- コースターのそれぞれの辺から５mm 内側をぬう。
- ひと針５mm の本返しぬいでぬう。
- ぬう部分で囲まれた正方形の頂点をA、B、C、Dとする。
- A からぬい始めて、B、C、D、A の順に通ってぬう。

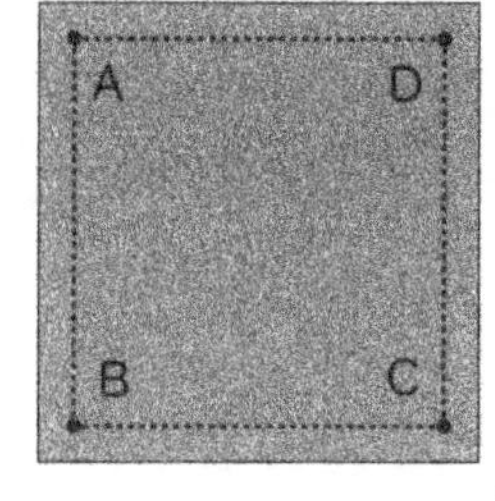

※メモにある図の点線はぬい目を正確に表したものではありません。

問１　ゆうきさんのメモにある図で，正方形ABCDの周の長さは何㎝か答えましょう。また，その計算の過程を，言葉と式を使って説明しましょう。

問２　上の**資料１**と，次の**資料２**の条件にしたがって，ぬいたい部分の長さと，その長さを本返しぬいでぬうときに必要な糸の長さを比べます。ぬいたい部分の長さを x ㎝としたとき，ひと針５㎜の本返しぬいに必要な糸の長さは何㎝と表せますか。x を使った式で表しましょう。

資料２

条件１	玉結びと玉どめを１回ずつ行うために、あわせて２０cm 分の糸を使うものとします。
条件２	布の厚みや糸の太さは考えません。

ゆうきさん「ここにある１mの長さの糸を使ってぬうよ。これで糸は足りるのかな。」
ひかるさん「もし糸が足りなくなったらどうするの？」
ゆうきさん「予備として新品の糸もあるけれど，使わずにすんだらいいな。糸が足りなければ，糸が足りなくなる前に角で玉どめをして，新しい糸に切りかえることにしようと思っているよ。」
ひかるさん「角を曲がるときのぬい方はまだ習っていないよね。」
ゆうきさん「そうだね。それじゃあ，角までぬったら玉どめをして一度糸を切って，またその角からぬい始めることにしよう。」

問３　２人の会話をもとに，**ゆうきさんのメモ**，**資料１**，**資料２**にしたがってコースターをぬいます。このときのようすを表した文として正しいものを，次のア～エの中から１つ選び，記号で答えましょう。また，その理由を，言葉と式を使って説明しましょう。

ア　１mの糸では**C**までぬうことができないので，**B**で新しい糸に切りかえた。
イ　１mの糸では**D**までぬうことができないので，**C**で新しい糸に切りかえた。
ウ　１mの糸では**A**までぬうことができないので，**D**で新しい糸に切りかえた。
エ　１mの糸でぬいきることができた。

2022 年 度

解 答 と 解 説

《2022年度の配点は解答欄に掲載してあります。》

<作文Ⅰ解答例>

1 問1 (シンガポールの学校は)1(月にはじまります。)

問2

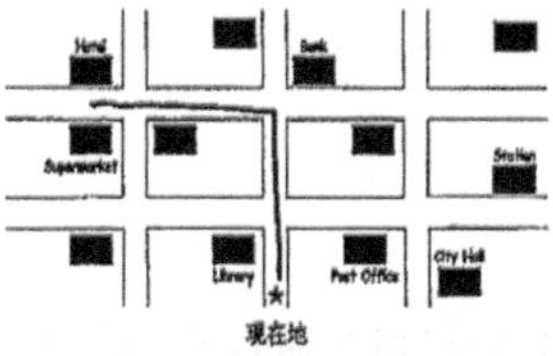

問3 (1) (今日は)月(曜日です。)

(2) (火曜日の1時間目の教科は)音楽(です。)

(3) (今週の体育の授業では)サッカーをします(。)

2 問1 (縄文時代の人々は，資料1のAのような)たて穴住居(と呼ばれる家に住み，狩りや漁，採集によって食料を手に入れていたようだね。)

問2 (記号)イ

(理由)貝塚からはあさりやいわしの骨などの海でとれるものが見つかっており，貝塚の分布とイの海岸線が一致するからです。

問3 収穫量は年によって変わるけど，土地の価格は変わらないので，毎年一定の税収を得ることができて，国の収入が安定するからだよ。

問4 農作業用の機械が普及するとともに，耕地整理によって機械を使いやすくしたので，田植えや稲刈りなど米づくりに必要な多くの作業が早くできるようになったからです。

問5 世界の水産資源の多くが限界まで利用されていて，まだ十分に活用できる資源はほとんどありません。定置網漁は，魚を獲りすぎないので，海の豊かさを守ることのできる持続可能な漁法だからです。

3 問一 (1) 家族

(2) (蓮実は「絶対的な味方」とは，その人がいることで)こ独な思いをしてつかれはてて帰っても，またがんばってこよう(という気持ちになることのできる存在であると考えています。)

問二 (蓮実の)ふつうと花音のふつうがちがう(ことに気づきました。)

問三 (花音の)蓮実とずっといっしょにいたい(と思う気持ちを理解したことで，自分はこれまで)人と人は，はなればなれになる(と思っていましたが，花音とは)引っこしたあともつづくような(関係でいたいと伝えようと考えています。)

4 【わたしのテーマ】中学校での友達づくり(のために自分ができること)

私は，中学校で一生大切にできるような友達をたくさんつくりたいと考えています。

そのためには，人見知りをせず自分から色々な人に話しかけるのと同時に，相手が話すこともよく聞き，親しい関係になっても相手のことを深く理解しようとする姿勢を忘れずにいることが必要だと考えます。

対話の時間を大切にしながら一緒に学校生活を送るなかで，卒業してからも仲良くいられるような友達を見つけたいと思います。

○配点○

1 各2点×5　2 問1 2点　問2 5点　問3・問4 各3点×2　問5 4点
3 問一 各2点×2　問二 3点　問三 6点　4 10点　計50点

＜作文Ⅰ解説＞

1 （英語：リスニング）

リスニングの問題を解く際は，英語が放送される前に問いに目を通して，注目して聞くべきポイントをおさえておくとよい。全部聞き取ろうとするよりは，重要な点を確実に聞き取れるようにする。あせって聞き逃（のが）すことがないよう，落ち着いて取り組もう。

2 （社会：歴史，農業，漁業）

問1 縄文（じょうもん）時代の人々は，地面をほったところに柱と屋根を建てた，たて穴住居と呼ばれる家で暮らし，自分たちでとった食料を食べて生活していた。

問2 **資料3**から，貝塚（かいづか）からは海に生息する生き物が出土していることがわかる。このことから，貝塚のある場所が海岸付近であると考えられるので，**資料2**の点が海に面する場所に位置している地図の記号を選べばよい。

問3 **資料4**から，地租改正（ちそかいせい）前後で税の基準が米の収穫高（しゅうかくだか）から土地の価格に変化していることがわかる。米の収穫高はその年の気候などに大きく左右され，税収が安定しない。一方，土地の価格は変化しにくいものなので，これを税の基準とすることで，政府は安定した収入を得ることができるというしくみになっている。

問4 **資料6**にあるような稲作（いなさく）用機械は，農作業を自動化してよりスムーズに行うためのものである。また，**資料7**では耕地が四角く整備され，稲作用の機械が使いやすい環境（かんきょう）が整えられたと考えられる。

問5 **ゆうきさんのノート**に書かれている目標の内容は「水産資源（しげん）の全体の数を減らさないために，魚を獲（と）りすぎない工夫をしながら漁を行う」ことである。世界の水産資源の割合を見ると，「まだ十分に利用できる水産資源」が減っている。富山県の定置網漁（ていちあみりょう）では最終的に網に入った魚の2～3割（わり）しか捕獲（ほかく）しないため，魚を獲（と）りすぎない持続可能な漁法である。以上をまとめる。

3 （国語：文章読解）

問一 (1) 本文に「わたしにとっての『絶対的な味方』はたぶん，友だちよりも，家族なんだと思う。」とある。

(2) 本文に「慣れない土地の慣れない学校で，どんなに孤独（こどく）な思いをして疲（つか）れはてて帰っても，うちに帰ってお母さんやお父さんと話していたらじわじわ元気になって，よし，また外でがんばってこようって気持ちになれる。」とあるので，この内容をまとめる。

問二　下線部②の前後で，蓮実にとっての「ふつう」は「絶対的な味方」は家族だけであること，花音にとっての「ふつう」は学校に「絶対的な味方」がいることであるとわかり，蓮実は自分と花音の考え方がちがうことに気づいたと考えられる。

問三　蓮実の花音への思いが短い言葉でまとまっているのは，本文の「こんなわたしと，ずっといっしょにいたいと思ってくれて，ありがとう。」である。また，蓮実がこれまでに考えてきたことが書かれているのは本文の「いつからだろう。もうずっと昔から，人と人は，いつか離ればなれになるものだと思ってた。」であり，花音との今後の関係については，「おなじ教室にいなくても，おなじ塾や高校に行かなくても，この先，わたしたちは友だちでいられるかな。」という蓮実の言葉を参考にまとめる。

4　**（国語：課題作文）**

字数制限と，原稿用紙の使い方に注意する。内容は自由だが，「～のために」という言葉につながるようにすること。

★ワンポイントアドバイス★

図表や文章の中に解答のヒントがかくされている問題もあるので，時間配分に気をつけながらじっくりと問題文を読み取り，要点をしっかりとらえて解答することを意識しよう。

＜作文Ⅱ解答例＞

1　問1　20

問2　(逆数の説明)もとの数との積が1になる数のことです。

(2の逆数)0.5

問3　わられる数，わる数に同じ数をかけても商は変わらない性質

問4　$\left(\frac{4}{3}\div\frac{5}{2}=\right)\ \left(\frac{4}{3}\times2\right)\div\left(\frac{5}{2}\times2\right)$

$=\left(\frac{4}{3}\times2\right)\div5\ \left(=\frac{4}{3}\times\frac{2}{5}\right)$

2　問1　脈はく

問2　(5分間で)49(Lの血液が送り出される。)

問3　(酸素がより多くふくまれているのは，)イ(だと考えられる。)

(理由)血液が肺を通ると，血液に酸素がとり入れられる。だから，肺を通った後の血液であるイの方が酸素が多くふくまれると考えられる。

問4　(それは，肺で)とり入れた酸素をより多く全身に送るため(だよ。)

3　問1　まきがより多くの空気(酸素)とふれることができるように，まきとまきの間にすき間ができるように置けばよい。

問2　(〈集気びん　ア〉と〈集気びん　エ〉を比べると)二酸化炭素は両方ともなく，酸素は〈集気びん　ア〉は約21％あって，〈集気びん　エ〉は約17％ある。〈集気びん　ア〉は燃

え続けるけれど，〈集気びん　エ〉はすぐに消えるから，酸素がある割合より少なくなると火が消える(と考えられる。)

4 問１　36(cm)

(計算の過程)正方形ABCDの１辺の長さは，10cmより５mmが２か所分だけ短いので，９cmです。周の長さはこの４倍なので，9×4＝36で，36cmになります。

問２　x×3＋19(cm)

問３　(記号)イ

(理由)１辺をぬうのに必要な長さは，ぬいたい部分の長さの３倍から１cmをひき，20cmを足したものだから，46cmです。２辺をぬう場合は46×2＝92で92cm，３辺をぬうのに必要な長さは46×3＝138で138cmです。１mの糸では２辺はぬうことができますが，３辺をぬうには足りないので，イになります。

○推定配点○

1 問１　2点　問２・問３・問４　各4点×3　2 問１・問２・問３記号　各2点×3　問３理由　4点　問４　3点　3 各4点×2　4 問１記号・問３記号　各2点×2　問１計算の過程・問３理由　各4点×2　問２　3点　計50点

＜作文Ⅱ解説＞

1 (数学：分数)

問１　$\frac{2}{0.1}$=2÷0.1=20

問２　ある数と，ある数の逆数をかけ合わせると１になる。また，２の逆数を□で表すと，2×□＝１が成立する。1÷２を計算して，□にあてはまるのは0.5。

問３　75.6÷63や756÷630は，7.56÷6.3のわられる数とわる数の両方に10や100をかけているが，どちらも商は同じである。

問４　問３の内容から，③では式のわられる数とわる数の両方に同じ数をかけて最後に$\frac{4}{3}\times\frac{2}{5}$となるように式の変形を行う。式の最初と最後で「$\div\frac{5}{2}$」が「$\times\frac{2}{5}$」に変化していることから，わられる数とわる数の両方にかける数は２であると仮定して，計算を進めていく。

2 (理科：人体)

問１　脈はくは自分の手首の内側に指をあててはかることが多い。脈はくを知ることで，病気の発見につながることもある。

問２　まず，５分間の脈はくの回数を求める。５分＝300秒であるから，300÷15＝20より，５分間の脈はくの回数は15秒間の脈はくの回数の20倍になる。したがって，35×20＝700(回)である。

次に，５分間に心臓(しんぞう)から送り出される血液の量を求める。ゆうきさんの発言から，１回の心臓の動きで70mLの血液が心臓から送り出されることがわかるから，５分間に送り出される血液の量は，70×700＝49000(mL)と求められる。1L＝1000mLより，49000÷1000＝49(L)である。

問3　肺(はい)は空気中の酸素を体内にとり入れる役割をもつため，肺を流れた直後の血液には特に酸素が多くふくまれている。

問4　運動の後など体内でたくさんの酸素が消費されたときは，肺でとり入れた酸素をより多く全身に送ろうとし，血液の流れが速くなる。それにともなって心臓も速く動くようになる。

3　(理科：燃焼)

問1　まきの燃焼には酸素が必要であり，空気にふれる面を増やすことでまきが燃えやすくなる。

問2　〈集気びん　ア〉と〈集気びん　エ〉のグラフに着目すると，2つとも二酸化炭素は入っていないことがわかる。また2つの集気びんの酸素の割合には差があることから，そこから火が消えるかどうかという結果も異(こと)なったと考えられる。

やや難　**4　(数学：面積)**

問1　正方形ABCDの1辺の長さを求め，各辺の長さが等しいことを利用して周の長さを求める。

問2　**資料1**の図に着目すると，表側には糸が重なったりとぎれたりすることなく，一直線上に通っている。つまり，表側にはぬいたい部分の長さと同じ$x$cmの糸が使われている。

次に，裏側では，ぬい始めとぬい終わりのそれぞれ5mm＝0.5cmの部分をのぞいて，つねに2本の糸が布の下を通っている。つまり，裏側に使われている糸は，$x\times2-0.5\times2=x\times2-1$(cm)となる。

よって，必要な糸の長さは，玉結びと玉どめに必要な糸の長さ20cmも合わせると，$x+x\times2-1+20=x\times3+19$(cm)となる。

問3　角までぬったら毎回玉どめをし，玉結びをしてもう一度ぬいはじめることに注意する。1辺をぬうのに必要な長さをもとに考える。

★ワンポイントアドバイス★

文章で記述する問題が多い。要点をおさえ，計算式や図表からわかる内容を交えながらわかりやすく伝えるように心がける。問題を解く上で必要な数値(すうち)や条件をチェックしながら，注意深く解き進めていくとよい。

大切なことはメモしておこうネ！

2021年度

★★★★★★★★★★★★★★★★★★★★★★★★

入　試　問　題

2021
年
度

（放送台本）

問1

Mike： Hey, Sakura. You look sleepy.
Sakura：Yes. I' m very sleepy.
Mike： What time did you go to bed last night?
Sakura：I went to bed at eleven last night.
Mike： Eleven? Wow. That' s late. I went to bed at nine.

問2

Hitomi：When is your birthday, Bob?
Bob： My birthday is January 13.
Hitomi：January 30?
Bob： No. 13.
Hitomi：Oh, January 13. I see.

問3

Naomi：Hello, Sam.
Sam： Hello, Naomi. What season do you like?
Naomi：I like winter the best.
Sam： What do you want to do in winter?
Naomi：I want to ski. What season do you like?
Sam： I like summer the best.
Naomi：What do you want to do in summer?
Sam： I want to swim in the sea.
Naomi：That' s nice.

2021年度

県立伊奈学園中学校入試問題

【作文Ⅰ】（50分）　＜満点：50点＞

1 これから放送される英語を聞いて，あとの問いに答えましょう。

＊ 問題は，問１～問３まであります。

＊ 英語はすべて２回ずつ放送されます。

＊ 問題用紙にメモを取ってもかまいません。

＊ 答えはすべて日本語で解答用紙に記入しましょう。

問１　マイクさんとさくらさんが，話をしています。２人の話を聞いて，さくらさんが昨日の夜に寝た時刻（じこく）を数字で書き，文を完成させましょう。

問２　ひとみさんとボブさんが，話をしています。２人の話を聞いて，ボブさんの誕生日（たんじょうび）を数字で書き，文を完成させましょう。

問３　なおみさんとＡＬＴのサム先生が，話をしています。２人の話を聞いて，サム先生が好きな季節とその季節にしたいことを書き，文を完成させましょう。

2 次の会話を読んで，あとの問いに答えましょう。　**（資料１～資料３は次のページにあります。）**

ひかるさん　授業で日本の気候について学習したね。

ゆうきさん　地域（ちいき）によって，年間や月ごとの気温や降水量（こうすい）にも違（ちが）いがあったよね。

ひかるさん　わたしの生まれた静岡（しずおか）市の気温と降水量を調べたら**資料１**を見つけたよ。静岡市の気候の特色は，夏の降水量が多くて蒸（む）し暑いことだね。

ゆうきさん　わたしも生まれた都市の気温と降水量を調べたら**資料２**を見つけたよ。わたしの生まれた都市は，**資料３**のうちどこの都市でしょう？

ひかるさん　**資料２**のグラフから，冬の降水量が多いという特色がみられるね。ということは，ゆうきさんが生まれた都市は（　①　）だね。

ゆうきさん　その通り！でも，なぜ（　①　）は冬の降水量が多いのかな？

ひかるさん　［　　　②　　　］

ゆうきさん　さすがひかるさん，よく学習しているね。

問１　**資料２**はゆうきさんが生まれた都市の気温と降水量のグラフです。これを見て，会話文中の（①）にあてはまる都市を**資料３**から１つ選び，書きましょう。

問２　会話文中の［②］にあてはまる適切な理由を書きましょう。

資料１　静岡市の気温と降水量のグラフ

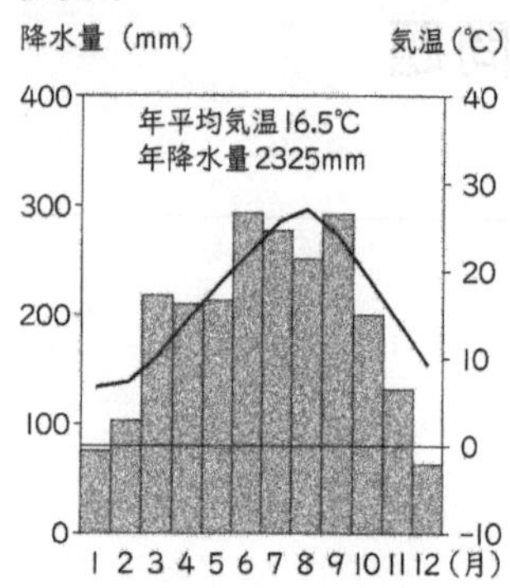

資料２　ゆうきさんが生まれた都市の気温と降水量のグラフ

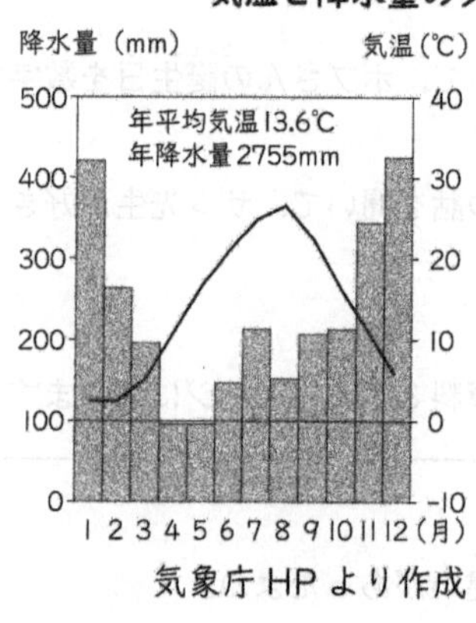

気象庁HPより作成

資料３

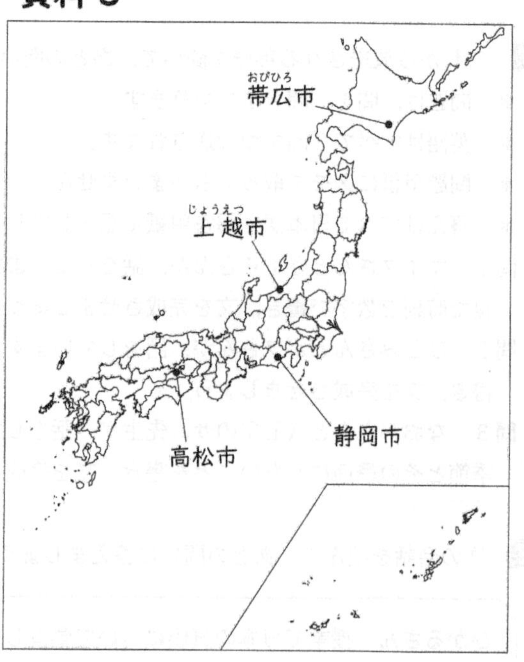

（資料４～資料６は次のページにあります。）

ひかるさん	水について調べていたら，**資料４**のパンフレットを見つけたよ。パンフレットによると，地球は「水の惑星（わくせい）」と呼ばれているけど，地球上の水のほとんどが海水で，わたしたちが簡単に利用できる水は，地球全体の水の約0.01％しかないみたいだよ。わたしたちは，水を当たり前のように使っているけど，水は貴重（きちょう）なものなんだね。
ゆうきさん	日本の降水量は年間約1690㎜で，世界平均の約２倍なんだって。でも，せまい国土に人口が多くて，一人当たりの降水量は世界平均の３分の１くらいしかないみたいだよ。
ひかるさん	へぇ。それを聞くと，ますます水が貴重なものだと感じるね。
ゆうきさん	日本は，水を利用するのに不利な国みたいだよ。パンフレットには，その理由も書いてあるね。
ひかるさん	日本にダムがたくさんある理由が分かった気がするよ。

問３　**資料４**の ③ にあてはまる，日本の地形の特色を**資料５**と**資料６**を見て書きましょう。

資料４　ひかるさんが見つけたパンフレットとその内容

日本の水

●日本は水を利用するのに不利な国！？●

理由１

日本は、梅雨時や台風の時に雨が集中するなど、雨が降る時期がかたよっているので、安定して水を得るのが難しい。

理由２

日本の地形は、［　　③　　］。そのため、降った雨が短時間のうちに海に流れ出てしまう。

日本では、このような条件のもとで、利用できる水を確保するためにさまざまな努力を重ねてきました。

国土交通省「日本の水」より作成

資料５　世界と日本の主な川の長さとかたむき

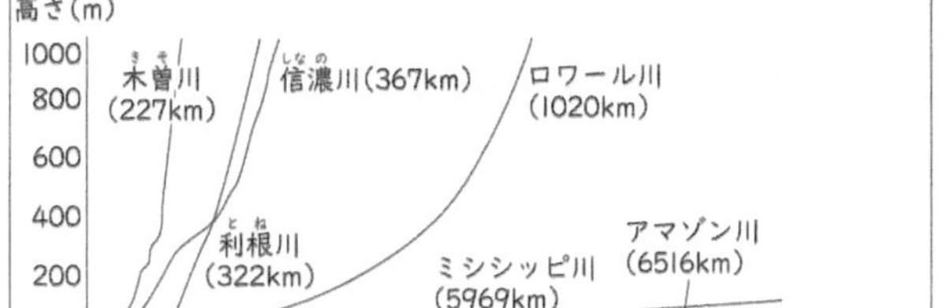

資料６　日本の国土の地形の割合

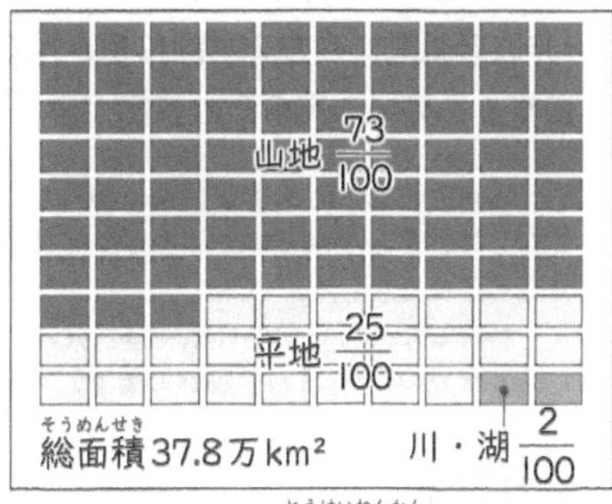

日本統計年鑑（2017年）

ひかるさん　ところで，世界の水は足りているのかな？

ゆうきさん　調べてみたら**資料７**を見つけたよ。世界では，飲み水や農業用水など，わたしたちの生活に必要な水の量（水需要）が増えているらしいよ。

ひかるさん　**資料７**を見ると，2050年には世界の水需要は約（　④　）km³になるみたいだね。

ゆうきさん　このままだと，世界の水不足の問題は深刻になっていくね。

ひかるさん　2015年の国連サミットでは，これからの人類社会に必要不可欠なＳＤＧｓ（持続可能な開発目標）が設定されたよ。17ある目標の６には「⑤すべての人々に水と衛生へのアクセスと持続可能な管理を確保する」ことが示されているんだ。これからは，世界にも目を向けて，地球規模の問題の解決について考えていかないといけないね。

問４　会話文中の（④）にあてはまる最も適切な数字を，次の［　］中から１つ選び，解答用紙の文を完成させましょう。

3600	5580	8280	8640	18000

資料7

水は地球上のすべての生命の源であり，貴重な資源でもある。水はわたしたちが日常生活や経済活動を行う上でかけがえのないものだが，このような水の大切さを忘れがちである。しかし，現在，世界人口の増加，発展途上国の経済成長，気候変動などにより，世界規模で水資源の問題が発生している。

経済開発協力機構（ＯＥＣＤ）の調査によれば，2000年時点の世界の水需要は約3600km³であったが，2000年から2050年までの間に製造業に使われる工業用の水が約５倍，発電用の水が約2.4倍，生活用水が約2.3倍に増加し，水需要全体では約1.55倍に増加すると見込まれている。2050年時点で深刻な水不足に陥る河川流域の人口は，世界人口の４割以上である39億人にも達する可能性があると予想されている。

国土交通省ＨＰなどより作成

問５　会話文中の下線部⑤について，２人が通う学校では，総合的な学習の時間で日本のＮＧＯ（非政府組織）の方を講師に招き授業を行いました。

資料８を見て，ＮＧＯの講師が生徒に出した【問題】の答えを書きましょう。

わたしたちは、水道など水の供給施設が整備されていない村に対して、安全な水を使えるように支援するプロジェクトに取り組むことになりました。

わたしたちＮＧＯの会議では、資料８のア、イが示されました。話し合いの結果、【村の現状と要望】を考えて、アの案が採用されることに決まったのです。

【問題】

村人にとってアの案の方が良い理由を、イの案の良い点にもふれながら説明しましょう。

資料８

【村の現状と要望】

- 村から遠く離れた水場まで、一日何往復も水くみに行っており、もっと楽に水を使えるようにしたい。
- 予算が限られており、かかる費用を節約したい。
- できるだけ早く水の供給施設を完成させたい。
- 村には日本のような技術力はなく、今後は、村人たちだけの力で新しい水の供給施設を運用できるようにしたい。

【NGO の会議で出た案】

ア．現地で調達できる道具や材料を使った井戸の掘り方や管理の仕方を教えて、村人達が施設を運営できるようにする。
（水が使えるようになるまでの期間：約６か月、費用：約 45 万円）

イ．40km先の河川に浄水場を日本のNGOが建設し、そこから水道管を引いて、村の家に水を届ける。
（水が使えるようになるまでの期間：約３年、費用：約 30 億円）

4 あなたが理想とする中学校生活はどのようなものですか。また、その理想を実現するためにどのようなことに挑戦しますか。次の（注意）にしたがって書きましょう。

（注意）

○　作文は八行以上一〇行以内で書きましょう。

○　原稿（げんこう）用紙の正しい使い方にしたがって、文字、仮名づかいも正確に書きましょう。

○　題名・氏名は書かないで、一行目から本文を書きましょう。

るって、それはわたしだけじゃなくて、みっくんだってそうだ。もしかしたらみっくんも、急いで大人になろうとして、無理をしているんじゃないだろうか、とわたしは思った。わたしと違って、みっくんの外見はどんどん大人に近づいている。だからわたしよりも余計にあせって、大きくなった体に中身もあわせようと、大人っぽく振舞って、好きな童話も読まなくなって……。

　大人にならなくちゃとあせっていたのは、わたしだけじゃなかった。そのことがわかった途端、わたしの口から言葉が飛びだしていた。

「絶対、変なんかじゃないと思う！」

　静かな図書館に、わたしの声が響きわたった。みっくんは目をまるくしていて、わたしも自分の声の大きさに驚いていた。

　なにを話したらいいかわからなくて、わたしはおろおろしてしまった。だけどわたしはとにかくみっくんに、またポックルの童話を読んでほしかった。

「あ、あのねっ、この本、ほんとにすごくおもしろかったの！　ポックルの全部のお話の中で、ベストスリーに入れたいくらいに。ライバルのイナリ丸との料理勝負もわくわくしたし、ポックルがつくるいろんなマーボー豆腐がどれもおいしそうで……」

　わたしは一生懸命、ポックルの新しいお話のおもしろさをみっくんに伝えようとした。

　そんなわたしのことを、みっくんはきょとんとした顔で見つめていた。けれどそのうちに、みっくんはふう、とため息をついて、「わかったよ」とわたしの言葉を止めた。やれやれというような、だけど③やさしい声で。

「普段はおどおどしてるのに、好きな本の話をするときはすごいおしゃべりなとこ、昔と変わらないな」

　みっくんはそう言って、わたしの差しだした本を受けとった。みっくんに本をわたしながら、わたしは自然と笑顔になっていた。変わらなくちゃ、と思って、ずっと頑張っていたはずなのに、④変わらないな、というみっくんの言葉が、わたしはなんだかとてもうれしかった。

（『給食アンサンブル』如月かずさ　著より　一部省略がある。）

問一　――線部①とありますが、なぜみっくんはそのような行動をとったのですか。「からです。」で終わるように、二五字以上三五字以内で書きましょう。

問二　――線部②とありますが、これと似た意味で使われている語句を、本文中から六字で書き抜きましょう。

問三　――線部③とありますが、わたしのどのような様子を見て、みっくんは「やさしい声」になったのですか。次の文の空らんに当てはまる語句を書きましょう。

みっくんは、［　　　　］わたしを見て、なつかしさを感じたからです。

問四　――線部④とありますが、それはなぜですか。「と思えたからです。」で終わるように、一五字以上二五字以内で書きましょう。

3 次の文章を読み、あとの問いに答えましょう。

> 童話が大好きな中学生の「(わたし)高梨桃」は、まわりの友達が急に大人に見え、自分も早く大人にならなければ、というあせりから、いつもとは違う恋愛小説を借りた。しかし、読むのをあきらめてしまい、放課後に図書館へその小説を返した後、童話コーナーで、幼なじみの「みっくん」を見つけた。

そこにいたのは、大人びた顔の背の高い男子。みっくんだった。みっくんは棚の前で童話の本を開いて、熱心に立ち読みをしていた。

本の表紙は見えないけど、挿絵でわかる。この前わたしが返した、「こだぬきレストランのポックル」の最新刊だ。

それを読むみっくんの顔には、すごくわくわくした表情が浮かんでいた。いつもの不機嫌で怖そうな顔とは違う、昔となんにも変わっていない、おもしろい童話を読んでいるときのみっくんの顔だ。

驚きすぎて声をかけることもできないでいると、みっくんがわたしに気がついた。みっくんはぎょっとした顔になってから、すぐにその表情を引っこめて、「なんだ、高梨か」とぶっきらぼうに言った。そして読んでいた本を棚にもどすと、①なにごともなかったかのように、すたすたとその場を立ち去ってしまう。

呆気に取られてしまってから、わたしはとっさにポックルの最新刊を棚からぬきだして、みっくんのあとを追いかけた。

「待ってよ、みっくん!」

昔のあだ名をつい使ってしまったら、みっくんが怒った顔で振りかえった。鋭い目でにらまれて、わたしはびくっとうつむいた。

けれどそれからすぐに、大きなため息の音が聞こえた。わたしがおそるおそる顔を上げると、みっくんは怖い顔をやめて、あきれたようにわたしのことを見ていた。

「もうその呼びかたはするなよ。恥ずかしいだろ」

「ごめんなさい。その、これ、借りようとしてたんじゃないの?」

わたしは②おずおずとポックルの本をみっくんに差しだした。するとみっくんはその本を見もしないでこたえる。

「そういうわけじゃない。この前高梨が話してたのを思いだして、ちょっと見てただけだ」

「でも、すごくわくわくした顔で読んでたし……」

「そんな顔はしていない」

怖い声できっぱり言いかえされて、わたしはまた縮こまった。けれど、それでもまだあきらめられないで、わたしがこわごわその顔色をうかがおうとしていると、みっくんはぼそぼそとつけくわえた。

「だいたい、こんなでかいのが低学年向けの童話なんて読んでたら、変に決まってるだろ」

その言葉を聞いたわたしは、はっとしてみっくんの顔を見あげた。わたしよりも頭ひとつぶんは上にある、みっくんの顔を。

ふてくされたような顔でそっぽを向いているみっくんを見て、わたしは気がついた。みっくんは、童話を好きじゃなくなったわけじゃなかったんだ、って。そのことが、みっくんの声や表情から伝わってきた。

それからわたしは、学校での美貴ちゃんとの会話を思いだした。大人っぽいふりをしていたわたしは、不機嫌そうで怒っているように見えた、と美貴ちゃんは言っていた。不機嫌そうで怒っているように見え

【作文Ⅱ】（50分）　＜満点：50点＞

1　ゆうきさんとひかるさんは，お楽しみ会の準備のために買い物に行きました。２人の会話を読んで，あとの問いに答えましょう。

ゆうきさん「赤，白，青の３本のリボンがあるね。」
ひかるさん「赤のリボンの長さは1.2mあるよ。」
ゆうきさん「赤のリボンの長さをもとにすると，白のリボンは３倍，青のリボンは3.5倍の長さになっているね。」

問１　下の【数直線の図】は赤のリボンの長さをもとにしたときの，白，青のリボンの長さを表したものです。【数直線の図】の□にあてはまる数を書きましょう。

【数直線の図】

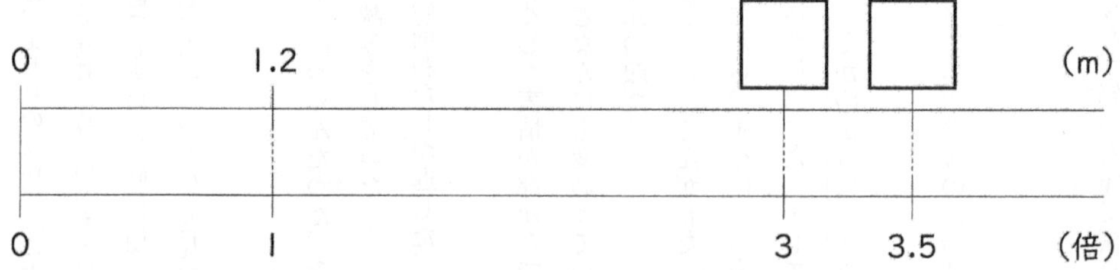

ゆうきさん「緑のリボンも見つけたよ。赤のリボンより短いみたい。」
ひかるさん「緑のリボンの長さをもとにすると，赤のリボンの長さは1.5倍だね。」

問２　緑のリボンの長さを求めましょう。

問３　緑のリボンの長さをもとにしたとき，赤，白，青のリボンの長さはそれぞれ何倍になるかを求め，その関係を表す【数直線の図】を書きましょう。また，ことばと式を使って求め方も書きましょう。

ゆうきさん「48個入りで2640円のボタンがあるよ。」
ひかるさん「ボタンは10個あれば足りるね。」
ゆうきさん「必要な個数に合わせて買えるみたいだよ。」
ひかるさん「10個だといくらになるかな。」
ゆうきさん「式は 2640÷48×10 となり，計算すると550円になるね。」

問４　上の会話で，ゆうきさんは2640を48で割っていますが，これは何を求めていますか。

2　ゆうきさんは，日本を訪（おとず）れた外国人に関する次のページの**資料１**～**資料３**を見つけました。次の問いに答えましょう。

問１　次のページのア，イのことがらは正しいですか。「正しい」か「正しくない」かのどちらかで答え，その理由を資料にふれながら，ことばと式を使って書きましょう。

ア　2018年に日本を訪れたアメリカ人の数は，2012年より減っています。
イ　2018年に観光を目的として日本を訪れた外国人の数は，2012年に観光を目的として日本を訪れた外国人の数の4.5倍以上です。

資料１　日本を訪れた外国人の国・地域別の割合

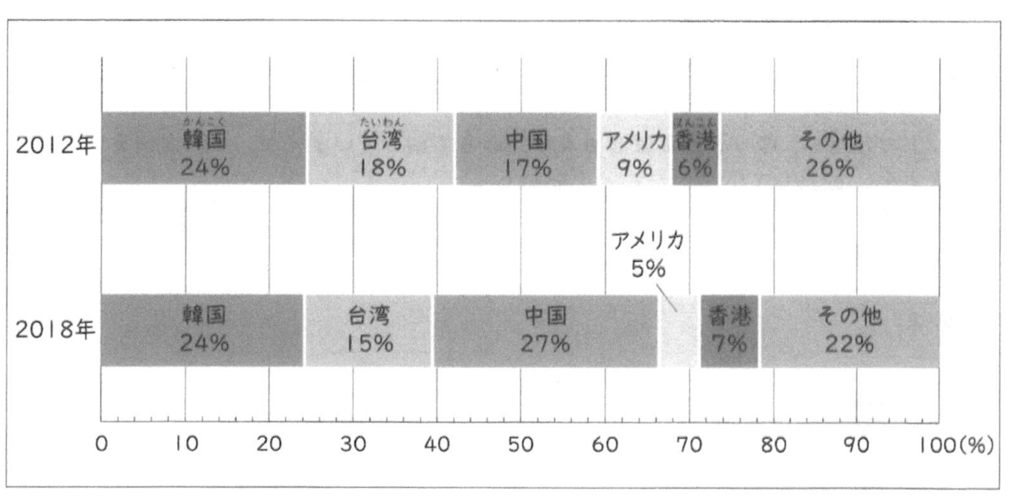

資料２　日本を訪れた外国人の目的別の割合

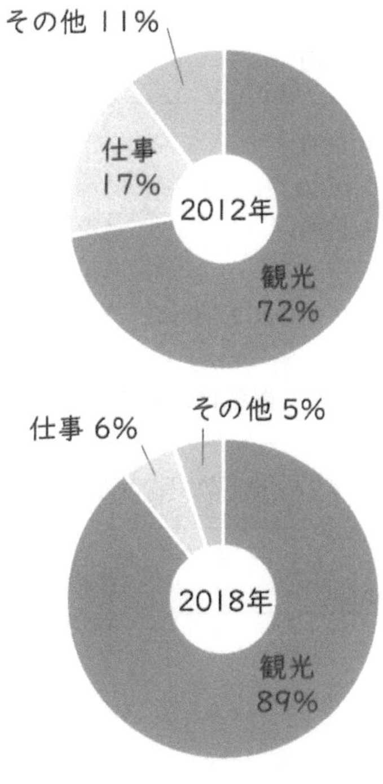

資料３　日本を訪れた外国人の数

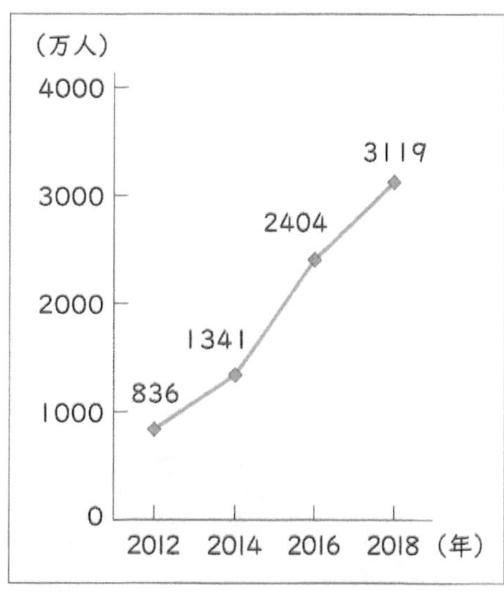

日本政府観光局（JNTO）データより作成

3 ゆうきさんとひかるさんは授業で学んだ手順で，水を熱する【実験１】と，水を冷やす【実験２】を行いました。実験の手順と結果を読み，あとの問いに答えましょう。

【実験１】

手順

1 図１のような装置(そうち)をつくり、ビーカーに水を入れ、水面の位置に印(しるし)をつけた。
2 水を熱して、２分ごとに水の温度と、観察して気づいたことを記録した。
3 結果を表とグラフに整理した。

図１

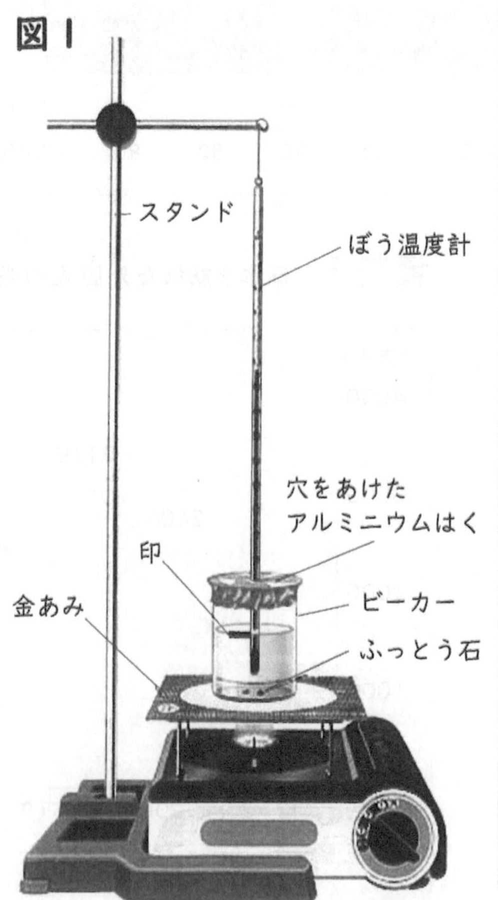

結果（表）

時間（分）	温度（℃）	気づいたこと
0	17	火をつけた。
2	22	
4	36	ビーカーの底に小さい泡(あわ)が出た。
6	47	
8	56	
10	70	
12	83	アルミニウムはくの穴から湯気が出てきた。
14	96	ふっとう石から泡がたくさん出てきた。
16	100	
18	100	
20	100	
22	100	火を消した。
24	96	湯気はまだ出ていた。
26	94	①水が印よりも減っていた。
28	92	

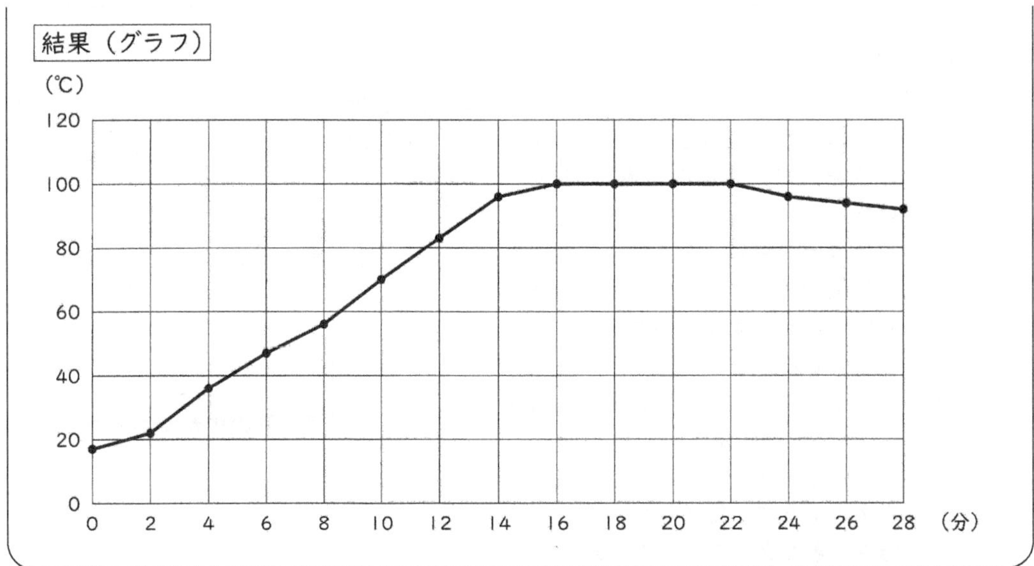

問１　【実験１】の 結果（グラフ） を見て，水がふっとうしていると判断できる時間帯を書きましょう。

問２　【実験１】の 結果（表） に下線部①とありますが，水が印よりも減ったのはなぜですか。その理由を「空気中」という言葉を使って説明しましょう。

【実験２】

手順

1　図２のような装置をつくり、試験管に水を入れ、水面の位置に印（しるし）をつけた。

2　ビーカーの中に、たくさんの氷と十分な量の食塩を入れ、氷がひたるぐらいに水を加えて、試験管の中の水を冷やした。

3　２分ごとに水の温度と、観察して気づいたことを記録した。
ときどき試験管を軽くゆらして水の変化のようすを確認（かくにん）した。

4　結果を表とグラフに整理した。

図２

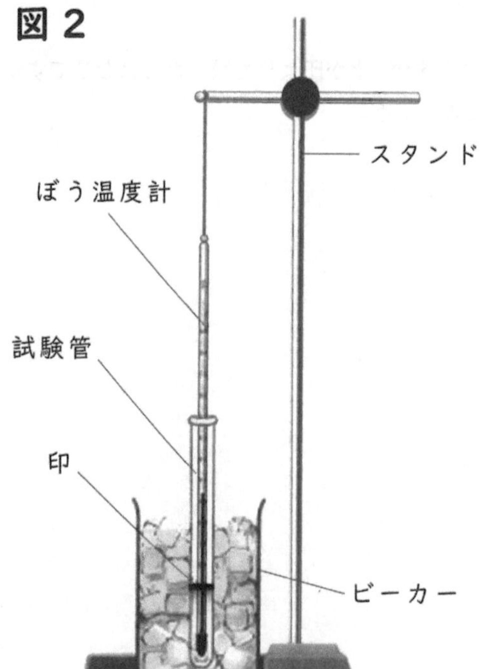

結果（表）

時間（分）	温度（℃）	気づいたこと
0	19	
2	11	水の温度がどんどん下がっていく。
4	8	
6	7	試験管の中がくもった。
8	5	
10	3	
12	1	
14	0	試験管をゆらすと、水が急に白くなった。
16	0	
18	0	②0℃のまま変わらない。
20	0	
22	-1	
24	-2	印よりも上がってきた。
26	-4	

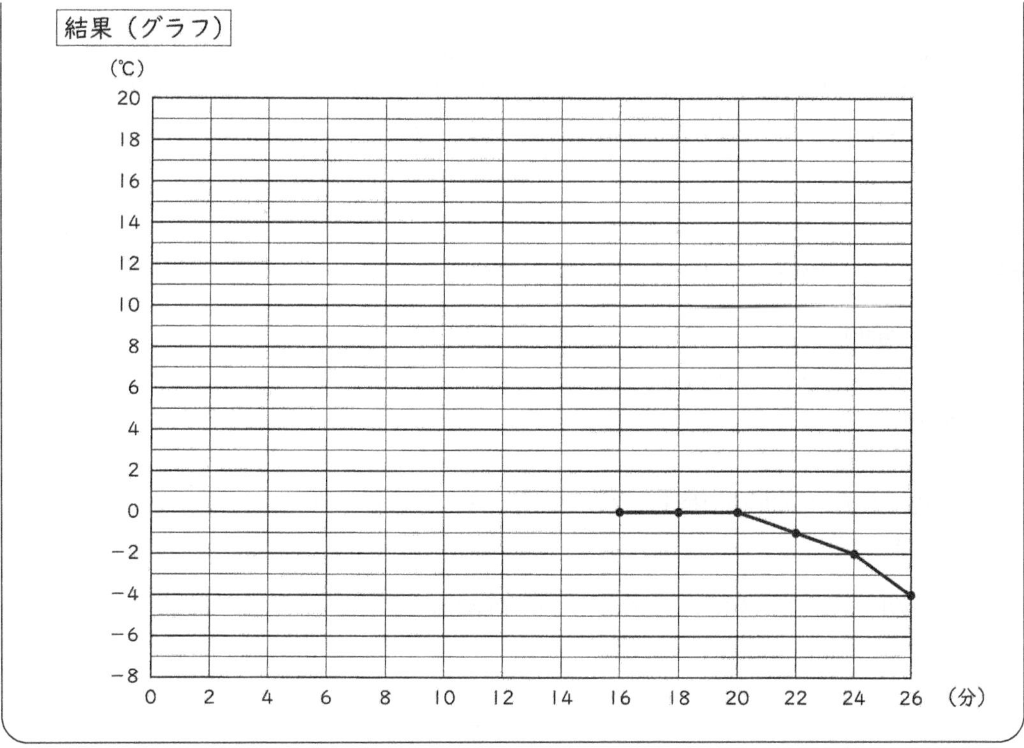

問３　ゆうきさんは，前のページの【実験２】の 結果（表） をもとにして，温度変化のようすを上の 結果（グラフ） に表しました。解答用紙の折れ線グラにつながるように，以下の（注意）にしたがって，０分から16分までのグラフを完成させましょう。

（注意）

・それぞれの時間の温度を表すところに●印をかきましょう。

・定規は使わずにかきましょう。

問４　【実験２】の 結果（表） に下線部②とありますが，このとき，試験管の中の水はどのような状態になっているか書きましょう。

問５　ひかるさんとゆうきさんが，次の資料を見て，会話をしています。ゆうきさんの説明が正しくなるように □ にあてはまる文を書きましょう。

資料

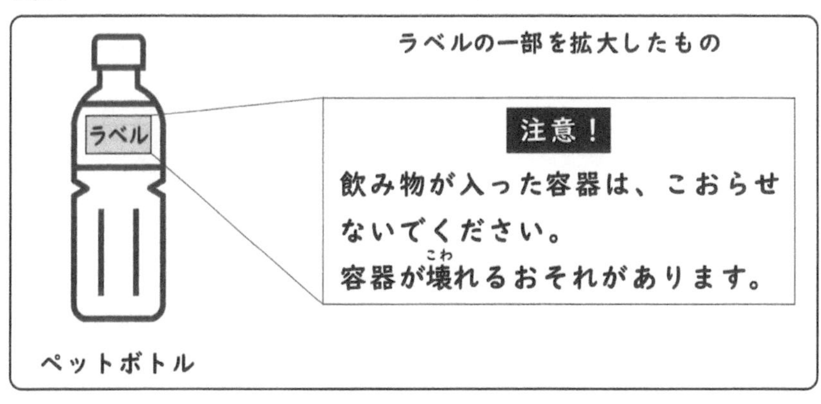

ひかるさん　「水についてよくわかったね。」
ゆうきさん　「そういえば，こんな**資料**を見つけたよ。」
ひかるさん　「**【実験２】**の結果を使えば，どうして容器が壊れてしまうのか説明できるね。」
ゆうきさん　「うん，今から説明するよ。なぜ容器が壊れてしまうかというと，
＿＿＿＿＿＿＿＿＿＿＿＿＿＿＿＿だよ。」

4　次の**【言葉の意味】**を読んで，あとの問いに答えましょう。

【言葉の意味】
　広さのことを面積といいます。
　面積は，１辺が１cmの正方形が何個分あるかで表すことができます。
　１辺が１cmの正方形の面積を１平方センチメートルといい，１cm^2とかきます。

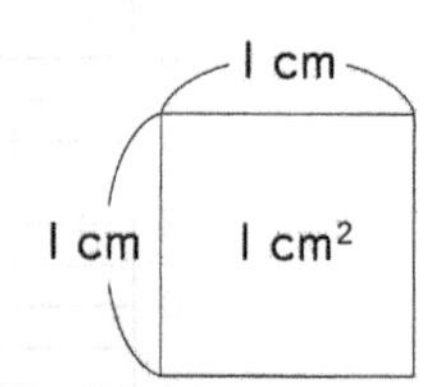

問１　右の図のような，たて３cm，横５cmの長方形の面積を次の計算で求めました。

　　　$3 \times 5 = 15$　より　15cm^2

なぜ　3×5　というかけ算を使うのか，上の**【言葉の意味】**をもとに説明しましょう。説明を助けるために解答用紙の図を用いてもかまいません。

3cm
5cm

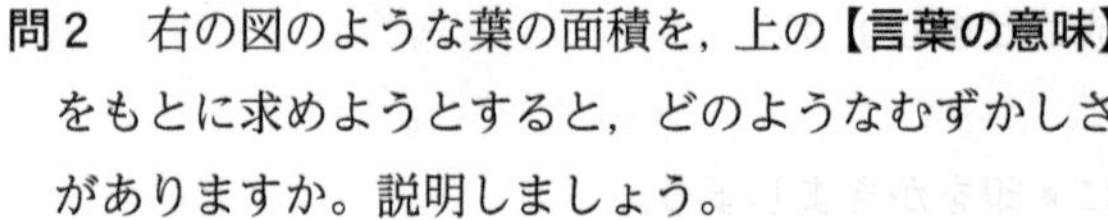

問２　右の図のような葉の面積を，上の**【言葉の意味】**をもとに求めようとすると，どのようなむずかしさがありますか。説明しましょう。
　また，できるだけ正確な面積を知るために，あなたはどのように工夫しますか。説明しましょう。
　説明を助けるために解答用紙の図を用いてもかまいません。

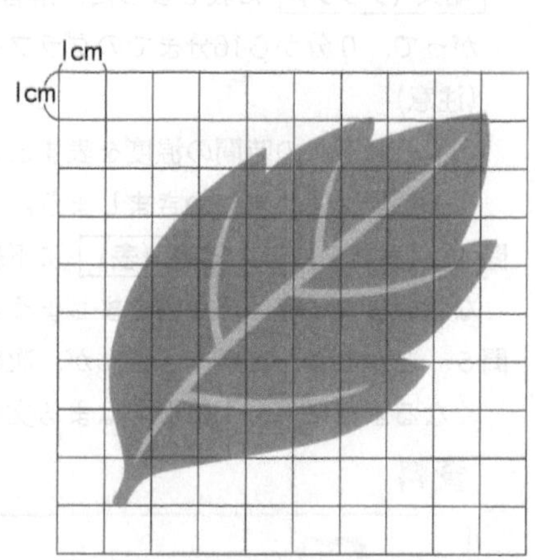

2021 年 度

解 答 と 解 説

《2021年度の配点は解答欄に掲載してあります。》

＜作文Ⅰ解答例＞

1 問1 (さくらさんが昨日の夜に寝た時刻は)11(時です。)
問2 (ボブさんの誕生日は)1(月)13(日です。)
問3 (サム先生が好きな季節は)夏(です。)
(その季節にしたいことは)海で泳ぐこと(です。)

2 問1 上越市
問2 北西から吹く湿った季節風と，日本の中央に連なる山地の影響をうけるからだよ。
問3 国土の約4分の3は山地であり，日本の川は世界の川と比べると長さが短くて流れが急です。
問4 (2050年には世界の水需要は約)5580(km^{3}になるみたいだね。)
問5 村人にとっては，イの案の方が水くみが楽になりますが，アの案の方が工事期間が短く，費用も安くでき，さらに管理の仕方も教えてもらえるので，村人たちだけで運用していくことができるからです。

3 問1 体の大きい自分が，童話を読んでいるすがたを見られてはずかしくなった(からです。)
問2 おそるおそる
問3 (みっくんは,)昔と変わらず，好きな本の話をするとすごいおしゃべりになる(わたしを見て，なつかしさを感じたからです。)
問4 無理に大人になろうとしないで，自然と大人になろう(と思えたからです。)

4 私が理想とする中学校生活は，多くの人と関わりを持つ生活です。今まで，元気な幼なじみのおかげで，人見知りの私でも友達を作ることができていました。しかし，これからは自分の人見知りをなおし，多くの人と関わり，いろんな考え方やいろんな世界に出会ってみたいです。そのために，委員長などの人と多く関わる仕事や行事にたずさわり，一歩一歩，自分の理想とする中学校生活に近づいていきたいと考えています。

○配点○
1 問1・問2 各3点×2　問3 4点　2 問1・問4 各3点×2
問2・問3・問5 各4点×3　3 各3点×4　4 10点　計50点

＜作文Ⅰ解説＞

1 （英語：リスニング）

リスニングする際は，どこに注目して聞くべきなのかを事前に考えておくために，問いに目を通しておくとよい。全部聞き取るつもりでいるよりは，重要な点を聞き取れるようにする。焦って聞き逃すことがないよう，落ち着いて取り組もう。

2 （社会：気候，資源）

問１　冬の降水量が多いという特色をもつ地域は日本海側であるため，日本海側に位置する上越市を選択すればよい。雪のために冬の降水量が多くなっている。

問２　雪のために降水量が多くなっているが，どうして雪が多く降るのかを考えればよい。日本海側に多く雪が降るのは，大陸からふく季節風のえいきょうである。日本海上空でしめった風が山地にぶつかり，雪を降らす。この原理をわかりやすくまとめる。

問３　水を利用するのに，不利な条件であるものという視点で資料５と資料６を見る。資料６からは，山地の割合が日本国土の４分の３ほどをしめていること，資料５からは，日本の川は，世界の川より流れが急で短いことがわかる。読み取れたこれらの情報を簡単にまとめる。

問４　資料７に2000年から2050年までの間の水需要の変化について「水需要全体では約1.55倍に増加すると見込まれている」と書かれている。また，2000年時点の水需要は約3600km^3であるとも書かれているので，2050年の水需要量は，3600×1.55＝5580(km^3)と求めることができる。

問５　最初に，アの案とイの案の違いを考える。イの案の方が工事期間が長く，費用が高い。アの案の方は現地の人が施設を運営できるようになる。これらの違いと村の要望を参考にして，アの案がよい理由をまとめていく。

3 （国語：文章読解）

問１　――線部①の直前で，みっくんは，童話を読んでいたところを見つかって驚いている。また，16段落でみっくんは「こんなでかいのが低学年向けの童話なんて読んでたら，変に決まってるだろ」と言っている。これらの情報から，体の大きい自分には不似合いだと思っている童話を，熱心に読んでいるところが見つかってしまってはずかしいと感じていると考えられる。

問２　おずおずとは，相手をおそれて，ためらいながらする様子なので，その意味に近いものを探す。

問３　問題文より，みっくんがなつかしさを感じたということは，主人公の昔と変わらないところを見て，昔を思い出したのだと考えられる。よって，みっくんの最後の発言に注目する。

やや難　問４　21段落を読むと「みっくんも」とあることから，主人公も急いで大人になろうとあせって無理をしていたことがわかる。急いで大人になるためには変わらなければならないのに，変わらないと言われたことに対してうれしくなっているということは，今すぐ無理に大人になろうとしなくてもいいという余ゆうが生まれたからだということが読み取れる。よって，そのことをわかりやすくまとめて記述する。

4 （国語：課題作文）

字数制限に注意する。自分の理想とする生活が思いつかない人は，自分が中学校で頑張りたいことややってみたいことなど，いろいろな視点から考えることができるとよい。

★ワンポイントアドバイス★

多くの情報の中から自分が本当に必要とする情報だけを取り出す力が試される問題が多い。また，一から自分の考えをつくっていく問題もある。要点をしっかりとらえて解答することを意識しよう。

＜作文Ⅱ解答例＞

1 問1

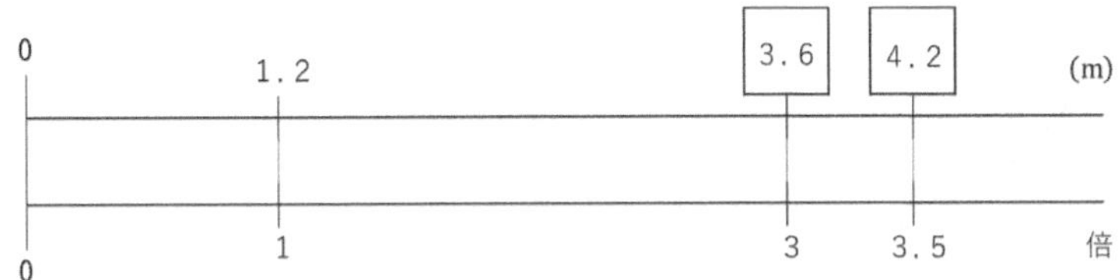

問2 (緑のリボンの長さは)0.8(mです。)

問3 【数直線の図】

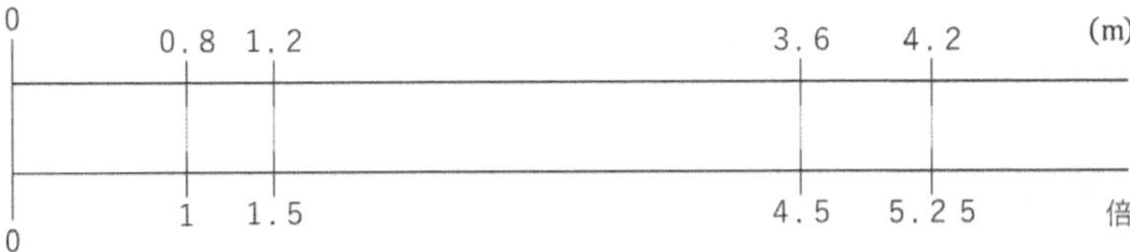

(求め方)

緑のリボンをもとにして白，青のリボンの長さが何倍になっているのかを求めたいから，白，青のリボンのそれぞれの長さを，緑のリボンの長さ0.8でわります。

3.6÷0.8=4.5

4.2÷0.8=5.25

より，白のリボンは緑のリボンの4.5倍，青のリボンは緑のリボンの5.25倍とわかるので，上のような数直線の図になります。

問4 1個あたりの値段を求めています。

2 問1 (アのことがらは，)正しくない(。)

【理由】

2012年に日本を訪れた外国人の数は資料3より836万人，アメリカ人の割合は資料1より9％とわかるから，アメリカから日本を訪れた外国人の数について，2012年は　836×0.09=75.24　より約75万人。

同様にして2018年は　3119×0.05=155.95　より，約156万人。

よって，2018年のほうが多いのでアのことがらは正しくないといえます。

(イのことがらは，)正しい(。)

【理由】

2018年に日本を訪れた外国人の数は資料3より3119万人，観光を目的として日本を訪れた外国人の割合は資料2より89％とわかるから，観光を目的として日本を訪

れた人について，2018年は　3119×0.89＝2775.91

同様にして2012年は　836×0.72＝601.92

何倍になっているかについて，2775.91÷601.92＝4.61…

よって，4.5倍以上だからイのことがらは正しいといえます。

3　問１　(水が沸騰しているのは)16(分から)22(分までです。)

問２　ビーカーの中の水が減ったのは，水が水蒸気(液体が気体)となって空気中に出ていったからです。

問３

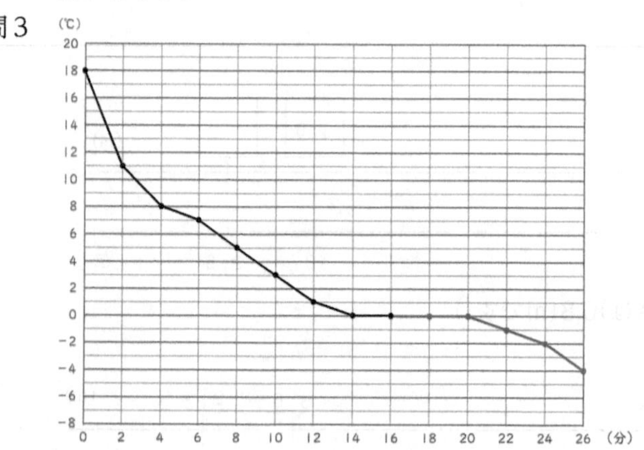

問４　凍り始めているが，すべて氷にはなっていない状態です。

問５　水は凍ると，体積が増えるから(だよ。)

4　問１

【言葉の意味】にもとづくと，面積を求めることは，１辺が1cmの正方形が何個分あるかを調べることです。長方形を1cmずつに区切って考えると，１辺が1cmの正方形がたてに３個，横に５個あるので，全部の個数を求めるために3×5＝15というかけ算を使います。

問２

【言葉の意味】にもとづくと，１辺が1cmの正方形が何個分あるかを調べようとしても，正方形でぴったりおおうことができないというむずかしさがあります。できるだけ正確な面積を求めるために，葉っぱに全部ふくまれる正方形は1cm，一部がふくまれる正方形は$0.5cm^2$とみなして，およその面積を求めます。

○配点○

1　問１　2点　　問２・３・４　各3点×4　　2　問１　答え　各2点×2　　理由　各4点×2

3　問１・３・４・５　各3点×4　　問２　4点　　4　各4点×2　　計50点

＜作文Ⅱ解説＞

1　**(算数：数直線)**

問１　白のリボンは，もとの赤のリボン1.2mの３倍なので1.2×3＝3.6(m)となる。青のリボンは3.5倍なので，1.2×3.5＝4.2(m)となる。

問２　ひかるさんの２回目の発言に注目する。ひかるさんの発言より，緑のリボンの長さは赤のリボンの長さの1.5倍なので，1.2÷1.5＝0.8(m)となる。

問３　何倍になるかを求めるには，それぞれのリボンの長さを緑のリボンの長さでわればよい。読み手にわかりやすく，実際の計算式もふくめて記述する。

問４　まず，10個のボタンの値段を求めるには，１個のボタンの値段を求める必要があると考える。１個あたりのボタンの値段は，全部の値段÷個数で求められる。よって，2640÷48は，48個入りで2640円のボタンの１つあたりの値段を求めていることがわかる。

基本 ２ （社会：資料の読み取り）

問１　ア　資料１でアメリカの割合が９％から５％になっているのを見て，減っていると思ってしまってはいけない。資料１はあくまでも割合で，実際に訪れた外国人の人数は，資料３の日本を訪れた外国人の数×資料１の日本を訪れた外国人の国・地域別の割合で求められる。実際に計算してみると，

2012年が，836000(万人)×0.09＝75240(万人)

2018年が，3119000(万人)×0.05＝155950(万人)

と，2018年のほうが多いことがわかるので正しくない。

イ　観光を目的として日本を訪れた外国人の数は，資料３の日本を訪れた外国人の数×資料２の日本を訪れた外国人の目的別の割合で求めることができる。実際に計算してみると，

2012年が，836000(万人)×0.72＝601920(万人)

2018年が，3119000(万人)×0.89＝2775910(万人)

となる。つまり，2018年に観光を目的として日本を訪れた外国人の数は，2012年の2775910÷601920＝4.61…(倍)である。よって，4.5倍以上になるため，イは正しいといえる。

３ （理科：水の変化）

問１　ふっとうしているとき，水の温度はほぼ100℃で一定になり，さらにあたためても温度は上がらない。グラフを見て，温度が100℃で一定になっている部分を探すと，16分から22分の部分があてはまるので，ふっとう状態であると考えられる。

問２　ふっとうしているとき，水の中から水蒸気が空気中に逃げていく。水蒸気は水が変化した形であるため，水の体積は減る。問１とのつながりを意識して解けるとよい。

問３　指示文通り，注意に気を付けながらグラフを作成できればよい。

問４　水は０℃になると少しずつこおり始め，すべてこおるまで０℃のまま温度は変わらない。よって，０℃で温度が一定のとき，試験管の中は水と氷の両方が存在している。

問５　表の24分に注目すると，印よりも上がってきたと書かれている。よって，水が氷になったとき，体積が増えたことがわかる。ペットボトル内で同じことが起きると，中の体積がもとより大きくなってしまって容器が壊れてしまう可能性があると考えられる。

４ （算数：面積）

問１　【言葉の意味】の面積は１辺が１cmの正方形が何個分あるかで表すことができるという部分に注目し，長方形に１辺が１cmの正方形がいくつあるかを説明できればよい。

問２　問１で説明した１辺が１cmの正方形では，複雑な形の図形をそのまま表すことができないことが問題であるということに気が付ければよい。

★ワンポイントアドバイス★

必要な情報と不要な情報をふりわける力が試されている。問題ごとに，何を問われていて，欲しい情報は何かということを明らかにして問題を解く練習をしておく必要がある。

2020年度

★★★★★★★★★★★★★★★★★★★★★★★

入　試　問　題

2020年度

県立伊奈学園中学校入試問題

【作文Ⅰ】（14ページから始まります。）
【作文Ⅱ】（50分）　＜満点：50点＞

【解答記入上の注意】

○　解答らんに線が引いていないものは，解答らんにおさまるように書きましょう。
○　記号，ひらがな，カタカナ，漢字，数字は１字として書きましょう。
○　分数は１字として書きましょう。
○　「cm」「km」「m^2」は２字，「cm^2」は３字として書きましょう。
○　「，」や「。」「．（小数点）」も１字として書きましょう。
　ただし，「，」や「。」がその行の最後にきたときは，最後のます目に入れましょう。
　また，段落（だんらく）分けや改行はせず，続けて書きましょう。

〈記入例〉
　㋐の面積は，$9\times\frac{10}{3}\div 4=7.5$（$cm^2$）なので，全体の面積は，$11.5cm^2$です。

㋐	の	面	積	は	、	9	×	$\frac{10}{3}$	÷	4	＝	7	．	5	（	c	m	^{2}	）
な	の	で	、	全	体	の	面	積	は	、	1	1	．	5	c	m	^{2}	で	す。

ゆうきさんとひかるさんは，同じ小学校に通う友だちです。
次の［問１］～［問５］に答えましょう。

［問１］　ゆうきさんとひかるさんは，休み時間に競泳について話しています。

ゆうきさん　「競泳選手は50mプールをどのくらいの速さで泳いでいるのかな。」
ひかるさん　「50mを20.9秒で泳いだ記録があるよ。この記録から速さを求められるかな。」

(1)　50mを20.9秒で泳いだとき，その速さはおよそ秒速何mか，四捨五入（ししゃごにゅう）して$\frac{1}{100}$の位までのがい数で求めましょう。

ひかるさん　「競泳には200m個人メドレーという，バタフライ・背泳ぎ・平泳ぎ・自由形の４種類を，順にそれぞれ50mずつ泳ぐ種目もあるみたいだよ。」
ゆうきさん　「ここに200m個人メドレーを３分30秒で泳いだ記録があるね。それぞれの泳ぎ方の速さの記録もあるけどやぶれてしまっているよ。」
ひかるさん　「やぶれている部分の平泳ぎの速さは求められるかな。」

表１

泳ぎ方	バタフライ	背泳ぎ	平泳ぎ	自由形
速さ	秒速１．２５ｍ	秒速１ｍ		秒速１．２５ｍ

⑵　200m個人メドレーの記録が３分30秒でした。前のページの**表１**はそれぞれの泳ぎ方の速さを記録したものですが，一部やぶれてしまいました。やぶれている部分の平泳ぎの速さは秒速何mか，求めましょう。また，求める過程も書きましょう。ただし，どの種目も50mずつ一定の速さで泳ぐものとし，ターンの時間は考えません。（字数の制限はありません。）

ひかるさん　「平泳ぎと自由形の２種類だけで２人で競争したらどうなるかな。」
ゆうきさん　「２人のそれぞれの泳ぎ方の速さの記録をみると，途中ですれ違いそうだね。」

⑶　全長50mのプールで２人が同時にスタートし平泳ぎで50mを泳いだあと，折り返して自由形で50mを泳ぎます。２人が50mを**表２**の記録で泳ぐとき，２人がすれ違うのはスタートしてから何分何秒後か求めましょう。また，求める過程も書きましょう。ただし，２人の泳ぐ速さは一定とし，ターンの時間は考えません。（字数の制限はありません。）

表２

	ひかるさん	ゆうきさん
平泳ぎ	１分２２秒	１分４０秒
自由形	１分２０秒	１分

［問２］　ゆうきさんとひかるさんは，富士山の高さについて話しています。

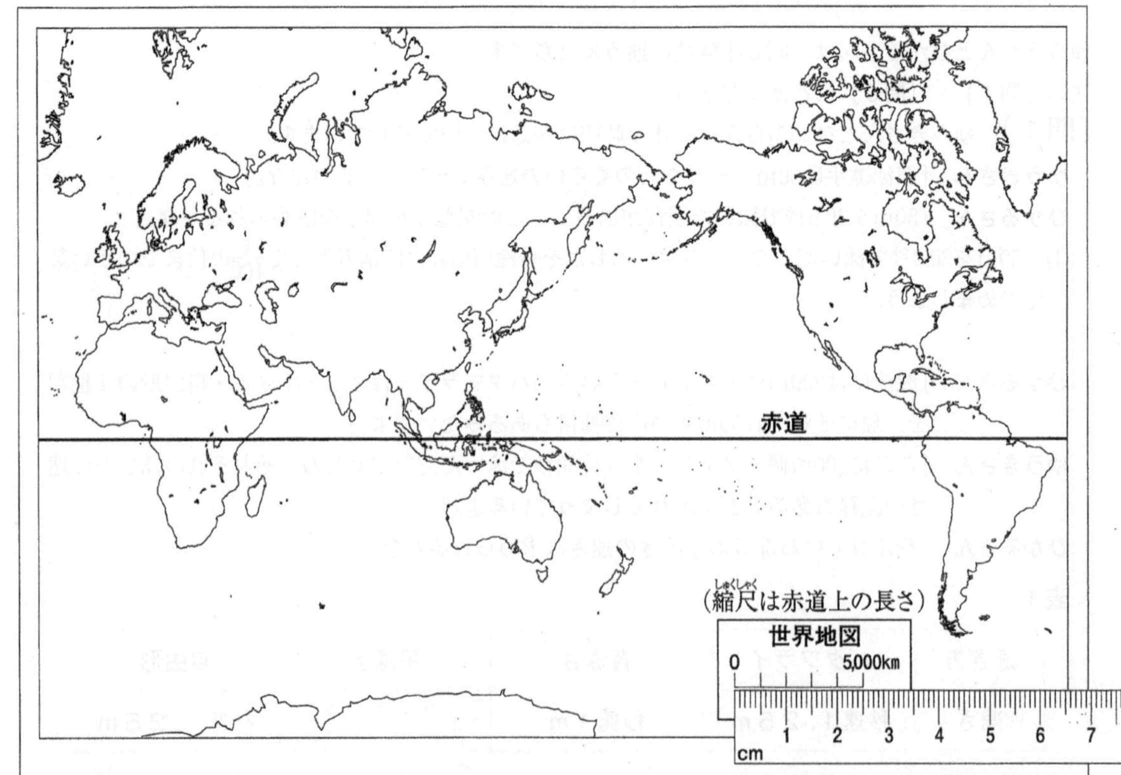

ゆうきさん「先月，家族で富士山に登ってきたよ。標高は3776mもあるんだね。」
ひかるさん「すごい高さだね。富士山って，地球の大きさをもとに考えても高い山といえるのかな。」
ゆうきさん「地球の大きさと比べるとイメージできそうだね。そもそも地球はどれだけ大きいのかな。なにか調べられるものはないかな。」
ひかるさん「社会科で使っている世界地図を使って，地球の大きさを求められないかな。」

(1) ゆうきさんは，前のページの図のように，世界地図の一部にものさしをあてています。また，この世界地図は，右はしと左はしがちょうど同じ位置を表すようにできていて，この世界地図上で赤道の長さをはかると20.5cmありました。この世界地図をもとにして考えると，実際の地球の直径はおよそ何kmですか。千の位までのがい数で求めましょう。ただし，世界地図上の縮尺(しゅくしゃく)は赤道上の縮尺であるものとし，円周率は3.14とします。

ゆうきさん「富士山は高いけど，地球の大きさをもとに考えるとあまり高いとはいえないのかな。」
ひかるさん「きっとそんなことはないよ。たとえば，テーマパークにあるような大きな地球儀(ちきゅうぎ)に粘土(ねんど)で富士山の模型(もけい)をつけたら，目立つような高さになると思うよ。」
ゆうきさん「立体地球儀か。それはおもしろいね。」
ひかるさん「あるテーマパークに置いてある地球儀は，直径が6m50cmだそうだよ。富士山の高さを4000mと考えると，どれくらいの高さで富士山の模型をつくったらよいかな。」

(2) 2人はこのあと立体地球儀につける富士山の模型の高さを計算して，「富士山は，地球の大きさをもとにして考えてみると，高い山だといえない。」と判断しました。このように判断した理由を，地球の直径と富士山の高さの関係に注目して書きましょう。（字数の制限はありません。）

［問3］ ゆうきさんとひかるさんはふりこ時計を見て，1秒間に1往復していることに気が付きました。

ゆうきさん「ふりこ時計のふりこが，1往復する時間は何によって変わるのかな。」
ひかるさん「ふりこの糸の長さやおもりの重さを変えて，実験で確かめられるよ。」
ゆうきさん「そうだね。まずは糸の長さを変えてやってみよう。ふりこの1往復する時間を正確にはかるには，どのようにすればよかったかな。」
ひかるさん「先生が授業で教えてくれたやり方でやってみよう。」

2人は，ふりこについて調べるため，60gのおもりと糸を使って実験を行いました。下の表は，ふりこの糸の長さを変えて1往復するのにかかった時間を表しています。

ふりこの長さ	10cm	20cm	30cm	40cm	50cm
1往復する時間	0.63秒	0.90秒	1.09秒	1.26秒	1.42秒
ふりこの長さ	60cm	70cm	80cm	90cm	100cm
1往復する時間	1.56秒	1.67秒	1.79秒	1.90秒	2.00秒

(1) ふりこの1往復する時間を正確にはかるには，どのような方法で行えばよいか80字以内で書きましょう。

⑵ ふりこの長さが20㎝のときに，おもりの重さを120ｇに変え，ふりこのふれはばを２倍の大きさに変えて実験をしました。このとき，ふりこが１往復する時間は何秒になるかを答えましょう。また，その理由を80字以内で書きましょう。

⑶ ゆうきさんは次の**あ**～**う**のような方法で，おもりの個数を変えて，実験をしようとしました。しかし先生から，「この方法では適切な結果を集めることができない。」と教えてもらいました。どのような方法に変えればよいのか60字以内で書きましょう。

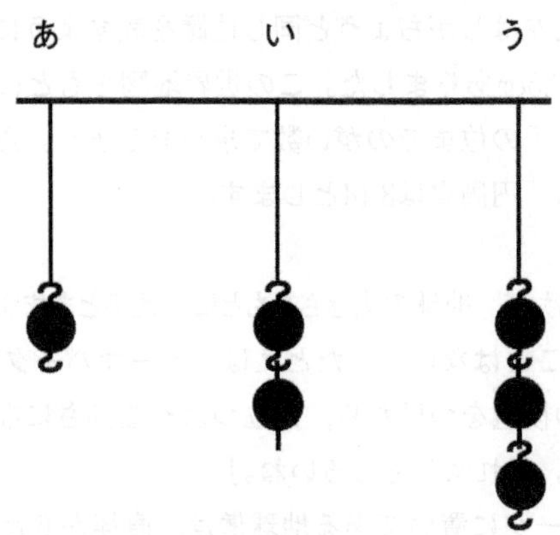

［問４］ ゆうきさんとひかるさんは，数あてゲームをしようとしています。

数あてゲームの流れ

① それぞれが１から９までの数字が書かれた９枚のカードのうち２枚を選び，２けたの数字を作ります。

② おたがいに相手の２けたの数字を予想して言います。

③ 相手の予想と自分の数字を比べ，数字と位が合っている個数を○（まる），数字は合っているが位は合っていない個数を△（さんかく）で伝えます。

例えば，２けたの数字を「17」と作ります。相手が「87」と言ったら，一の位に７があるので「○１△０」と伝えます。また，2けたの数字を「84」と作ります。相手が「48」と言ったら，十の位の８が一の位に，一の位の４が十の位にあるので「○０△２」と伝えます。

④ これを繰り返し，相手の数字を先に言い当てたら勝ちとなります。

⑴ このゲームで作られる２けたの数字は何通りあるのか求めましょう。

ゆうきさんは，ひかるさんの作った数字を当てるために，２人のやりとりを表にまとめました。

	１回目	２回目	３回目
予　想	５６	７８	２１
○と△	○０△０	○０△０	○０△０

ゆうきさん「ひかるさんの数字がわかってきたよ。」

⑵ ゆうきさんは３回目までの予想でひかるさんの作った数字を何通りかにしぼりました。何通り

にしぼったのかを答えましょう。また，そのように答えた理由を100字以内で書きましょう。

ひかるさんは，ゆうきさんの作った数字を当てるために，2人のやりとりを表にまとめました。

	1回目	2回目	3回目
予　想	15	25	98
○と△	○1△0	○0△0	○0△1

ひかるさん「こっちはゆうきさんの数字がわかったよ。」

(3) ひかるさんは3回目までの予想でゆうきさんの作った2けたの数字がわかりました。ゆうきさんの作った数字を答えましょう。また，そのように答えた理由を書きましょう。(字数の制限はありません。)

［問5］ ゆうきさんとひかるさんは図書室で俳句(はいく)について調べています。

ゆうきさん「松尾芭蕉(まつおばしょう)はたくさんの俳句をよんでいるね。」

ひかるさん「そうだね。中には月に関する俳句がいくつもあるね。」

ゆうきさん「“明けゆくや二十七夜(にじゅうしちや)も三日(みか)の月(つき)”という俳句は，月の形についてよんでいるよ。」

ひかるさん「三日の月とは三日月のことで，夜明けの空に見える二十七夜の月と夕方に見える三日月は，どちらも月の形が似ているという意味みたいだね。でもどうして月は形を変えるのかな。」

(1) 地球から見た月が日によって形を変えたように見えるのはどうしてですか。その理由を100字以内で書きましょう。

ひかるさん「二十七夜の月と三日月，どちらも満月のときと比べると形が欠けて見えるね。」

ゆうきさん「そうだね。それから月の形によって，夜の間に見ることができる時間の長さも変わってくるみたいだよ。」

ひかるさん「そうなんだ。月の形が欠けているときと欠けていないときでは，どちらの方が長い時間見ることができるのかな。」

(2) 日の入りから日の出を夜としたとき，月の形とその月を夜に見ることができる時間の長さにはどのような関係があると考えますか。その関係を60字以内で書きましょう。

ゆうきさん「ひかるさん，与謝蕪村(よさぶそん)は“菜の花や月は東に日は西に”という俳句をよんでいるよ。」

ひかるさん「この俳句は月や太陽の方角については書いているけれど，月の形については書いていないね。」

ゆうきさん「そうだね。月が見えた時間とそのときの方角がわかれば，形を知ることはできるよ。」

ひかるさん「そうなんだ。じゃあ与謝蕪村がこの俳句をよんだときの月の形ほどんな形だったのかな。」

(3) “菜の花や月は東に日は西に”という俳句によまれた月の形を解答用紙の図の点線を利用してかきましょう。また，そのように考えた理由を40字以内で書きましょう。

ものです。

問三　――線部③とありますが、これはどのような感覚ですか。次の文の空らんに、「感覚」という言葉を使って、一〇字以上二〇字以内で書きましょう。

のことです。

問四　あなたが伊奈学園中学校で学習するときに、どのような姿勢で取り組んでいきたいですか。次の（注意）にしたがって書きましょう。

（注意）

○題名、氏名は書かずに、一行目から本文を書きましょう。

○作文は、二段落で書きましょう。

○文章中の内容に関連させて、どのような姿勢で学習に取り組むかを書き、その理由も書きましょう。

○自分が体験したり、聞いたりしたことを書きましょう。

○作文は、八行以上一〇行以内で書きましょう。

のずと見えてくる。親方の＊鉋から出る削り屑を見て、びっくりする。「どうやったらこんな具合に削れるんだろうか」と考える。夜、皆の仕事が終わり、後片付けもすませてから、一人で鉋を手に取って不要な木材を削ってみる。見よう見まねだ。①そうするうちに仕事がだんだんとおもしろくなってきたという。＊奉公に入ってから一年くらいでそうなった。大した進歩、大した教育じゃないか。

ここで君たちに考えてもらいたいのは、②なぜ、親方は高橋さんに何も教えなかったのか？　ということである。もちろん、意地悪をしているのでも、技術を隠しているわけでもない。口で教えることで死んでしまう技が大工の技だからだ。言葉で教えられたものは、すぐに忘れてしまう。それはただの知識だから。自分の体を使って発見したものは忘れない。そういうものは知識じゃなく、身についた自分の技になっている。

人間の体は、手も足も一人ひとり違う。大工が木を削るにしても、そのときの感覚、高橋さんの言葉では「勘」は、人によって異なる。木と体と鉋、この三つの間にできる関係は、一〇〇人いたら一〇〇とおりある。これを口先で教える方法は絶対にない。これは職人ならだれでも知っていることだろう。だから各々が独自に身につける必要がある。自分なりにあれこれと取り組んでみて、わかる以外にはない。それから大工というものは、自分の扱う木がどう育ってきて、これからどういうふうに変化するか、どう反って、どう縮むか、木を持っただけでじかに感じられるようになる。でないと、生きたいくつもの木をどう組み合わせたらいいかはわからない。

ところが、電気鉋しか使わない現代の大工さんは、もうそうした感覚を失っている。感覚なしでも、機械が全部やってくれるから。それから＊無垢の木を扱うことがほとんどなくなった。工業製品の合板は、死んでいて、変化しない。部品として組み立てるだけでいい。これじゃ、③木を読むなんて技が育つわけがない。鉋をかける技もなく、木を読むことのできない大工は、高橋さんのような職人からするともう大工とは言えない。

もちろん、これは大工の世界に限らない。近代以降、人間が自然を相手に身につけてきた大切な技はどんどん失われてきた。私たちは、機械の便利さに慣れきって、身ひとつの「勘」でしか磨かれない技を持てなくなってきている。独学する心は、ここでも失われてしまった。

（『独学する心』前田英樹　著より　一部省略がある。）

＊権化…抽象的なものが形になって現れたと思われるようなもの。化身。
＊集団就職…地方の中学・高校の卒業生が、都市の企業に集団で就職すること。
＊鉋…大工道具の一種で、材木の表面を削る目的で使われるもの。
＊奉公…ここでは、特定の家に住み込んで働くことを指す。
＊無垢の木…ここでは、丸太から切り出したままの天然の木材。

問一　――線部①とありますが、高橋さんは何をすることで、仕事がおもしろく感じるようになりましたか。次の文の空らんに、四〇字以上五〇字以内で書きましょう。

高橋さんは働きに出て、何をしたらいいのかわからなかったが、

[　　　　　　　　　　]

ことで、仕事がおもしろく感じるようになりました。

問二　――線部②とありますが、親方は大工の技についてどのようなものだと考えていると思われますか。次の文の空らんに、二〇字以上三〇字以内で書きましょう。

上下させて風を送った。たくさんの人が、ドアの方にチョウを送り出そうと、色んなものをけんめいにパタパタやった。

ドアが開いた。

いっぱいの花の黄色が奈々の目にとびこんできた時に、チョウがぱらんと外に出た。

舞う羽が、奈々にはサヨナラとふられた小さい手のように思えたけれど、それも一瞬ですぐにきえて見えなくなった。

電車の中のあちこちで、ほっと小さなため息がもれた。奈々は急にはずかしくなり、うつむいて座席に腰をおろした。女の子もあいていた右どなりにすとんとすわった。

となりで女の子がごそごそとバッグにおしこむファイルが、奈々の目にとまった。赤いバツ印でにぎやかな、テスト用紙がはさまれていた。悪いような気がして、あわてて顔をあげたら、女の子と視線が合ってしまった。その子はちょろりと舌を見せて笑い、奈々もつられて笑った。

せまい座席でふたりのスカートはくっつきあう。④奈々の冷えきっていたもの右がわが、じんわりとぬくもっていった。

（『チョウチョの電車』安東みきえ　著より　一部省略がある。）

問一　——線部①とありますが、奈々はなぜそのような行動をとったのですか。「からです。」という言葉で終わるように、三五字以上四五字以内で書きましょう。

問二　——線部②とありますが、これはどのようなことを表していますか。「ということです。」という言葉で終わるように、四〇字以上五〇字以内で書きましょう。

問三　——線部③とありますが、奈々はなぜそのように考えたのですか。「からです。」という言葉で終わるように、一五字以上二五字以内で書きましょう。

問四　——線部④とありますが、このときの奈々はどのような予感がしましたか。「予感がしました。」という言葉で終わるように、二〇字以上三〇字以内で書きましょう。

四　次の文章を読み、あとの問一～問四に答えましょう。

独学する心は、学問や読書にだけあるのではもちろんない。およそ人が生きるために学ぶ行為の中では、いつも必要とされているものではないだろうか。例えば、私が去年知り合った大工さんは独学の＊権化のような人だ。自分の家を改築したときに、この人に来てもらった。歳は当時六五歳だった。名前は高橋茂さん、大工としての腕もとびきりだが、生きる姿もすばらしい。

高橋さんが子どもだった頃は＊集団就職の全盛期。この人は中学卒業後に埼玉へ出て、大工の親方に弟子入りをした。そこで一番つらかったのは、「自分が何をすればいいか、だれも言ってくれなかったこと」だったそうだ。作業現場に行っても、指示がこない。親方の仕事を後ろから見ていると「仕事の邪魔だ」とか「ぼーっとしているな」などと怒鳴られる。働きに出て、何をしたらいいかわからないほどつらいことはない。中学を出て親元から離れたばかりの子どもだから、さぞつらかっただろう。

でも、現場にしばらく通っていくうちに、自分が何をすればいいのかが段々とわかってきた。そうすると、親方と自分の差というものが、おホームに電車が入り、奈々はのりこんでドアの横に立った。するとチョウの中の一ぴきが、奈々のあとをおうように、電車の中にまよいこんできた。

二ひきはまだホームの上をとんでいるのに。

乗ったらだめだよ。ともだちと離れ離れになっちゃうよ。奈々は声を出さずによびかけた。

しかしチョウはしらぬふりで奥にむかう。ドアがしまり、電車は動きだした。

日曜の夕方、上り電車は人もまばらだ。チョウはガラス窓のそばを自由にとびまわる。

チョウのうしろに山が見え、町が見えた。

奈々はぼんやりと今日のことを思い出した。理子とユキは、あいかわらず元気だったな。新任の先生の話の時は、ふたりともなみだが出るほど笑っていたっけ。でも、しらない話だったから、あたしはニコニコときいているしかなかったけれど。

電車で三十分の距離だとパパはいった。だからともだちにもあいにいけると。でも奈々には、②来るたびに少しずつ距離がのびていく気がした。

上り電車からの景色はビルがふえ、建物の窓にうつる夕陽が、ぎらぎらと目をさす。

奈々は窓から目をそらした。するとチョウがドアのそばにいるのに気づいた。

もうすぐつぎの駅だ。

にがそう。まだもどれるかもしれないから。

ドアが開いた。今だ、早く出て。

チョウをおいたてた。ところが何人かの人がかたまって乗ってきて、チョウは奥におしもどされてしまった。またドアがしまり、電車は発車した。

天井をふらふらとチョウはとぶ。かべもつり革も網棚も、つるつるしてとまれそうもない。

ずっととびつづけていられるのかな。力つきたら落ちるのかな。落ちたらふまれてしまうのかな。

そうぞうすると、胸がいたくなった。

「あ、チョウチョ」

だれかが気づいて指さした。人々の頭の上をチョウはとび、みんなが見まもった。

その時、連結ドアをいきおいよくガシャンとあけて、となりの車両からスカートをゆらした女の子がうつってきた。

奈々は、あれ、と思った。クラスはちがうけれど、転校先の同学年の子だ。塾のバッグを手にしている。その子も足をふんばって、口をあけて天井のチョウを見あげた。

もうつぎの駅につく。公園の横にある駅舎で、線路の外は黄色い菜の花でいっぱいだった。

③ここだ、ここならチョウも生きていける。新しいともだちだってきっとできる。奈々は手をのばしてチョウをおいたてた。すると女の子が用紙をはさんだファイルを、チョウにむけてブンブンふりまわしはじめた。風を送ってにがそうとしているのだ。

それを見て、ほかの乗客たちもみんな、新聞紙や本やカバンを大きく

二 次のひかるさんと留学生のボブさんの会話を読んで、あとの問一～問三に答えましょう。

ボ　ブ：ひかるは朝早く起きることは得意ですか。
ひかる：はい、得意です。ボブ、あなたはどうですか。
ボ　ブ：わたしはとても苦手です。ひかるは、朝早く起きて何をしていますか。
ひかる：朝の時間は趣味に使っています。英語では"hobby"ですね。走ったり絵を描いたりしています。
ボ　ブ：That's nice. すばらしい過ごし方ですね。「趣味」とローマ字で書いてください。
ひかる：［①］と書きます。
ボ　ブ：英語では"The early bird catches the worm."ということわざがあります。
ひかる：それを日本語に訳すと「早起きの鳥は虫を捕まえる。」となりますね。早く起きることは良いことだということわざですね。日本語では同じような意味で、［②］ということわざがあります。
ボ　ブ：日本語のことわざを覚えるのは本当に楽しいです。
ひかる：ボブはいつも日本語の勉強に熱心ですね。まさに「好きこそものの上手なれ」ですね。
ボ　ブ：それも日本語のことわざですね。そのことわざの意味を教えてください。
ひかる：それは、［③］という意味です。
ボ　ブ：なるほど。もっと日本語の勉強をがんばります。
ひかる：わたしも英語の勉強をがんばります。

問一　［①］に、「しゅみ」とローマ字で書きましょう。ただし、最初の文字は**大文字**で書き、残りの文字は**小文字**で書きましょう。解答用紙にある四本線を使って書きましょう。

問二　［②］にあてはまることわざを、日本語で書きましょう。

問三　［③］に「好きこそものの上手なれ」の意味を「という意味です。」につながるように二〇字以上三五字以内で書きましょう。

三 次の文章を読み、あとの問一～問四に答えましょう。

駅のかいさつで、奈々は理子とユキに見おくられた。ふたりとも「またきてね」と手をふる。

離れてふりかえっても、まだ小さい手がひらひらとゆれている。それを見たら泣きそうになって、①奈々はわざと足をどしどしふみならし、駅のかいだんをかけのぼった。

連絡橋から山が見えた。山がちかいこの町がすきだった。でも二か月前、もうすぐ四年生という冬にここを離れた。奈々はさびしかった。うつった街に山はないし、転校先には理子もユキもいないのだから。

寒い春で、ホームに立つと足もとから冷えてくる。この日のために買った春物のスカートは生地がうすくて、ももがスースーした。

――あ、チョウチョ。

目の前にチョウがいた。白いチョウが三びき、渦をまくようにとんでいた。まるでとうめいな糸でつながっているみたいになかよく、くるくると。

問三　ひかるさんは、日本で開催されたラグビーワールドカップについて調べたところ、多くの会場の周辺で、「パークアンドライド」という方式がとられていたことを知りました。「パークアンドライド」とは、**資料9**のように「出発地からは自動車を利用し、途中で電車やバスなどに乗り換えて目的地まで移動する方式」のことです。パークアンドライドを実施することで、会場周辺の交通渋滞をやわらげる他に、どのような良い点がありますか。**資料10**を見て、「環境」という言葉を使って六〇字以上八〇字以内で書きましょう。

資料9　パークアンドライドのしくみの例

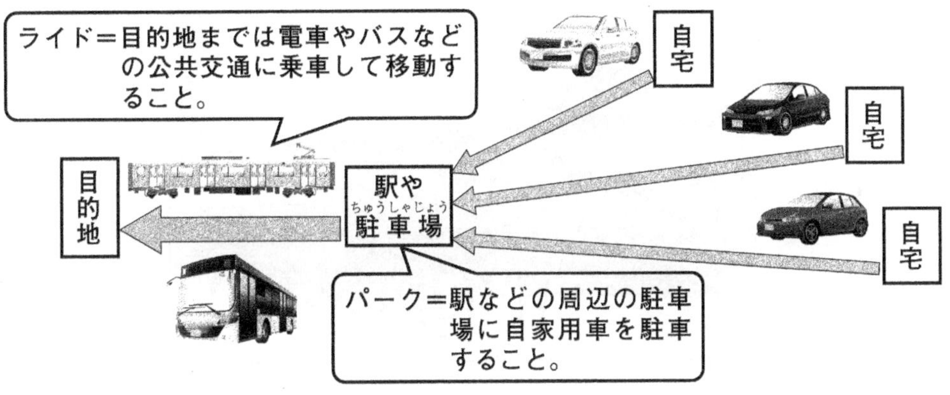

資料10　人ひとりを1km運ぶことで排出される二酸化炭素の量

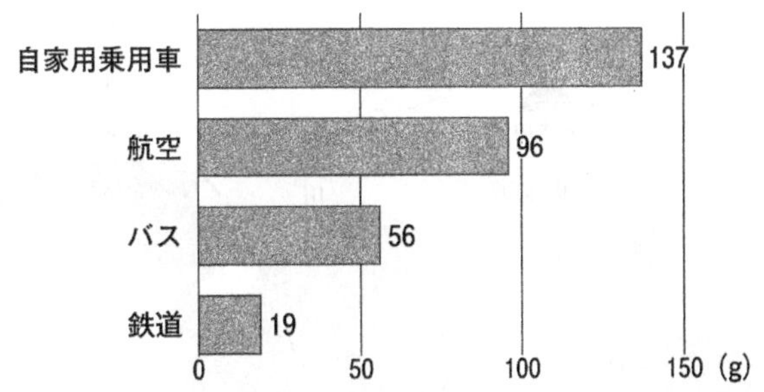

国土交通省ＨＰより作成

資料６　江戸時代の中ごろから使われるようになった農具

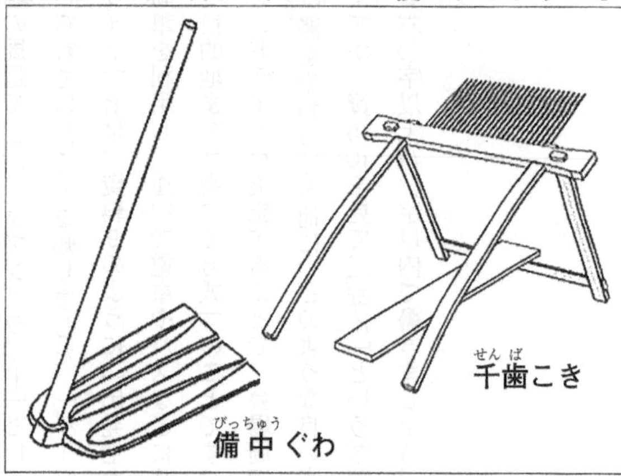

備中ぐわは、田を耕すのに使います。それまでのくわより深く掘り返すことができます。

千歯こきは、稲穂から米を落とす（脱穀）ための道具です。それまでより効率がよくなりました。

資料７　馬入川を描いた浮世絵

資料８　東海道の地図（一部）

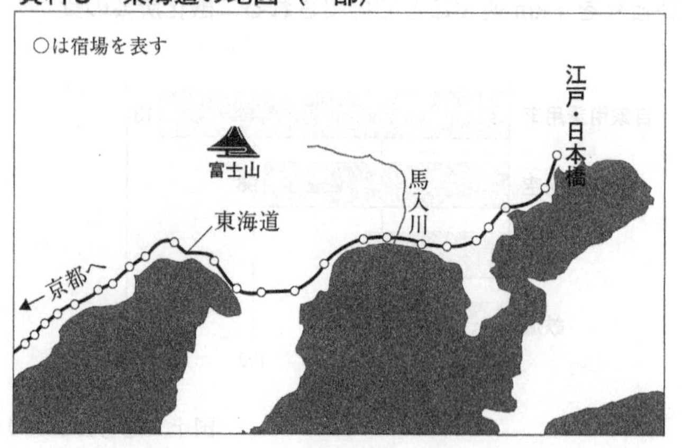

問二　ひかるさんがまとめた「江戸時代の人々の生活」を読んで、①～④の問題に答えましょう。

①　**ひかるさんのまとめ**の（　ア　）にあてはまるしくみを漢字三字で書きましょう。

②　**資料**４のように江戸時代の米の生産高が増加した理由を、**資料５・資料６**を見て、**ひかるさんのまとめ**の（　イ　）にあてはまるように三〇字以上四〇字以内で書きましょう。

③　**ひかるさんのまとめ**の（　ウ　）にあてはまる人物名を書きましょう。

④　**資料７**は「東海道五十三次」に描かれた風景の一つであり、**資料８**は東海道（一部）をあらわしたものです。**資料７**の浮世絵は、**資料８**の東海道の途中で富士山と馬入川が描かれたものです。**資料７**の浮世絵は、馬入川の東側・西側どちら側から描かれたものですか、あなたがそのように考えた理由とともに三五字以上四五字以内で書きましょう。

ひかるさんのまとめ

【江戸時代の人々の生活】

江戸時代の人口の８０％以上は、百姓でしめられていました。百姓たちは、米をはじめとする農産物をつくり、収穫の半分にもなる重い年貢を幕府や藩に納めていました。幕府や藩は（　ア　）というしくみをつくり、百姓に連帯責任を負わせることで、確実に年貢を納めさせようとしました。

資料４を見ると、江戸時代の米の生産高が増加していることが分かります。これは、（　　　イ　　　）からだと考えられます。

生産高が増え、人々の生活が安定すると、百姓や町人の中にも学問や文化を楽しむ余裕が生まれました。江戸時代の中ごろから歌舞伎や浮世絵が百姓や町人の間では人気になりました。「東海道五十三次」を描いた（　ウ　）は、江戸時代の有名な浮世絵師です。

資料４　米の生産高の変化

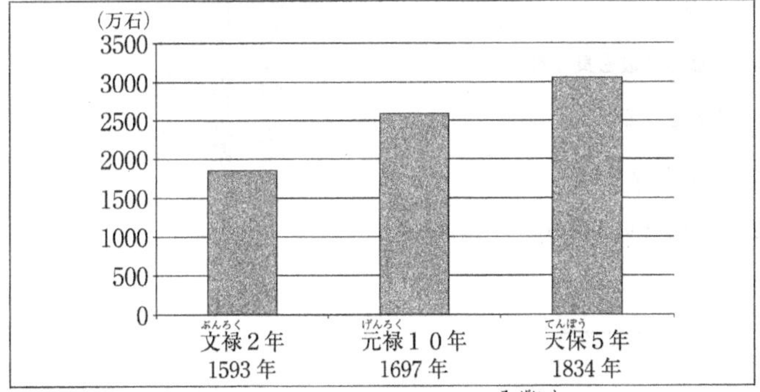

「大日本租税志」などより作成

資料５　田畑面積の変化

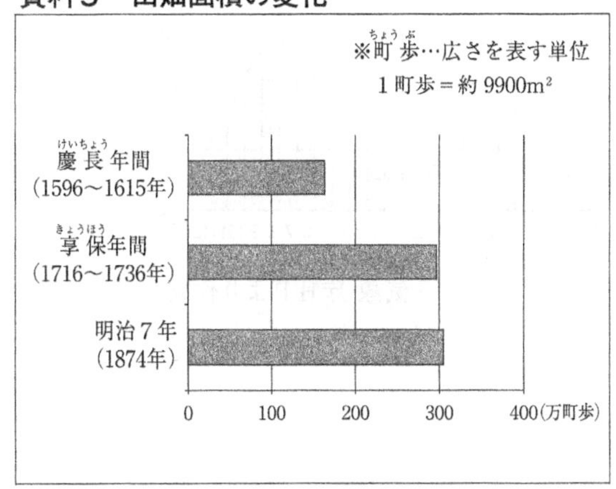

「日本資料集成」より作成

【作文Ⅰ】（五〇分）〈満点：五〇点〉

一　次の問一～問三に答えましょう。

問一　長野県はレタスの生産がさかんです。**資料1**からわかるように、6月から9月に東京の市場に入荷するレタスの半分以上が長野県産である理由を**資料2**と**資料3**を見て、二〇字以上四〇字以内で書きましょう。

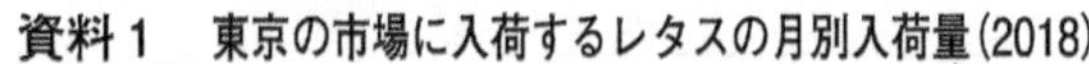
資料1　東京の市場に入荷するレタスの月別入荷量(2018)

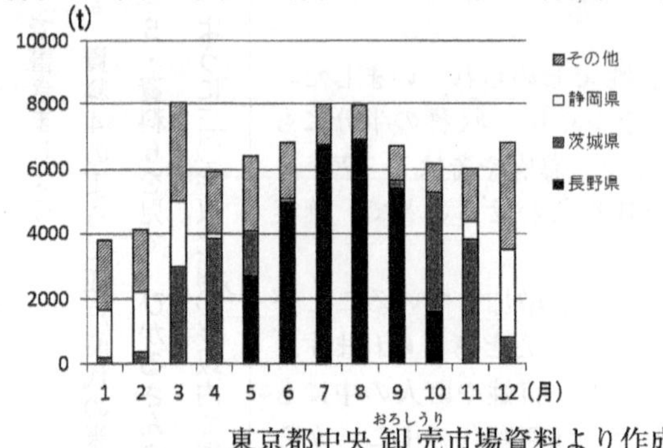

東京都中央卸売市場資料より作成

資料2　ある生徒がレタスについて調べたメモ

- 気温に敏感な野菜。
- 気温約１５～２０℃で最も良く育つ。
- 年間を通じて販売されている。
- 冬季にはビニールハウス栽培などもあり、温暖な地域からの入荷もある。

資料3　静岡県、茨城県、長野県の主なレタス産地の気温と降水量のグラフ

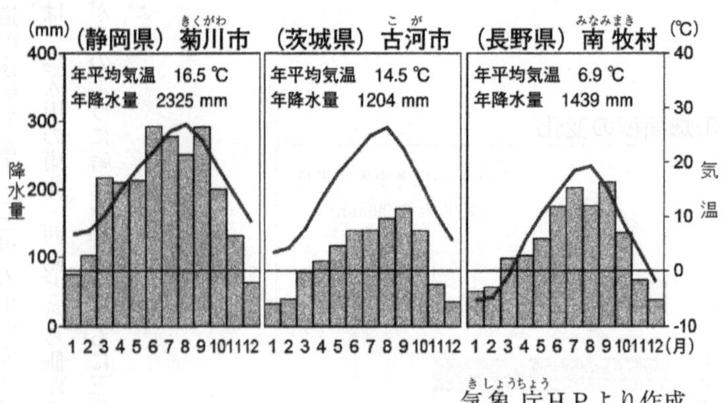

気象庁HPより作成

2020 年 度

解 答 と 解 説

《2020年度の配点は解答欄に掲載してあります。》

＜作文Ⅰ解答例＞

一 問一 ① 長野県は六月から九月の気温がレタスさいばいに適しており，生産量が多いからです。

問二 ① 五人組

② 新しい農具によって，耕作やだっこくの効率がよくなり，田畑の面積も増えた(からです。)

③ 歌川(安藤)広重

④ 川の向こう岸に富士山が見えるので，この浮世絵は馬入川の東側から描かれたものです。

問三 人ひとりを1キロメートル運ぶことではい出される二酸化炭素の量が多い自家用常用車での移動きょりが短くなるため，二酸化炭素はい出量が減り，かん境保全につながります。

二 ① Syumi／Shumi

② 早起きは三文の徳(得)

③ 好きなことには夢中になって取り組むため，どんどん上達する(という意味です。)

三 問一 ふたりがずっと別れのあいさつをしているのが悲しくて，その気持ちをふりはらおうとした(からです。)

問二 ふたりはいつもいっしょにいるけれど自分はそこにいないので，自分だけ心のきょりがのびてきている(ということです。)

問三 菜の花もあるし，ほかにもチョウがいそうだ(からです。)

問四 自分のとなりの席に座った女の子と，新しく友達になれそうな(予感がしました。)

四 問一 (高橋さんは働きに出て，何をしたらいいのかわからなかったが,)現場にしばらく通うことで何をすればいいかがわかり，親方の仕事を見よう見まねで練習し，技術を身につけた(ことで，仕事がおもしろく感じるようになりました。)

問二 人に教えてもらうのではなく，自分の体を使うことで発見する(ものです。)

問三 生きた木がどう変化するかをとらえる感覚(のことです。)

問四 私が伊奈学園中学校で学習するときは，積極的に自ら学ぶ姿勢で取り組んでいきたいと思います。

理由は，自ら学ぶことでしか，本当の意味で知識は身につけられないと思うからです。高橋さんが親方の仕事を見て，自ら練習することで技術を身につけたように，私も上級生のえんそうから学んで，ギターをひけるようになりました。意欲をもって学び，得た知識を使えるようにしたいです。

○配点○

一　問一・問二④　各3点×2　問二　①②③各2点×3　問三　4点　二　各2点×3

三　問一・問四　各3点×2　問二　4点　問三　2点

四　問一　4点　問二・問三　各2点×2　問四　8点　計50点

＜作文Ⅰ解説＞

重要 **一**　**（社会：農業，江戸時代の暮らし，交通）**

問一　**資料２**のメモには，レタスが気温に敏感な野菜であり，約15～20℃で最も良く育つことが書かれている。**資料３**のグラフからは，長野県の６月から９月の気温が約15～20℃であることが読み取れる。２つの資料より，６月から９月の長野県は，レタスさいばいに適していることがわかる。

問二　①　江戸時代の村にて，近くの五けんの家を一組として編成し，その中でたがいに見張らせて連帯責任を負わせるしくみを五人組という。

②　**資料５**のグラフからは慶長年間から明治７年までで田畑面積が増えていることが読み取れる。**資料６**からは，江戸時代の中ごろから使われるようになった農具によって効率よく農業ができるようになったことがわかる。

③　「東海道五十三次」は歌川（安藤）広重の代表的な作品の一つ。

④　**資料７**の絵では，富士山が馬入川のおくに見える。**資料８**の地図より，富士山が馬入川よりもおくに見えるのは，馬入川の東側である。

問三　**資料10**のグラフから，自家用車はバスや鉄道に比べて，人ひとりを１km運ぶことではい出される二酸化炭素の量が多いことがわかる。パークアンドライドを実施すると，自家用車の移動きょりが短くなり，代わりにバスや鉄道を利用するため，二酸化炭素のはい出量は減る。二酸化炭素は地球温暖化の原因のひとつであるため，はい出量を減らすことは環境保全につながる。

二　**（国語：ことわざ，ローマ字）**

問一　ローマ字は子音と母音を組み合わせてつづる。最初の文字を大文字にするのを忘れないように注意すること。「しゅ」は「syu」と「shu」のどちらでもよい。

問二　早起きをすることは，健康にもよく，勉強や運動もできるため，三文ほどのいいことがあるということわざ。三文は昔のお金。

問三　「好きこそものの上手なれ」は好きなものであれば，夢中になり，一生けん命に練習するため，上達するという意味のことわざ。

三　**（国語：文章読解）**

問一　一線部①の直前に，理子とユキのふたりがずっと手を振っている様子を見て，奈々が泣きそうになっていることが書かれている。ここから，奈々が悲しく感じていることがわかる。そこで「わざと足をどしどしとふみならし」たことから，その気持ちをふりはらおうとしていることが読み取れる。

問二　電車で三十分という実際のきょりは変わっていないため，奈々がのびていると感じているのは心のきょりである。―線部②の前に，ふたりが奈々の知らない新任の先生の話をしていたとき,「あたしはニコニコときいているしかなかった」と書かれていることから，奈々がふたりの話に入れず，自分とちがってふたりがいつもいっしょであることに対して，きょりを感じていることが読み取れる。

問三　―線部③にある「ここ」とは直前の文より，黄色い菜の花がたくさんある場所のこと。―線部③直後の「新しいともだちだってきっとできる。」から，その場所にチョウの新しいともだち，つまりほかのチョウがいそうだと奈々が考えていることがわかる。

問四　―線部④の「冷えきっていたもも」は，奈々が仲の良かった友達と心のきょりを感じるようになり，さみしく思っていたことの比ゆである。そのももの右側がぬくもっていったのは，となりの女の子とくっつきあったからであり，その女の子によって奈々のさみしさが解消される，つまり女の子が新しい友達になると予感していることを指している。

四　**(国語：文章読解，作文)**

問一　まず，―線部①の前に「現場にしばらく通っていくうちに，自分が何をすればいいのかが段々とわかってきた」ことが書かれている。また，―線部①の「そうするうちに」は何をすればいいのかわかってきた高橋さんが親方の見よう見まねで木材を削ってみたことを指している。つまり，高橋さんは見よう見まねをすることで技術を身につけ，仕事がおもしろく感じるようになった。

問二　―線部②の後に「口で教えることで死んでしまう技が大工の技だからだ。」とあることと,「自分の体を使って発見したものは忘れない。そういうものは知識じゃなく，身についた自分の技になっている。」とあることから，技術は人に言葉で教えてもらうものではなく体で覚えるものであると，筆者が考えていることがわかる。

問三　―線部③の前の段落では，大工は自分の扱う生きた木がどう育ってきて，どのように変化するかが感じられるようになると書かれている。この感覚が―線部③の指す感覚である。

問四　まず始めに伊奈学園中学校でどのような姿勢で学習に取り組むかを書き，その後に理由を書くとよい。(注意)に気をつけて正しく書くこと。

★ワンポイントアドバイス★

文章を書いて答える問題が多くあるので，字数以内に文章をまとめる練習をたくさんして問題に慣れる必要がある。要点をしっかりとらえて解答することを意識しよう。

＜作文Ⅱ解答例＞

[問1]

(1)　およそ秒速2.39m

(2)　秒速0.625m

【求め方】　それぞれの泳ぎ方でかかる時間を求めると，バタフライは50÷1.25＝40，背泳ぎは50÷1＝50，自由形は50÷1.25＝40となります。記録が210秒なので210－130＝80より，平泳ぎの速さは50÷80＝0.625，平泳ぎの速さは秒速0.625mとなります。

(3)　1分30秒後

【求め方】 ゆうきさんの平泳ぎで泳ぐ速さは50÷100＝0.5で秒速0.5mとなります。ひかるさんが82秒で折り返すので，ゆうきさんが82秒で進む距離を求めると0.5×82＝41で41mとわかります。2人の距離は9mとなり、ひかるさんが自由形で泳ぐ速さは50÷80＝0.625で秒速0.625m，ゆうきさんが平泳ぎで進む速さは秒速0.5mだから，2人がすれ違う時間は9÷(0.625＋0.5)＝8で8秒とわかり，スタートしてから1分30秒後にすれ違うとわかります。

[問2]

(1)　およそ13000km

(2)　この地球儀の縮尺は，200万分の1です。このことから，地球儀につける富士山の高さは，2mmです。これを地球儀の直径6m50cmと比べると，大きなもりあがりとは言えないからです。

[問3]

(1)　ふりこが10往復する時間をストップウォッチで複数回はかり，平均の時間を求めることで，1往復にかかった時間を正確に求めることができます。

(2)　0.90秒

【求め方】 おもりの重さやふれはばを変えても，1往復する時間は変わらず，ふりこの長さが変化したときに1往復する時間が変わるため，0.90のまま変化しません。

(3)　複数のおもりをつり下げる場合は，上下につり下げるのではなく，すべて同じ位置につり下げる必要があります。

[問4]

(1)　72通り

(2)　6通り

【理由】 1，2，5，6，7，8のどの数字も合っていないので，3，4，9の3個の数字から作られる2けたの数字，34，39，43，49，93，94のいずれかがひかるさんの作った数字であると考えました。

(3)　19

【理由】 1回目の予想で○1△0だったので，一の位の5が数字も位も合っていると考えて2回目の予想を25としました。しかし，○0△0だったので，数字も位も合っていたのは十の位の1となります。また，3回目の予想で○0△1だったので，9，8のどちらかが数字は合っているが位は合っていないこととなりますが，十の位は1なので，十の位の9が数字は合っていて一の位となることがわかり，ゆうきさんの作った数字が19であることがわかります。

[問5]

(1)　月は太陽の光が当たっている部分だけが見えます。月は地球のまわりをまわっているため，月がまわると太陽の光が当たっている部分の見える範囲が変わるので，月の形が変わって見えます。

(2)　月の形が丸に見えるときほど月が夜に見える時間は長く，月の形が欠けているときほど月が夜に見える時間は短くなります。

(3)

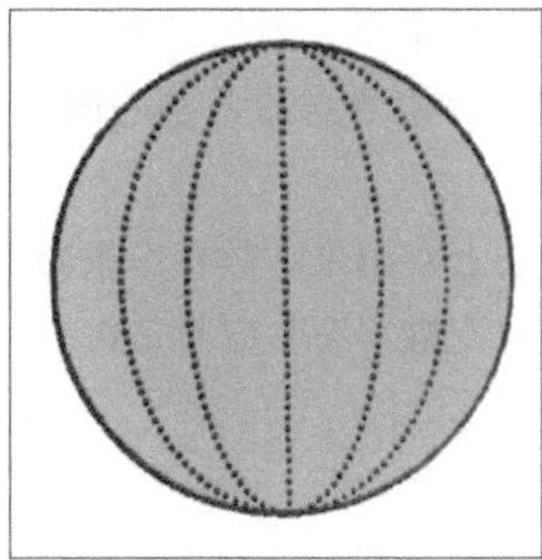

【理由】【理由】 地球から見たときの月と太陽の位置関係がちょうど反対になっているからです。

○配点○

[問1] (1)・(2)答え・(3)答え　各2点×3　　(2)求め方　3点　　(3)求め方　4点
[問2] (1)　2点　　(2)　4点　　[問3] (1)・(2)求め方・(3)　各3点×3　　(2)答え　2点
[問4] (1)・(2)理由　各2点×2　　(2)答え・(3)答え　各1点×2　　(3)理由　3点
[問5] (1)・(2)・(3)理由　各3点×3　　(3)答え　2点　　計100点

＜作文Ⅱ解説＞

[問1]（算数：速さ）

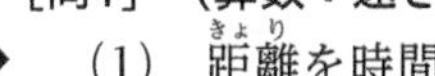

(1) 距離を時間でわると，速さが求められる。50÷20.9＝2.392…であり，100分の1の位までのがい数で求めるため，1000分の1の位を四捨五入して，およそ秒速2.39mとなる。

(2) それぞれの泳ぎ方で50m泳ぐのに，どのくらいの時間がかかるかを求め，メドレーすべてにかかった時間からひくことで，平泳ぎで泳いだ時間を求める。

(3) 2人がすれ違うのは1人が先にターンしたあとであり，最初は平泳ぎなので，先にターンするのはひかるさんである。向かい合った2人がすれ違う時間は，2人の間の距離を2人の速さの合計でわることで求められる。

[問2]（算数：縮尺）

(1) 図より，この世界地図での1cmあたりの実際の長さは，2000kmであることがわかる。世界地図上での赤道の長さは20.5cmであるため，実際の長さは20.5×2000＝41000で41000kmとなる。よって，地球の直径は，41000÷3.14＝13057.3…より，およそ13000km。

(2) (1)より地球の直径はおよそ13000kmである。地球儀の直径は6m50cmであることから，縮尺は650÷1300000000より200万分の1となる。よって，地球儀における富士山の高さは，4000÷2000000＝0.002(m)＝2(㎜)になる。

[問3]（理科：ふりこ）

(1) 実験では，誤差があるため，平均を求めることで結果の正確さをあげる。

(2) ふりこでは，ふりこの長さのみが，1往復する時間に関わっている。

(3) おもりを縦に並べると，ふりこの長さが変わってきてしまう。変える条件が1つでなければ，実験は成り立たない。

[問4]　(算数：場合の数・規則性)

(1)　十の位が1のときに作ることができる数字は，残った8個の数字が一の位であるため，12，13，14，15，16，17，18，19の8通りである。他の数字が十の位であるときも同様であり，数字は9個あるため，8×9＝72より72通り。

(2)　やりとりから使われている数字をしぼる。そこから，作ることが出来る数字を求める。

(3)　やりとりの１つ１つの条件のちがいを考えることで，作られた数字をしぼりこむ。

[問5]　(理科：天体の運動)

(1)　月は太陽とちがい，自ら光っているわけではなく，太陽の光を反射(はんしゃ)しているために光って見える。

(2)　月と太陽の位置関係によって月の形は変化する。太陽とはなれるほど，月が光を反射する面積は広がり，満ちていく。また，太陽ののぼらない時間が夜であるため，月は太陽とはなれるほど，長く夜に見える。

(3)　月は東にあり，日は西にある状態は，月と太陽が180度はなれている状態である。このとき，月は最も満ちた形になる。

★ワンポイントアドバイス★

比かく的容易な計算が多いものの，考えたことを筋道(すじみち)を立ててきちんと表現する力が求められている。接続詞(せつぞくし)の使い方や単位の表記などにも気をつけて解答を作成する。

2019年度

★★★★★★★★★★★★★★★★★★★★★★★★

入　試　問　題

2019年度

県立伊奈学園中学校入試問題

【作文Ⅰ】（11ページから始まります。）

【作文Ⅱ】（50分）　＜満点：50点＞

【解答記入上の注意】

○　解答らんに線が引いていないものは，解答らんにおさまるように書きましょう。

○　記号，ひらがな，カタカナ，漢字，数字は１字として書きましょう。

○　分数は１字として書きましょう。

○　「cm」「m^2」は２字，「cm^2」は３字として書きましょう。

○　「，」や「。」「．（小数点）」も１字として書きましょう。
ただし，「，」や「。」がその行の最後にきたときは，最後のます目に入れましょう。
また，段落（だんらく）分けや改行はせず，続けて書きましょう。

〈記入例〉

㋐の面積は，$9\times\frac{10}{3}\div 4=7.5$（$cm^2$）なので，全体の面積は，11.5$cm^2$です。

㋐	の	面	積	は	、	9	×	$\frac{10}{3}$	÷	4	=	7	.	5	(	c	m	2	)
な	の	で	、	全	体	の	面	積	は	、	1	1	.	5	c	m	2	で	す。

ゆうきさんとひかるさんは，同じ小学校に通う友だちです。
次の［問１］～［問５］に答えましょう。

［問１］　ゆうきさんとひかるさんが体育館の利用状況（じょうきょう）について話しています。

ゆうきさん　「昨日は雨だったから体育館に人がいっぱいいたね。」

ひかるさん　「人数を調べたら570人だったよ。」

ゆうきさん　「人口密度（みつど）を調べたら１m^2あたり0.6人だったよ。」

(1)　体育館１m^2あたり0.6人の人口密度で570人いるとき，体育館の面積を求めましょう。また，求める過程を80字以内で書きましょう。

ゆうきさん　「体育館の昼休みの利用者の数を１週間調べてみたよ。」

ひかるさん　「５日間の利用者の平均は274人だね。」

ゆうきさん　「月曜日と火曜日と水曜日の３日間の利用者の平均を求めると210人だよ。」

ひかるさん　「水曜日と木曜日と金曜日の３日間の利用者の平均を求めると320人だね。」

(2)　ゆうきさんとひかるさんの会話から，水曜日の体育館利用者の人数を求めましょう。また，求める過程を書きましょう。（字数の制限はありません。）

ゆうきさん　「体育館をそうじするのは広いから大変そうだね。」

ひかるさん　「モップがけを12人で15分かけてやっているよ。」

ゆうきさん　「今日は４人休みだから，８人でやらないといけないね。」

ひかるさん　「９分後に他のところから４人お手伝いに来てくれるみたいだよ。」

ゆうきさん　「それはよかったね。」

⑶　12人で15分かかるモップがけを８人で始め，９分後から４人加わって行います。全員が同じペースでモップがけを行うとすると，モップがけがすべて終わるまで何分かかるかを求めましょう。また，求める過程を書きましょう。(字数の制限はありません。)

［問２］　ゆうきさんとひかるさんは実験室でいろいろな水よう液の性質について調べています。

ゆうきさん　「石灰水，うすい塩酸，食塩水，うすい水酸化ナトリウム水よう液を用意したんだけど，ビーカーにラベルをはり忘れてしまって，どれがどれだかわからなくなってしまったんだ。どうやったら水よう液の種類を区別することができるかな。」

ひかるさん　「リトマス紙を使えば水よう液の性質を調べることができるよね。」

ゆうきさん　「そうだね。でも，石灰水とうすい水酸化ナトリウム水よう液はどちらもアルカリ性の性質を示す水よう液だから，リトマス紙以外の方法で区別しなくてはいけないね。」

⑴　うすい塩酸と食塩水で酸性の性質を示すのはどちらの水よう液ですか。また，その水よう液はリトマス紙の色をどのように変化させるのか，40字以内で書きましょう。

⑵　石灰水とうすい水酸化ナトリウム水よう液を区別するにはどのような方法で調べればよいですか。また，その方法で調べる理由を60字以内で書きましょう。

ゆうきさん　「うすい塩酸は鉄をとかすって聞いたことがあるけれど，鉄のとけ方はいつも同じなのかな。」

ひかるさん　「とかす鉄の形によって，とけ方が変わってくるみたいだよ。例えば，うすい塩酸の中に鉄のくぎとスチールウールを同時に入れると，スチールウールの方が早くとけてしまうみたいだよ。」

⑶　うすい塩酸の入ったビーカーに，鉄のくぎとスチールウールを同時に入れたとき，スチールウールの方が早くとけるのはなぜですか。その理由を40字以内で書きましょう。ただし，鉄のくぎとスチールウールの重さと材質は同じものとします。

鉄のくぎ　　スチールウール

［問３］　ゆうきさんとひかるさんが，お楽しみ会で配る果物を買う計画を立てています。

ゆうきさん　「りんごとみかんとももがあるけれど，１個ずつでは売っていないね。」

ひかるさん　「値段(ねだん)表（次のページ）があるから，いろいろな買い方を考えてみようか。」

果物の種類	りんご	みかん	もも
１ふくろの個数	２個	５個	３個
１ふくろの値段	３００円	４００円	３００円

ゆうきさん 「りんごとみかんとももを組み合わせて買うのはどうかな。」
ひかるさん 「りんごとみかんとももを同じ個数ずつ買って，合計金額を最も安くするためにはどうすればいいかな。」

(1) りんごとみかんとももを同じ個数ずつ買って，合計金額を最も安くするためには，何個ずつ買えばよいか求めましょう。また，そのときの合計金額を求めましょう。

ゆうきさん 「せっかくだから１人に２種類の果物を１個ずつ配れるといいね。」
ひかるさん 「クラスの人数は40人だけれど，合計金額を最も安くするためには，それぞれ何個ずつ買えばいいかな。」
ゆうきさん 「果物が余らないように買えるといいね。」

(2) １人に２種類の果物を１個ずつ余らないようにして40人に配るとき，合計金額を最も安くするためには，それぞれ何個ずつ買えばよいかを求め，さらに，そのときの合計金額を求めましょう。また，求める過程を書きましょう。（字数の制限はありません。）

ゆうきさん 「予算は5000円だから，合計金額が5000円になるようにしたいね。」
ひかるさん 「どの果物も10個以上買えるといいね。」
ゆうきさん 「どのように果物を買えばいいかな。」

(3) どの果物も10個以上買い，合計金額が5000円になるとき，りんごとみかんとももの買い方は何通りあるか求めましょう。また，求める過程を書きましょう。（字数の制限はありません。）

[問４] ゆうきさんとひかるさんはクラスの係でいきもの係になりました。そこで，クラスで飼っているヒメダカを世話することになりました。

ゆうきさん 「ひかるさんはヒメダカのおすとめすの見分け方を知っているかな。」
ひかるさん 「もちろんわかるよ。ヒメダカはめすの特ちょうの方がわかりやすいよ。」
ゆうきさん 「そうなんだ。２ひきをそれぞれ観察してみようよ。」

ア

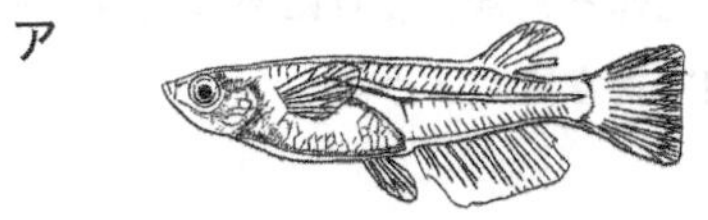

イ

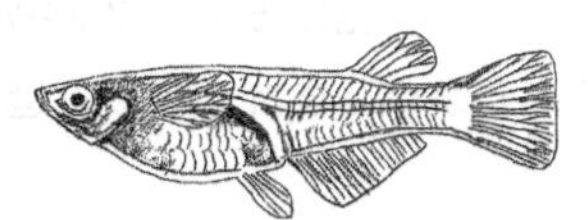

(1) 図の**ア**と**イ**のヒメダカではどちらがめすのヒメダカですか。めすのヒメダカと判断した理由を60字以内で書きましょう。

ひかるさん　「これでおすとめすの見分け方が簡単にできるでしょ。」
ゆうきさん　「そうだね。じゃあ，けんび鏡を使ってもう少しくわしく観察をしてみよう。」
ひかるさん　「けんび鏡で観察すると，おびれにも血液が流れているのがわかるよ。」

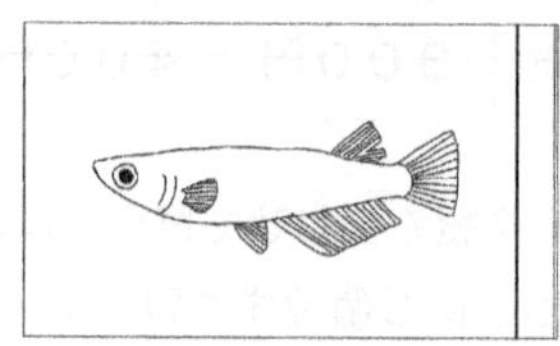

ポリエチレンのふくろに入れたヒメダカ

(2)　生きたヒメダカをポリエチレンのふくろに入れ，けんび鏡で観察すると，おびれにも血液が見られました。血液には，どのようなはたらきがありますか。60字以内で書きましょう。

ひかるさん　「ゆうきさん，いつのまにかヒメダカが水草に卵(たまご)を産んだよ。」
ゆうきさん　「ヒメダカは水中に卵を産むけれど，ヒトは母親の子宮の中で育ってから産まれてくるよね。ヒメダカは親のおなかの中にいなくても，水中で成長できるのかな。」
ひかるさん　「ヒメダカは受精すると，卵の中にある養分を取り入れて，少しずつヒメダカの体ができるんだよ。それから，卵のまくをやぶってヒメダカのこどもがかえるよ。」

(3)　ヒトは，母親の子宮の中で，どのようにして養分などを取り入れながら体ができていきますか。60字以内で書きましょう。

［問５］　ゆうきさんとひかるさんは，ビーズでアクセサリーを作ろうとしています。
ゆうきさん　「この作り方の紙にある花のモチーフを作りたいな。」
ひかるさん　「さっそく丸と八角形の２種類のビーズで花のモチーフを８個作ってみようか。」

図１　花のモチーフの３個の作り方

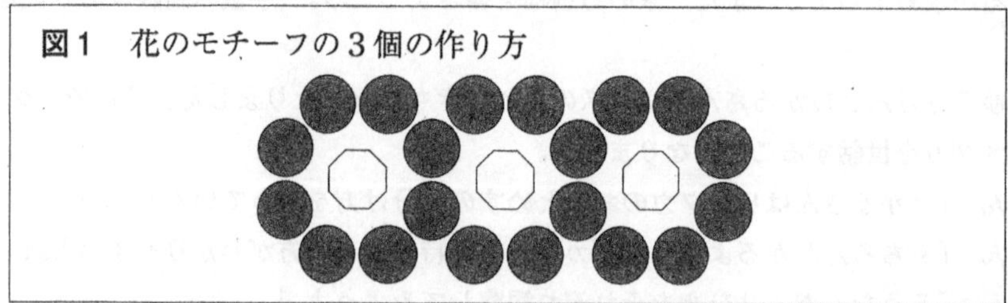

(1)　図１のように，花のモチーフを横につなげて８個作るとき，周りに使う丸いビーズは何つぶ必要か求めましょう。また，求める過程を80字以内で書きましょう。

ゆうきさん　「丸いビーズは何つぶあるのかな？」
ひかるさん　「１ふくろ400つぶ入りのものを買ってきたよ。」

(2)　図１のように，花のモチーフを横につなげて作るとき，周りに使う丸いビーズが400つぶあります。花のモチーフは，最も多くて何個作ることができるのか求めましょう。また，求める過程を書きましょう。(字数の制限はありません。)

ゆうきさん 「他の種類のビーズも使ってみたいな。」

ひかるさん 「じゃあ，モチーフをかえて作ってみようか。」

⑶ 図２のように，八角形のビーズを中心として３種類の丸いビーズを使って花のモチーフを作ります。**点あ**を対称の中心として点対称な図形を，さらに，**線い**を対称の軸として線対称な図形をつくります。どのような模様になるかかきましょう。

図２

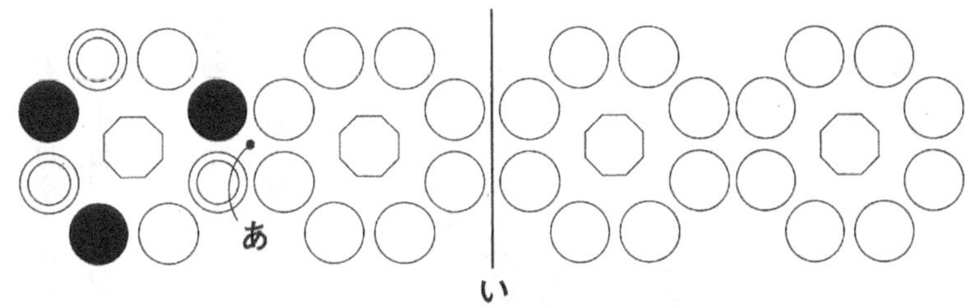

きないと思います。そうしたいとも思いません。

それよりも、②社会の価値観そのものを変えていきたいと思うのです。

そのためには、私たち清掃員がいい仕事をするしかありません。自分の仕事に誇りを持って、納得できるまできちんとやり遂げること。それを続けていれば、気づいてくれる人は必ず現れます。

「ここのトイレはいつもきれいですね。ありがとう。きれいに使わなくちゃね」

羽田空港でトイレ清掃の現場に入っていたときに、利用者の男性から言われた言葉ですが、こういう言葉を聞くと、本当にうれしい。自分が褒められたからうれしいのではなく、清掃の仕事をきちんと認めてくださっているのがうれしいのです。

今、羽田空港（第1・第2旅客ターミナル）には一日約五〇〇人の清掃員が働いていますが、みんながそういう気持ちで仕事をしてくれているからこそ、「世界で最も清潔な空港」に二年連続で選ばれることができたのだと思います。

清掃は面白い仕事です。毎日違うお客様が来て、そこでひとときを過ごす。どうしたら［　③　］、考えて、工夫して、それがお客様に伝わったときは本当にやりがいを感じます。技術を磨いていく喜びもあります。清掃員は「職人」。そういう誇りを持って仕事をしています。

（『世界一清潔な空港の清掃人』　新津春子　著より）

＊ターミナル……空港で、多くの施設が集まっている場所。羽田空港は、第1旅客ターミナル、第2旅客ターミナル、国際線ターミナルの三つのターミナルで構成されている。

＊憤り……いかり。腹立ち。

＊リニューアル……新しくすること。

＊尊敬……人やものなどをすぐれていると認め、うやまうこと。

問一　――線部①とありますが、筆者はなぜ悲しくなってしまうのですか。次の文の空らんに、四〇字以上五〇字以内で書きましょう。

筆者は、［　　　　］からです。

問二　――線部②とありますが、筆者はどのような社会に変えたいと言っていますか。次の文の空らんに、一〇字以上二〇字以内で書きましょう。

［　　　　］社会に変えたいと言っています。

問三　文章中の空らん［③］に入れるのにふさわしい言葉を、一五字以内で書きましょう。

問四　あなたが伊奈学園中学校の三年間でやり遂げたいことは何ですか。次の（注意）にしたがって書きましょう。

（注意）

○　題名、氏名は書かずに、一行目から本文を書きましょう。

○　作文は、段落や組み立てを工夫して書きましょう。

○　作文は、八行以上一〇行以内で書きましょう。

したわけでもないのに、体はぶれもせず、自由に軽く動いた。走ることしか、考えなかった。風を受け、見えない力に背中を押されるようだった。自分の胸から、鼓動の音が聞こえる。

（『サクラ咲く』 辻村深月 著より 一部省略がある。）

問一 ――線部①とありますが、それはどうしてですか。「からです。」という言葉で終わるように、「自分」「仲間」という言葉を使って、四〇字以上五〇字以内で書きましょう。

問二 ――線部②とありますが、ここから「俺」のどのような様子がわかりますか。「様子」という言葉で終わるように、二〇字以上三〇字以内で書きましょう。

問三 ――線部③とありますが、このとき「俺」は「長谷川」にどのような返事をすると思いますか。「俺」になったつもりで、三〇字以上四〇字以内で書きましょう。

問四 ――線部④とありますが、このような瞬間がやってきたのはなぜですか。「からです。」という言葉で終わるように、一〇字以上二〇字以内で書きましょう。

四 次の文章を読み、あとの問一～問四に答えましょう。

羽田空港＊ターミナルの清掃員として働き始めてすぐのことです。

お客様が私の目の前にゴミをぽいっと投げ捨てて行きました。すぐそばにゴミ箱があるにもかかわらず。「お前が拾って当然だ」という態度です。そう考えてすらいなかったかもしれません。

清掃員はまるで召し使いか透明人間。そんなふうに扱う人は少なくありませんが、そのような仕打ちをされても、清掃員は何も言い返すことはできません。＊憤りの感情は飲み込んで、黙ってゴミを拾い、清掃を続けます。

家族で日本へ移ってきて、日本語も満足に話せない高校生の私に見つけることができた仕事は、清掃のアルバイトだけでした。私が学費や生活費を稼ぐことができたのは清掃の仕事があったおかげです。私は自分でこの仕事を選びました。

清掃の技術をひとつひとつ身につけていって、羽田空港で働き始めたのは二四歳のときです。今の第1ターミナルができて少し経ったころです。それから一九九八年に国際線ターミナルができて、二〇〇四年には第2ターミナルができました。最近では、二〇一四年三月に国際線ターミナルが＊リニューアルされましたね。利用者がどんどん増えて、空港はどんどん大きくなっていきました。

今も若い人によく言うのですが、私は、空港に一歩入ったら、自分の家だと思って仕事をします。そして、誰でも自分の家にきたお客様にそうするように、今日のお客様はどうかな、この人は何か困っているのかな、何を聞こうとしたのかなって、ひとりひとりのお客様をちゃんと見るようにしています。

だから、清掃員を透明人間だと思っている人に出会うと、①すごく悲しくなってしまうんです。私たちも人間なんですよ、って。

でも、その人個人を責めても仕方がない。そういう環境で育った人だと思うから。たとえば、「勉強をしないと掃除夫にしかなれませんよ」というような親に育てられた子どもは、清掃の仕事は＊尊敬しなくていいと思うようになってしまうでしょう？ そういうふうに大人になってしまった人たちを一人ずつつかまえて説得しても、考えを変えることはでて緊張する。

アンカーをつとめるってことは、みんなからそれだけ期待されて役割をもらったってことなのに、当の俺の実力って、こんなものなのか？うちの学校のメンバーは、リレー選手に選ばれなかった部員も含めて、きっと全員が四×百で入賞する気でいるはずだ。

いよいよ、リレーの決勝が始まる。

四百メートルのトラックのゴールまで百メートルの地点で、深呼吸しながら足首を回す。俺は、三番目に走ってくる長谷川から、バトンをもらうことになっていた。

号令の声とともに、第一走者が駆け出す。悪くなかった。先頭から数えて三番目、一位二位にぴったりつけて、うちの陸上部の赤いバトンが揺れる。続く第二走者も、そのペースを崩さないまま、あっという間に長谷川までバトンをつないだ。

声を張り上げて「いいぞ！」と手を叩きながら、②喉の奥がこわばったように乾いていくのがわかった。順番が近づいてくる。

長谷川がバトンを握り締め、スタートする。スムーズな動きで駆け出した長谷川が、並んでいた三位までの先頭集団から、一歩、抜け出した。部員たちが歓声を上げるのがわかった。

一位だ！

しかし、そのときだった。順調に前に進んでいた長谷川の横、それまで一位を走っていた学校の生徒が、焦ったように体を前のめりに倒す。スピードを上げようとしたのかもしれない。しかし、その弾みで体が崩れ、そのまま、長谷川の足に向け、肩から倒れた。

目を見開く。一瞬、何が起きたのか、わからなかった。

転んだそいつと一緒に、長谷川の体がよろけた。顔が、信じられない、という表情を浮かべていた。コースをアウトしかける。俺は、悲鳴のような声を上げた。

「長谷川！」

倒れた選手とよろけた長谷川の横を、次々と別の走者が追い抜いていく。

長谷川がこっちに走ってくる。体を斜めにそらしたまま、転びかける一歩手前で踏みとどまっているように見えた。

その顔を見た途端、あいつがまだ諦めていないことがわかった。歯を食いしばって、足でグラウンドを精一杯蹴って、俺に向かって駆けてくる。先頭集団とそんなに差は開いていないが、俺の目に、トップとの距離は途方もなく遠いものに思えた。ラストで挽回できるかどうかは、ギリギリだ。

だけど、長谷川はそこから猛烈な勢いで立て直そうとしている。決意が感じられた。あいつは、俺に懸けてる。

覚悟ができた。誰にも頼らず、俺がやらなければダメなんだと。

「朋彦！」

バトンを俺に渡す長谷川の顔は、泣きそうに歪んで、本当に苦しそうだった。

「すまん、頼む！」

返事をする時間も惜しかった。③俺は無言で頷き、バトンを受け取って走った。今までで一番、バトンリレーがうまくいった。

ふいに、④周囲の音が何も聞こえなくなる瞬間がやってきた。

前を走ってる相手の背中を目指して、ただひたすらに風を切る。意識

二

アメリカから日本の小学校に来ているトムさんとボブさんが花子さんと会話をしています。あとの問一～問三に答えましょう。

> ボブ：花子、「猿も木から落ちる」とはどういう意味ですか。
> 花子：[①]という意味の、日本のことわざです。
> ボブ：「ことわざ」とローマ字で書いてください。
> 花子：[②]と書きます。
> トム：英語にもことわざがあるのを知っていますか。たとえば、
> "Seeing is believing." というものがあります。
> 花子：どのような意味ですか？
> トム：seeingは「見ること」、believingは「信じること」という意味なので、「見ることは信じることである」という日本語訳になります。「何事も、繰り返し何度も聞くよりも、一度自分の目で見た方が確かだ」という意味ですね。
> 花子：それは、日本のことわざの「[③]」と同じ意味ですね。
> トム：それは初めて聞きました。
> ボブ：ことわざは、興味深いですね。

問一 [①] にあてはまるように、「猿も木から落ちる」の意味を二〇字以上三〇字以内で書きましょう。

問二 [②] に、「ことわざ」と**ローマ字**で書きましょう。ただし、最初の文字は**大文字**で書き、残りの文字は**小文字**で書きましょう。解答用紙にある四本線を使って書きましょう。

問三 [③] にあてはまる言葉を、日本語で書きましょう。

三

次の文章を読み、あとの問一～問四に答えましょう。

「いよいよだな」

横に立った長谷川が言う。「ああ」と俺は答えた。当日になっていよいよ緊張が増してくる。今更だけど、確認してみたくなった。

「リレーのアンカー、本当に俺でいいのか」

「最初から朋彦しかないって、みんな思ってたって。悔しいけど、俺より速いもんな」

長谷川が苦笑いする。

「だからさ、お前にはどうしてもしっかり部活出て欲しかったんだよ。ありがとうな、当番でもないのに、今日まで準備も片づけもずっとやってただろ。あれ見て、部内の気持ち、かなりまとまったと思う」

「いや、もともと俺、不真面目だったし」

「うん。だから部長は、お前よりタイム遅くても俺に回ってきた。俺の方がみんなに慕われてるし」

「自分で言うか？　普通、それ」

ふざけ調子に笑いながら、だけど心の中で感謝する。本当にその通りだ。長谷川には、助けられたことがいっぱいある。

予選を終え、百メートルも四×百のリレーも、順調に決勝に進むことができた。

百メートルの決勝で、俺は市内四位のタイムだった。俺の中では新記録のタイムだったけど、三位までの表彰には届かなかった。結果を見て、顧問や部活仲間は「すごい」って喜んでくれたけど、①俺は複雑な気持ちだった。今年は去年よりかなり真剣にやってきたつもりだったし、もっといい成績が出せると思っていた。リレーの決勝を前に、改め

て登録したのでしょうか、その理由を、**資料5**を見て、一〇字以上二〇字以内で書きましょう。

資料4　阿波国のある地域の戸籍

人口４３５人（男子：５９人　女子：３７６人）

資料5　律令による人々の負担

税の種類	男子	女子
租	稲を納める（収穫高の約３％）	稲を納める（収穫高の約３％）
調	絹、糸、特産物などを納める	なし
庸	１０日間都で働くか布を納める	なし
雑徭	地元で土木工事をする	なし

問四　太平洋戦争中の人々の生活について、①、②の問題に答えましょう。

①　**資料6**は何をしているところですか。**資料6**の□に入るこの絵の説明を、**資料7**を見て、「農村」と「都市」という言葉を使って、四〇字以上六〇字以内で書きましょう。

②　太平洋戦争中、**資料8**のように女子生徒が学校で学ぶのではなく、工場で働いたのはどうしてですか。**資料9**を見て、「労働力」という言葉を使って、二五字以上三五字以内で書きましょう。

資料6

疎開学童専用車

明治図書「社会の学習」より

資料7　空襲を受けたおもな都市とその被害

空襲でなくなった人数
● 100～1000人未満
▲ 1000～5000人未満
■ 5000人以上

神戸　広島　東京　名古屋　大阪　長崎

資料8　工場で働く女子生徒

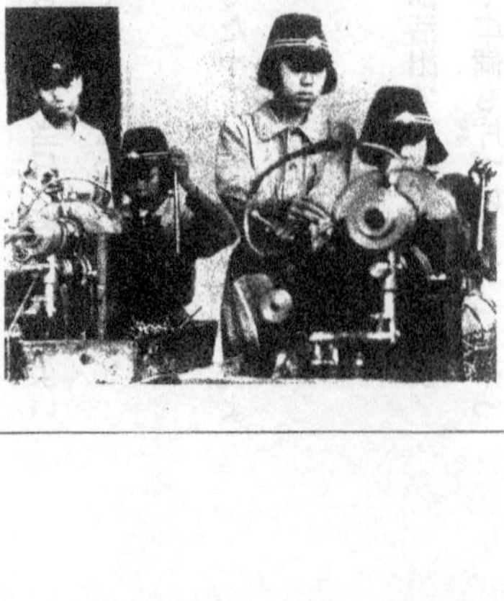

資料9　陸海軍の兵士数の移りかわり

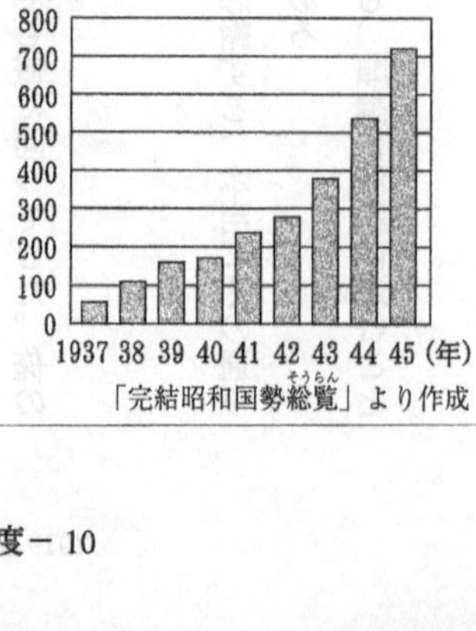

（万人）

800 700 600 500 400 300 200 100 0

1937 38 39 40 41 42 43 44 45（年）

「完結昭和国勢総覧」より作成

【作文Ⅰ】〈五〇分〉　〈満点：五〇点〉

一　次の問一～問四に答えましょう。

問一　日本の工業に関する次の**資料1**、**資料2**を見て、①、②の問題に答えましょう。

①　**資料1**の［　　］は、**工業がさかんな地域**を示しています。関東地方の南部から九州地方の北部にかけての海岸沿いに広がるこの地域を何というか書きましょう。

②　日本では工業がさかんな地域が海岸沿いに広がっています。その理由を、**資料2**を見て、三〇字以上五〇字以内で書きましょう。

資料1　日本の工業がさかんな地域

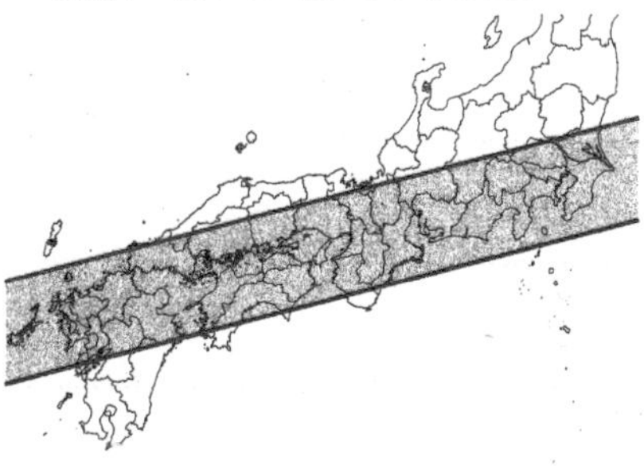

資料2　主な原料や燃料の輸入の割合

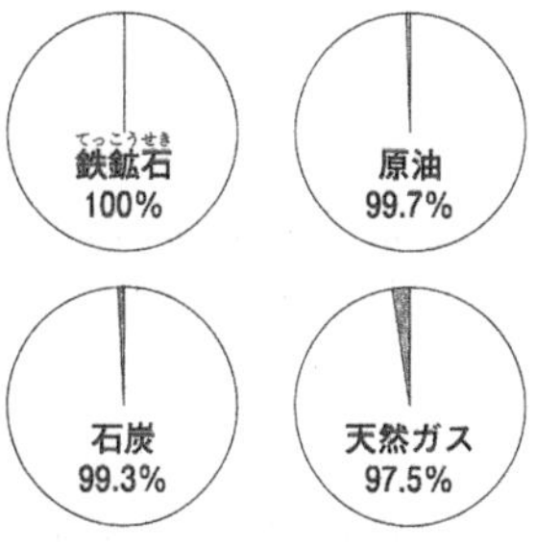

鉄鉱石	原油	石炭	天然ガス
100%	99.7%	99.3%	97.5%

資源エネルギー庁資料（2015年）などより作成

問二　**資料3**は、**ゆうきさんがまとめた「わたしの情報活用の約束」**です。ここに書かれている**ア～オ**の中には内容として適切ではないものが一つ含まれています。それを選び、**ア～オ**の記号で書きましょう。また、なぜ**適切でないのか**、その理由を二〇字以上四〇字以内で書きましょう。

資料3　ゆうきさんがまとめた「わたしの情報活用の約束」

～　わたしの情報活用の約束　～

ア　住所や名前、電話番号などの個人情報のあつかいにじゅうぶん気をつけます。

イ　パスワードはむやみに他人に教えないようにします。

ウ　他の人がかいた文章や絵、撮った写真は、著作権に注意してあつかいます。

エ　人を傷つけたり、いやな気持ちにさせたりするような発信はしません。

オ　インターネットの情報は正確なので、必要な情報は全てインターネットで集めます。

問三　次のページの**資料4**は平安時代の阿波国（現在の徳島県）のある地域の戸籍をまとめたものです。また、**資料5**は当時の律令で定められていた、人々の負担を表したものです。**資料4**は、男女の人数が実際とは異なると考えられています。当時の人は、なぜ戸籍をいつわっ

大切なことはメモしておこうネ！

2019 年 度

解 答 と 解 説

《2019年度の配点は解答欄に掲載してあります。》

＜作文Ⅰ解答例＞

一 問一 ① 太平洋ベルト
② 日本は原料や燃料のほとんどを輸入に頼っているため，船で運んでくるのに便利だからです。
問二 記号 オ
理由 インターネットの情報は，全てが正しいとは限らないからです。
問三 女子は税の負担が少ないからです。
問四 ① 空しゅうをさけるために，都市に住む子供たちが農村などに集団でそかいするための列車に乗り込むところです。
② 多くの男性が兵士として動員され，労働力が不足したからです。

二 問一 達人と呼ばれるような者であっても，失敗することがある。
問二 Kotowaza
問三 百聞は一見にしかず

三 問一 仲間は結果に喜んでくれたが，去年より真けんに練習をした自分はなっとくのいく成績を出せなかった(からです。)
問二 自分の順番が近づいてきて，きんちょうしている(様子。)
問三 (この中から1つ)
・長谷川の分までがんばって，絶対，おれが一位でゴールするから任せておけ。
・おまえのバトンはしっかり受けとったから，次はおれががんばるから任せろ。
・これまで長谷川に助けられた分，おれが一位でゴールしてみせるから見ていてくれ。
問四 走ることだけを考えて夢中で走っている(からです。)

四 問一 (筆者は，)客をひとりひとり見て仕事をしているが，客の中には清そう員をいないものとしてあつかう人もいる(からです。)
問二 清そう員の仕事をきちんとみとめてもらえる
問三 気持ちよく過ごしてもらえるか
問四 私が伊奈学園中学校の三年間でやり遂げたいことは，部活動です。
私は音楽の授業がとても好きであり，その中でも特に楽器を演奏することが楽しいと感じるので，吹奏楽部に入りたいと思っています。吹奏楽部に入ったらたくさん練習をして，コンクールで賞をとりたいです。
また，部活動をしっかりやり遂げるためにも，勉強もおろそかにしないでがんばりたいと思います。

○配点○
一 問一 4点 問二・問三 各3点×2 問4 6点 二 問一・問二・問三 各2点×3
三 問一・問三 各4点×2 問二・問四 各2点×2
四 問一 4点 問二・問三 各2点×2 問四 8点 計50点

＜作文Ⅰ解説＞

重要 一 （社会：工業，情報活用，律令制，太平洋戦争）

問一 ① 関東地方の南部から九州地方の北部にかけての海岸沿いに，ベルト状に広がっている工業がさかんな地域は太平洋ベルトと呼ばれる。

② **資料2**の円グラフからは，主な原料や燃料の輸入の割合がかなり高いことが読み取れる。このことと工業がさかんな地域が海岸沿いに広がっていることを合わせて考えると，輸入した主な原料や燃料を，海を渡って船で運んできていることが想像できる。

問二 インターネットの情報には間違った情報もあるので，全ての情報をインターネットで集めるのではなく，本や新聞なども活用して，正しいかどうかを自分で判断する必要がある。

問三 **資料4**からは，男子の人数に比べて女子の人数が不自然に多いことが分かる。さらに，**資料5**の表からは，男子が4つの税を負担しているのと比べ，女子は1つの税しか負担していないことが分かる。二つの資料から読み取れることから考えると，男子は戸籍を女子にいつわることで，税の負担から逃れていたということが予想できる。

問四① **資料6**の絵には，「疎開(そかい)児童専用車」という文字が書いてある。また，**資料7**からは，他の地域と比べて特に都市でたくさんの人が空襲(くうしゅう)によってなくなっていることが分かる。よって，空襲の多い都市の子どもたちが空襲から逃げるために農村にむかって疎開をしようとしている場面の絵であることが考えられる。

② **資料9**のグラフからは，1937年から1945年にかけて，陸海軍の兵士数の人数が年々増えていたことが読み取れる。つまり，兵士として動員された多くの男性の代わりに，女性が工場で働く必要があったことが予想できる。

二 （国語：ことわざ，ローマ字）

問一 木登りが上手な猿(さる)でも木から落っこちることにたとえられていることわざ。

問二 ローマ字は子音と母音を組み合わせてつづる。最初の文字を大文字にするのを忘れないように注意すること。

問三 人の話を百回聞くよりも，自分の目で一度見るほうが確かである，という意味。

三 （国語：文章読解）

問一 ――線部①の直後に，「今年は去年よりかなり真剣にやってきたつもりだったし，もっといい成績が出せると思っていた。」という文章がある。ここから，朋彦をほめてくれた顧問や部活仲間と違って，朋彦は自分の結果に満足していないことが分かる。

問二 ――線部②の前に，みんなから期待をされてアンカーになったが，自分の実力に不安を感じている朋彦の様子が書かれている。さらに，――線部②の直後には，「順番が近づいてくる。」と書かれており，自分の番が近づいてプレッシャーを感じている様子がうかがえる。

問三　――線部③の前には，長谷川が勝つことをあきらめていない様子が書かれている。その長谷川の思いにこたえるような言葉を指定の字数内で書けばよい。
問四　周囲の音が何も聞こえなくなるほど，朋彦が走ることに集中しているのだと考えられる。

四（国語：文章読解，作文）
問一　――線部①の前には，筆者が空港を訪れたお客さんを自分の家に来たお客さんのように扱っているのに対して，空港に来るお客さんは清掃員を召し使いや透明人間のように扱う人が少なくないことが書かれている。
問二　筆者は，自分の仕事に誇りを持って，納得できるまできちんとやり遂げることによって，清掃の仕事に気づいてもらおうとしている。また，清掃したトイレを男性に褒められたとき，清掃の仕事を認めてもらえたことに喜びを感じている。このことから解答が推測できる。
問三　筆者は，清掃の仕事に誇りを持ち，お客さんのことを考えて，工夫して清掃をしている。――線部③の前の「どうしたら」という始まりに続くように，「～か」という言葉にすること。
問四　まず始めに伊奈学園中学校でやり遂げたいことを挙げること。そして，そのやり遂げたいことについて詳しく書く。なぜそれをやり遂げたいのか，なども書くとまとめやすいだろう。（注意）に気をつけて正しく書くこと。

★ワンポイントアドバイス★
文章を書いて答える問題が多くあるので，字数以内に文章をまとめる練習をたくさんして問題に慣れる必要がある。要点をしっかりとらえて解答することを意識しよう。

＜作文Ⅱ解答例＞

［問1］
(1)　950(m^2)
求める過程
$1m^2$あたり0.6 人だから，1人あたり$\frac{5}{3}m^2$になります。570人いるので，$\frac{5}{3}\times570=950$ (m^2)です。よって体育館の面積は$950m^2$になります。
(2)　220(人)
求める過程
5日間の平均から合計は274×5＝1370(人)です。前半の平均から3日間の合計は210×3＝630(人)です。後半の平均から3日間の合計は320×3＝960(人)です。前半と後半の合計の和から全体の合計をひいた差が水曜日の利用者の人数になるので，(630＋960)－1370＝220(人)です。よって水曜日の利用者の人数は220人です。
(3)　18(分)
求める過程
1人が1分間にできるモップがけ量を1とおくと，体育館のモップがけは，12人で15分かかるので，12×15=180となります。8人で9分にできる量は8×9=72より，残り180−72=108となり，12人で108の量を分担すると108÷12=9となります。よって8人でやった9分と12人でやる9分で仕事が終わるのは18分です。

［問2］

(1) うすい塩酸

説明　青色リトマス紙を赤色に変化させ，赤色リトマス紙は赤色のまま変化させません。

(2) 方法　水よう液に息を吹きこみます。

理由　石灰水は二酸化炭素があると白くにごるので，2つの水よう液に息を吹きこむと，石灰水だけが白くにごります。

(3) 理由　鉄のくぎとくらべて，スチールウールのほうが塩酸とふれ合う面積が大きいからです。

［問3］

(1) 30(個ずつ買い，合計金額は)9900(円)

(2) (りんご)4(個，みかん)40(個，もも)36(個ずつ買い，合計金額は)7400(円)

求める過程

1個あたりの値段が最も安い果物はみかんなので，まず，みかんを40人に1個ずつ配ると，値段は400×(40÷5)=3200(円)となります。次に1個あたりの値段が安い果物はももなので，ももを40人に1個ずつ配るとします。14ふくろ買うと，14×3=42(個)となり，2個余ってしまうので，ももを12ふくろと，りんごを2ふくろ買い，ももとりんごの合計個数を40個にします。このとき，ももとりんごの合計金額は，300×12+300×2=4200(円)となります。よって，合計金額は，3200+4200=7400(円)になります。

(3) 8(通り)

求める過程

それぞれ10個以上買うためには，少なくともりんごを5ふくろ，みかんを2ふくろ，ももを4ふくろ買わないといけません。このとき，合計金額は300×5+400×2+300×4=3500(円)となります。残り1500円になる果物のふくろの買い方を考えると，(りんご，もも)=(5，0)，(0，5)，(4，1)，(1，4)，(3，2)，(2，3)，(りんご，みかん，もも)=(1，3，0)，(0，3，1)となります。よって，買い方の組み合わせは全部で8通りです。

［問4］

(1) イ

理由　せびれに切れこみがなく，しりびれの後ろが短く三角形に近い形になっています。また，はらがふくらんでいます。

(2) 血液は，全身をまわりながら，養分や酸素，二酸化炭素などを運ぶはたらきをしています。

(3) ヒトは，母親の子宮の中で，へそのおを通して母親から養分などを取り入れながら体ができていきます。

［問5］

(1) 50(つぶ)

求める過程

1個目の花のモチーフを作るのに必要な丸いビーズは8つぶです。2個目から丸いビーズは6つぶずつ必要になるので，8+6×7=8+42=50(つぶ)です。

(2)　66(個)

求める過程

1個目の花のモチーフを作るのに必要な丸いビーズは8つぶなので，残りは400−8＝392(つぶ)です。2個目から丸いビーズは6つぶずつ必要になるので，花のモチーフは392÷6＝65あまり2となります。よって，1＋65＝66(個)です。

(3)

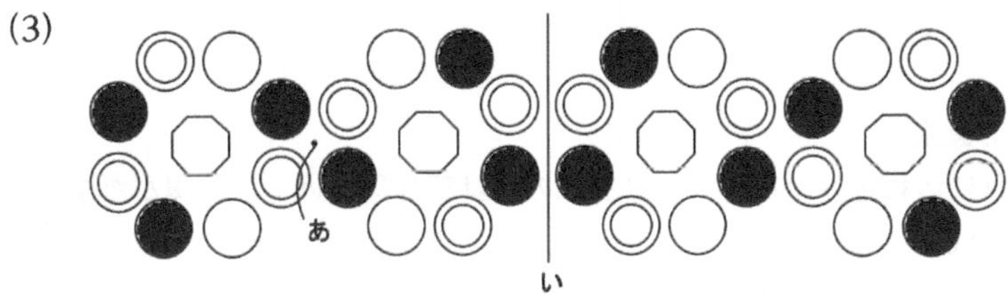

○配点○

[問1](1)答え　1点　　その他　各2点×5　　[問2](1)　完答2点　　その他　各2点×3
[問3](1)・(2)答え・(3)答え　各2点×3　　(2)求める過程・(3)求める過程　各3点×2
[問4](1)答え　1点　　(1)理由・(3)　各2点×2　　(2)　3点
[問5](1)・(2)　各2点×4　　(3)　3点　　計50点

＜作文Ⅱ解説＞

[問1]　(算数：割合)

(1)　小数の問題では，最初に分数に直して計算するとよい。これにより小数のまま計算すると，その計算過程でわりきれないような場合も気にせずに計算することができる。

(2)　平均に日数をかけると合計利用者数を求めることができる。

(3)　1人が1分間にできるモップがけ量を1として考えることで，全体量がどのくらいあるのかを表すことができる。

[問2]　(理科：水よう液の性質)

(1)　うすい塩酸は酸性，食塩水は中性の水よう液である。赤色リトマス紙はアルカリ性に反応し青色になり，青色リトマス紙は酸性に反応し赤色になる。

(2)　石灰水は，二酸化炭素に反応して白くにごる性質がある。

(3)　氷が液体に触れる面積の広い方がよく冷やすことができるように，鉄も水よう液と触れる面積が広い方が早く反応が進む。

[問3]　(算数：代金と個数，組み合わせ)

(1)　りんごとみかんとももを同じ個数ずつ買うためには，1ふくろの個数の2個，5個，3個の最小公倍数の個数になるようにすればよい。2，3，5の最小公倍数は30なので，それぞれ30個になるようにする。よって，りんごは15ふくろ，みかんを6ふくろ，ももを10ふくろ買うことになるので合計金額は，300×15＋400×6＋300×10＝9900(円)となる。

(2)　果物1個あたりの値段をまず求める。りんごは150円，みかんは80円，ももは100円なので，みかん，もも，りんごの順に多めに買うと安くなることがわかる。40人に2種類ずつ配りたいので1つの果物が40個をこえてはいけない。最も安いみかんは40個買うことができるが，次に安いももは40個ぴったり買うことはできない。39個ぎりぎりまで買おうとすると今度はりんごが余ってしまうので，どちらも余らないように買うには，ももは36個，りんごは4個となる。

(3)　すべて10個以上買ったときの値段を考える。りんご10個で300×5＝1500(円)。みかん10個で400×2＝800(円)。ももを10個きっかり買うことはできないので，12個で300×4＝1200(円)。よって，合計金額は3500円なので，あと1500円分をどのように買うかを考える。りんごとももが同じ300円なので，まずはこの2つの組み合わせを考える。次にりんごとみかんとももの組み合わせを考える。

基本 **[問4]　(理科：メダカ，ヒトの誕生)**

(1)　めすのメダカはせびれに切れ込みがなく，しりびれの形は三角形に近く，お腹がたまごを産むために少しふくらんでいる。

(2)　血液のはたらきを考える。ヒトの血液のはたらきを考えてみるとわかりやすい。

(3)　ヒトはへそのおを通して養分を受け取っている。

[問5]　(算数：規則性)

(1)　次のように考えてもよい。左端の縦に並んでいる丸いビーズ2つぶをのぞいて考えると，花のモチーフ1つごとに丸いビーズは6つぶずつ必要となる。よって，8個作るとき丸いビーズは，6×8＋2＝50(つぶ)必要である。

(2)　次のように考えてもよい。左端の縦に並んでいる丸いビーズ2つぶをのぞいて6つぶずつ必要になるので，398÷6＝66あまり2より，66個作ることができる。

(3)　点対称な図形は，対称の中心から上下左右が反対である。線対称な図形は，対称の軸を境として左右対称であることに注意する。

★ワンポイントアドバイス★

比較的容易な計算が多いものの，考えたことを筋道立ててきちんと表現する力が求められている。接続詞の使い方や単位の表記などにも気をつけて解答を作成する。

平成30年度

★★★★★★★★★★★★★★★★★★★★★★★★★★

入　試　問　題

平成30年度

県立伊奈学園中学校入試問題

【作文Ⅰ】 (11ページから始まります。)
【作文Ⅱ】 (50分)　　＜満点：50点＞

【解答記入上の注意】

○　解答らんに線が引いていないものは，解答らんにおさまるように書きましょう。
○　記号，ひらがな，カタカナ，漢字，数字は１字として書きましょう。
○　分数は１字として書きましょう。
○　「cm」「m^3」は２字，「cm^2」は３字として書きましょう。
○　「，」や「。」「．(小数点)」も１字として書きましょう。
　ただし，「，」や「。」がその行の最後にきたときは，最後のます目に入れましょう。
　また，段落(だんらく)分けや改行はせず，続けて書きましょう。

〈記入例〉
　㋐の面積は，$9 \times \frac{10}{3} \div 4 = 7.5$ (cm^2) なので，全体の面積は，11.5cm^2です。

㋐	の	面	積	は	、	9	×	$\frac{10}{3}$	÷	4	=	7	.	5	(	c	m	2	)
な	の	で	、	全	体	の	面	積	は	、	1	1	.	5	c	m	2	で	す。

ゆうきさんとひかるさんは，同じ小学校に通う友だちです。
次の［問１］～［問６］に答えましょう。

［問１］　ゆうきさんとひかるさんは，校庭でつかまえたバッタについて，図かんを使って調べています。

ゆうきさん　「図かんにはいろいろな生き物がのっているね。」
ひかるさん　「そうだね。バッタ以外にもたくさんのこん虫がいるね。」

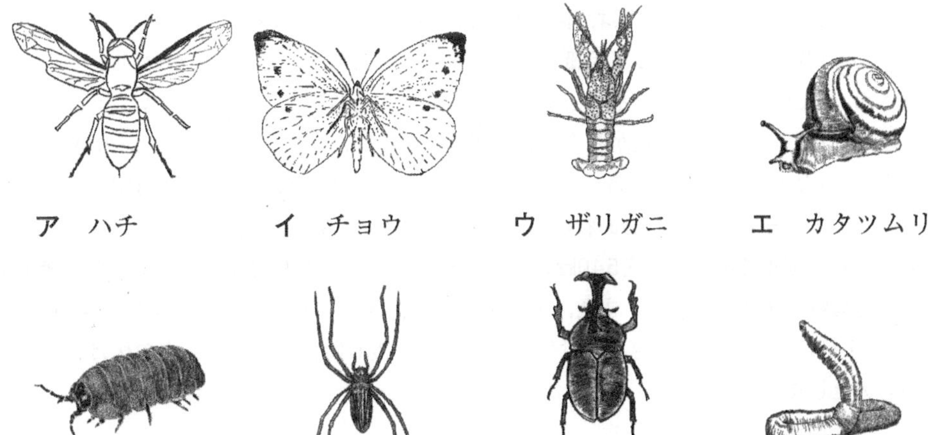

ア　ハチ　　イ　チョウ　　ウ　ザリガニ　　エ　カタツムリ
オ　ダンゴムシ　　カ　クモ　　キ　カブトムシ　　ク　ミミズ

⑴　ゆうきさんとひかるさんが見ていた図かんにのっていた生き物のうち，バッタと同じようにこん虫であるものを前のページの**ア～ク**の中からすべて選び，記号で書きましょう。また，選んだ生き物がなぜこん虫であるのか，その理由を60字以内で書きましょう。

ゆうきさん　「つかまえたバッタを虫かごの中で育てるにはどうしたらいいかな。」
ひかるさん　「虫かごの中に土と草を入れた方がいいよ。」

⑵　バッタを虫かごで育てるとき，虫かごの中に土と草を入れた方がよいのはなぜか，その理由を40字以内で書きましょう。

［問２］　ゆうきさんとひかるさんは，図書館で話をしています。

ゆうきさん　「この赤い本を全体の$\frac{2}{5}$ページまで読み終えたよ。」
ひかるさん　「わたしも赤い本を全体の$\frac{1}{4}$ページまで読んだよ。」
ゆうきさん　「わたしの方がひかるさんより42ページ多く読んでいるね。」

⑴　赤い本は全部で何ページあるか求めましょう。また，その求め方を80字以内で書きましょう。

ゆうきさん　「この青い本を今日から24日で読み終わるように，毎日同じページ数で読み進めようかな。」
ひかるさん　「でも，６日後はテストがあるから本ばかり読んでもいられないよ。」
ゆうきさん　「そうだね。今日からテストまでの６日間は１冊(さつ)を36日で読み終わるようなページ数で読んでいこう。」
ひかるさん　「テストが終わってからはどうするの。」
ゆうきさん　「早く読み終えたいから，最初に計画したとおり１冊を24日で読み終わるページ数にもどすよ。」

⑵　ゆうきさんが青い本を読み終えるのに何日かかるか求めましょう。また，その求め方を書きましょう。（字数の制限はありません。）

［問３］　ゆうきさんとひかるさんは，図書館で調べものをしています。

ゆうきさん　「昔の人はどうやって手紙や荷物を遠くの人にわたしていたのかな。」
ひかるさん　「江戸時代には飛きゃくとよばれる職業の人たちが走って運んでいたみたいだよ。」
ゆうきさん　「そうなんだ。東京から大阪まで運ぶには時間がどれくらいかかったのかな。」
ひかるさん　「今とちがって夜は暗くて走れないから，走ることのできる時間は限られていたけれど，それでも９日もあれば届(とど)けることができたみたいだよ。」

⑴　東京から大阪までの道のりを540㎞とするとき，飛きゃくが９日間かけて走ったときの走る速さは時速何㎞か求めましょう。また，その求め方を書きましょう。（字数の制限はありません。）ただし，１日に走ることができるのは午前６時から午後６時までとし，と中の休けい時間は考えないものとします。

ゆうきさん　「百科事典で飛きゃくについて調べていたら，絵が出てきたよ。」

ひかるさん　「荷物を棒のようなものにくくりつけているけれど，どうしてかな。」

ゆうきさん　「てこの原理を利用して，重い荷物でも小さな力で持ち上げられるようにするためじゃないかな。」

⑵　飛きゃくが荷物などを持ち上げるとき，てこの原理を利用して，小さい力で荷物を持ち上げられるような工夫をしています。このとき，てこの原理の作用点，支点，力点はそれぞれどの部分に当たるかを100字以内で書きましょう。

⑶　飛きゃくが棒のようなものの長さを変えずにより重い荷物を持ち上げるとき，どのような工夫をすればよいですか。その方法を100字以内で書きましょう。

［問４］　ゆうきさんとひかるさんは，学園祭の準備をしています。

ゆうきさん　「みんなが楽しめるようなものを作りたいな。」

ひかるさん　「そうだね。小さい子が入って遊べるようなものを作ろうか。」

ゆうきさん　「それはいいね。まず，一辺が90㎝になるような立方体をダンボールで作ってみようか。」

⑴　一辺が90㎝の立方体の体積は何m^3になるか求めましょう。また，その求め方を60字以内で書きましょう。
ただし，ダンボールの厚さは考えないものとします。

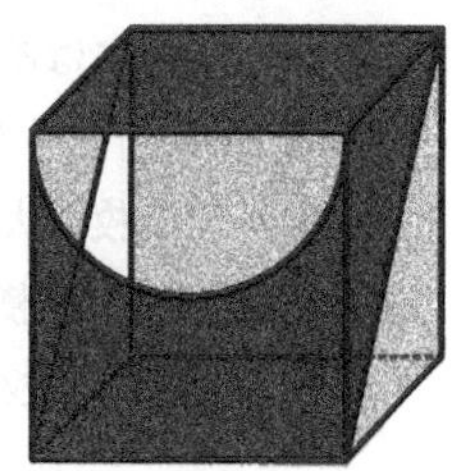

ゆうきさん　「見取り図をかいてみたよ。このように正方形の対角線や，正方形の一辺を直径とする半円を切りとって，出入り口や顔を出せる窓を作りたいな。」

⑵　下の図に図形をつけ足して，ゆうきさんがかいた見取り図の展開図を完成させましょう。

［問５］　ゆうきさんとひかるさんは，授業で学習した電磁石について話をしています。

ゆうきさん　「電磁石は私たちの身近なところで利用されているみたいだね。」

ひかるさん　「そうだね。例えば，アルミかんとスチールかんの分別にも使われているみたいだよ。」

ゆうきさん　「電磁石は磁石と同じで，スチールかんだけを引きつけるからね。でも磁石ではなく，電磁石を使うのはどうしてなのかな。」

⑴　アルミかんとスチールかんの分別に磁石ではなく，電磁石を用いるのはどうしてですか。磁石と電磁石のちがいがわかるように80字以内で書きましょう。

ゆうきさん　「電磁石は流れる電流の大きさを変えることで，磁石の力の大きさも変えることができるんだよね。」

ひかるさん　「授業ではそう教えてもらったね。ここにかん電池とコイルと導線があるから確かめてみよう。」

⑵　かん電池が３つあるとき，最も大きい電流を流すには，どのようにかん電池とコイルを導線でつなげばよいですか。そのつなぎ方を図でかき，そのようにつないだ理由を60字以内で書きましょう。

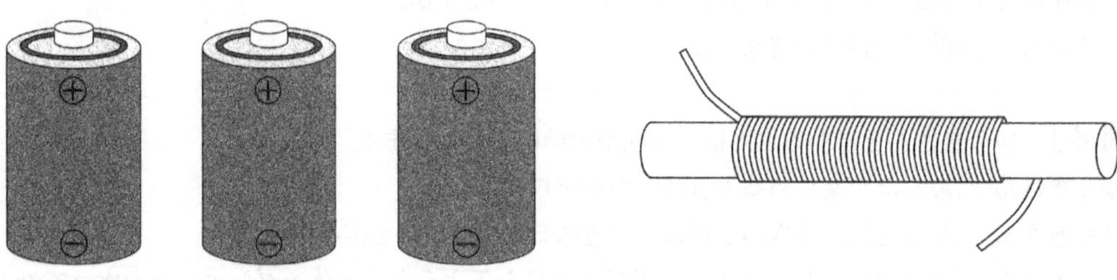

[問６]　ゆうきさんとひかるさんは，クラスの40人がそれぞれ考えた「クラスキャラクター」のポスターを模造紙(もぞうし)にはろうとしています。

ゆうきさん　「模造紙は，たてが60cm，横が64cmの長方形だよ。」

ひかるさん　「そのままはるのではなく，まず長方形の色画用紙にポスターをはって，それを模造紙にはるのはどうかな。」

ゆうきさん　「そうだね。その方がきれいに見えるね。全員分をすき間なくはるには，色画用紙１枚の大きさはどのくらいになるのかな。」

⑴　たてが60cm，横が64cmの長方形の模造紙にすき間なく，40人分の長方形の色画用紙をはるとき，色画用紙１枚の面積を求めましょう。また，その求め方を80字以内で書きましょう。

ゆうきさん　「色画用紙１枚の面積はわかったけれど，たてと横の長さはどうすればいいかな。」

ひかるさん　「長方形の色画用紙のまわりの長さの合計を40cmにしてみよう。」

⑵　長方形の色画用紙のまわりの長さの合計が40cmのとき，たてと横の長さを求めましょう。また，その求め方を書きましょう。（字数の制限はありません。）

ゆうきさん　「でも，同じはばで間を空けた方が見やすいかな。」

ひかるさん　「そうだね。ここに，たてが70cmの長方形の模造紙があるけれど，横の長さはどのくらいあればいいかな。」

ゆうきさん　「長方形の色画用紙の大きさを，たてが15cm，横が10cmに変えて，その色画用紙を模造紙のたてに４枚はれるようにして，40人分をはってみよう。」

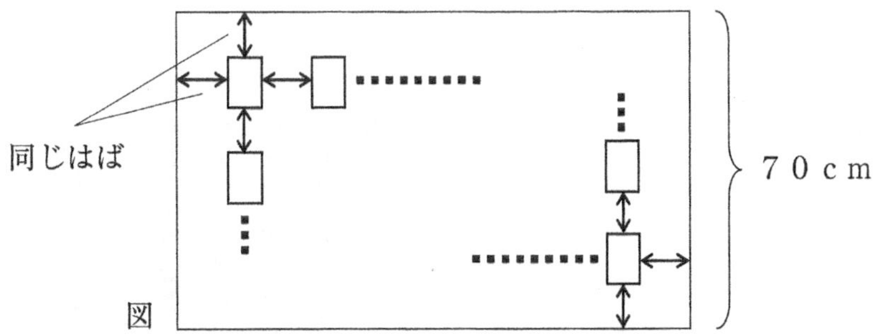

⑶　図のように，色画用紙のまわりに同じはばの間を空けるとき，模造紙の横の長さを求めましょう。また，その求め方を書きましょう。（字数の制限はありません。）

ければならないと言っているのですか。「発見」という言葉を使って、「からです。」という言葉で終わるように、四〇字以上五〇字以内で書きましょう。

問四　あなたは、習ってきたことがうまくいかなかったときに、どのようにして乗り越えましたか。次の（注意）にしたがって書きましょう。

（注意）

○　題名、氏名は書かずに、一行目から本文を書きましょう。

○　作文は、段落や組み立てを工夫して書きましょう。

○　作文は、思っていることや考えていることだけでなく、あなたが体験したこともふくめて書きましょう。

○　作文は、八行以上一〇行以内で書きましょう。

は全然違う。教育の過程にいるとたくさん覚えるべきことがあり、それらをちゃんと学んでいけば、一つの答えに行きつく。でも、飼育書もないような珍しい動物を飼う方法は誰もその答えを知らない。だから自分の頭でいろいろ考えなければならない。中でも、大好きでいろいろなカエルを飼っていたとき、それらのカエルをどうしたら生かせるのか、さまざまな方法を考案した。

　たとえば、フクラガエルというアフリカの小さなカエルがいる。カエルと言えば湿らせて飼うのが常識なので、普通のカエルを飼うように湿らせたミズゴケで飼っていたら、一週間ほどで死んでしまった。なんで死んでしまったのだろうといろいろ調べてみると、フクラガエルはアフリカの乾燥したところに＊棲んでいるということがわかった。そこでホームセンターに行き、アフリカにありそうな土を選んで買ってきて、その土を湿らせずに乾燥したままの状態にしてカエルを入れた。するとそのカエルはずっと生き続けた。初めて日本に輸入されたときはそんな情報はなかったのだ。

　それは日本で初めて、フクラガエルの長期飼育に成功した例だと思う。その頃僕は大学四年生で、爬虫類専門誌に飼育方法の記事を書いた。その後、このカエルは乾燥したパサパサの土で飼うことが「常識」となった。

　多くの人は、既存のものの方がすばらしくて、自分の考えは劣っていると考えるかもしれない。でも、本当はそんなことはない。子どもが抱く［②］にも、じつはものすごいことを含んでいるときがある。たとえば、ダンゴムシはあるウイルスに感染すると紫色になることが知られているが、そのダンゴムシは健康な色のダンゴムシと比較して行動がおかしいことを、中学生が発見したこともあった。

　大人になると、子どもの頃の発想や＊素朴な気持ちを忘れがちで、つい「常識」にとらわれてしまう。でもそういう素朴な気持ちを忘れない方がいい。そこにたくさんの発見があると、僕は思う。

　＊臨床の現場でも、違和感を覚えることがある。この違和感は何だろうと調べてゆくと、新しいことが見つかったりする。

　習ってきたことと違うことや、習ってきたことがうまくいかないというところに「何だろう?」と思う気持ちは大切だ。いまは情報化社会で、インターネットを見れば何でも答えがあるように思う。でも現場の本当の最先端のことは、ネットには絶対に出ていない。③ときには自分で「答え」を見つけていかなければならないこともある。

（『生き物と向き合う仕事』田向健一 著より 一部省略がある。）

＊既存…すでに存在するもの。
＊違和感…ちぐはぐで、変な感じがすること。
＊棲んでいる…動物が巣を作って生活する。
＊素朴…素直。ありのままであること。
＊臨床…ここでは、病気の動物に診察・治療をおこなうこと。

問一　――線部①とありますが、なぜ筆者はそう思うようになりましたか。次の文の空らんに四〇字以上五〇字以内で書きましょう。

カエルの飼育方法の常識に当てはめてフクラガエルを飼育したところ、［　　　］ことからです。

問二　文章中の空らん［②］に当てはまる言葉を、**三字以内**で書きましょう。

問三　――線部③とありますが、なぜ筆者は自分で「答え」を見つけな

①頭の中が白くなった。意味がわかった瞬間、目の奥からなみだがせりあがってきて、道路がゆれた。それをぼくは必死でこらえた。光太が歯をくいしばっていたからだ。ひとりで泣いたら恥ずかしい。ぼくの顔は真っ赤だったと思う。

あの日のことを思い出すと、鼻の奥がつんとした。

「ワンツ、ワンツ」

グラウンドからきこえるかけ声が、大きくなっている。

ちらっとグラウンドを見ると、谷川くんの姿が見えた。ペアの内藤くんとスタートの準備をしている。ぼくはすっと視線を落とした。

「光太のかわりを、真吾にたのもうと思うんだけど」

古賀先生がそう言ったのは、光太が転校したつぎの日だった。先生のとなりには、谷川真吾くんが立っていた。先生と身長があまり変わらない。

「スタートの順番がいちばんはなれているから、それがいいと思うんだ」

先生は大きな声で続けた。たしかに、谷川くんならぼくと走ったあとに、余裕を持って自分の番にそなえられる。だって、谷川くんは、クラスでいちばん背が高いから。しかも足の速さもクラスでいちばんだ。

「バランスが」

②言いたい言葉が、出なかった。谷川くんの顔をそっと見てみた。きっとぼくと同じことを考えていたのだろう。眉毛がさがっていた。

「心配するな。二人三脚はチームワークだ。練習すればなんとかなる」

「そうだよ、真吾。そっちがビリでもこっちが本番。おれらでばんかいすれば、クラスは勝つし」

先生のそばから、ひょっこり内藤くんが顔を出して、そんなことを言った。内藤くんは谷川くんと組む、クラスのアンカーだ。③ぼくの胸はずんと重たくなった。

（『なみだの穴』まはら三桃 著より 一部省略がある。）

問一 ——線部①とありますが、それはどうしてですか。「からです。」という言葉で終わるように、三〇字以上四〇字以内で書きましょう。

問二 ——線部②とありますが、このときぼくはどのようなことを言いたかったのだと考えられますか。「バランス」という言葉を使って、三〇字以上四〇字以内で書きましょう。

問三 ——線部③とありますが、このときのぼくはどんな気持ちになったのでしょうか。「気持ち」という言葉で終わるように、五〇字以上六〇字以内で書きましょう。

四 次の文章は、獣医師の田向健一さんの文章です。この文章を読み、あとの問一～問四に答えましょう。

当たり前と言えば当たり前なのだが、自分のやり方や*既存のものに慣れてしまうと、「やりにくいな」と思っても、その状況をなかなか変えることができない。これは、子どもが体を斜めにしたまま字を書いて、「うまく書けない」と言うのに似ている。体を少し起こしてみれば、ずっと書きやすくなる。でも斜めに書く習慣がついてしまっていると、そのことに気づけない。だから、①うまくいかないことに*違和感を覚えて、自分を変えてゆくというような気持ちが大事だと思う。

なぜそう思うようになったか考えてみると、僕は小さいときから動物をたくさん飼っていた。動物を飼うという趣味の世界は、学校の勉強と

② **資料8**は、**資料9**の**ア**の人物が踏んでいるものです。**資料8**をふまえて、**資料9**を説明する文を三〇字以上四〇字以内で書きましょう。

二 イギリスから日本の小学校に来ているマイクさんがまみさんと会話をしています。問一、問二に答えましょう。

マイク「まみ、平成二九年九月十八日は祝日だったけれど、何の日でしたか。」
まみ「ケイロウノヒでした。」
マイク「ケイロウノヒ。ローマ字で書いてください。」
まみ「[①]と書きます。」
マイク「わかりました。どういう意味の祝日ですか。」
まみ「[②]」
マイク「わかりました。」

問一 [①]にあてはまる言葉を、**ローマ字**で書きましょう。ただし、最初の文字は**大文字**で書き、残りの文字は**小文字**で書きましょう。解答用紙にある四本線を使って書きましょう。

問二 [②]にあてはまる文を、二五字以上三五字以内で書きましょう。ただし、**ローマ字は使わずに**書きましょう。

三 次の文章を読み、あとの問一～問三に答えましょう。

運動会を前に担任の古賀先生は、クラス全員が出場し、チームワークがとわれる二人三脚で勝利を勝ちとろうと熱く語った。ぼくは仲のよい光太とペアを組み練習を始める。

「ワンツ、ワンツ」

かけ声をかけながら、ひもでしばった足を交互に出す。ぼくも光太も足は速い方ではないけれど、ちょっと練習をしただけですぐにスピードがついた。リズムが合ったのだ。なにしろ、ぼくらはいちばんの友達同士だ。

ぼくらは放課後だけではなく、昼休みにも、欠かさず練習をした。そのかいあって、三日もすると、どこのペアにも負けないほどになった。

「ぼくら、強いよな」

「これならきっとスタートの組でいちばんとれるね」

身長順に並ぶと、クラスでいちばん前のぼくと、三番目の光太は第一走者ということになっていた。

「ぜってー、勝とうぜ」

「うん」

ぼくたちは、グータッチをしてちかいあった。

なのに、そのつぎの日のことだ。光太から、

「転校することになった」

と、きかされたのは。

学校へ行く途中だった。

「えっ？」

の気持ちなどを細かく表現できるようになり、朝廷につかえる女性たちは多くの文学作品をつくりました。**資料5**は、清少納言が書いた作品の原文と現代語訳の一部です。この作品の名前を書きましょう。

② かな文字が使われ始めたころ、日本ではどのような文化が広がりましたか。「大陸」、「日本風」という言葉を使って五〇字以上七〇字以内で書きましょう。

資料4

安	以	宇	衣	於
あ	以	う	え	お
あ	い	う	え	お
あ	い	う	え	お

資料5　清少納言と、その作品の一部

清少納言

【原文】

春はあけぼの。やうやう白くなりゆく山ぎは、すこしあかりて、紫だちたる雲のほそくたなびきたる。

【現代語訳】

春はあけぼのがいい。だんだんと白くなっていく空の、山に近い辺りが、少し明るくなって、紫がかった雲が細長く横に引いているのがいい。

問四　江戸時代に関する次の**資料6**～**資料9**を見て、①、②の問題に答えましょう。

① **資料6**は、**江戸初期の大名の種類ごとの領地**を表しています。外様大名はどのようなところに配置されていますか。外様大名の配置の特徴とその理由を、**資料7**を見て「江戸」という言葉を使って、三〇字以上五〇字以内で書きましょう。

資料6　江戸初期の大名の種類ごとの領地

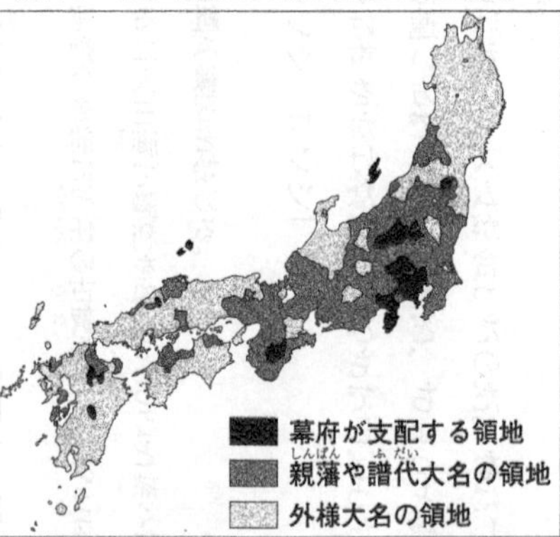

資料7　大名の種類と説明

大名の種類	説　明
親藩	徳川家の親せきの大名
譜代大名	関ヶ原の戦い前からの徳川家の家来の大名
外様大名	関ヶ原の戦い後に徳川家に従った大名

資料8

資料9

【作文Ⅰ】（五〇分）〈満点：五〇点〉

一 次の問一～問四に答えましょう。

問一　日本の発電に関する次の**資料1**、**資料2**を見て、①、②の問題に答えましょう。

①　**資料1は、2015年度の日本の発電電力量の構成**を示しています。このような構成になっていると、「**ア** 天然ガス、石炭、石油などの化石燃料を大量に燃やすことで、地球温暖化（おんだんか）や空気の汚れの原因となる。」「**イ** 貿易がうまくいかなくなったときに大きな問題を抱える。」といった影響（えいきょう）が考えられます。この**ア**、**イ**のうち、**イ**を説明するときには、**資料1**に加えて、どのような資料が必要になりますか。五〇字以内で書きましょう。

②　再生可能エネルギーを用いた発電の一つに太陽光発電があります。**資料2**からわかる太陽光発電の課題を、二〇字以内で書きましょう。

資料1　２０１５年度の日本の発電電力量の構成

水力をのぞく再生可能エネルギー 4.7%
水力 9.6%
原子力 1.1%
天然ガス 44.0%
石炭 31.6%

電気事業連合会資料より作成

資料2　ある地点の太陽光発電所の発電状況

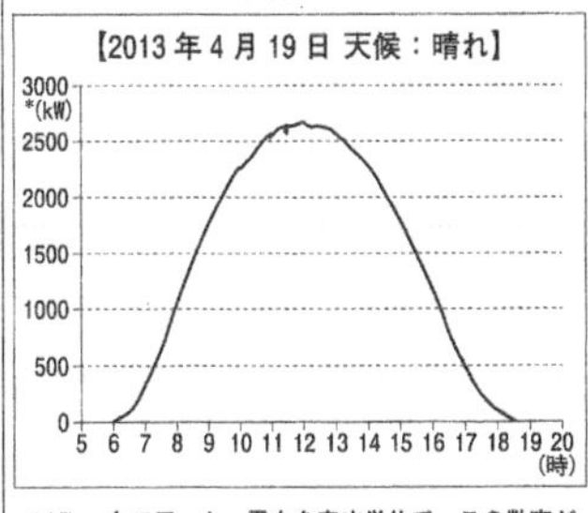

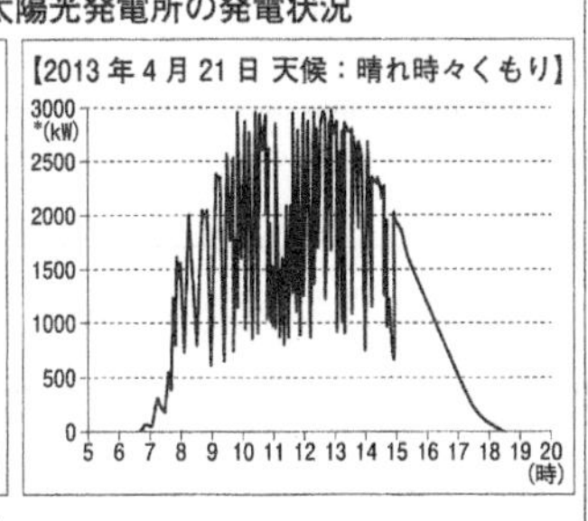

＊kW＝キロワット。電力を表す単位で、この数字が大きいほど発電される電力が大きいことを表しています。

電気事業連合会資料より作成

問二　**資料3**は、**地震（じしん）発生前後の寝室（しんしつ）の様子**を表しています。地震による被害を軽減するためには、どのような備えや工夫が必要ですか。**資料3**を見て、その理由もわかるように、四〇字以内で書きましょう。

資料3　地震発生前後の寝室の様子

埼玉県の「防災マニュアルブック」より作成

問三　次のページの**資料4**と**資料5**を見て、①、②の問題に答えましょう。

①　**資料4**は、漢字からかな文字への変化を表したものです。平安時代には、**資料4**にあるかな文字が使われるようになったことで自分

大切なことはメモしておこうネ！

T.G

平　成　30　年　度

解　答　と　解　説

《平成30年度の配点は解答欄に掲載してあります。》

＜作文Ⅰ解答例＞

一　問一　①日本で使われる天然ガス，石炭などの化石燃料のうち，輸入にたよるわり合がわかる資料が必要です。
②時間と天気で発電量が変わることです。
問二　家具などの転とうによるけがを防ぐために，家具などを固定しておくことです。
問三　①枕草子
②漢字からかな文字が作られたように，これまで取りこんできた大陸の文化をもとに，日本の生活や風土に合った日本風の文化が広がりました。
問四　①とざま大名は，徳川家との関係が浅く，反こうする可能性があるので，江戸から遠いところに配置しました。
②キリスト教の信者を見つけるために，絵踏みを行っている様子が描かれています。

二　問一　Keirounohi（Keironohi）
問二　社会につくしてきた老人をうやまい，長生きしていることを祝う日です。

三　問一　いちばんの仲良しの光太から，とつ然転校すると聞いてショックをうけた（からです。）
問二　谷川くんは背が高く，足も速いから，自分と組むにはバランスが悪いと思います。
問三　ペアが仲のよい光太だったら速く走れたのに，ペアが変わって不安なうえに内藤くんにも期待されていないことを残念に思う（気持ち。）

四　問一　（カエルの飼育方法の常識に当てはめてフクラガエルを飼育したところ，）一週間ほどで死んでしまったが，常識にとらわれず，土を乾燥されたままにすることで，長期飼育に成功した（ことからです。）
問二　ぎ問
問三　い和感を覚えたときには，常識にとらわれずに自分で調べることで，本当に最先端の新しい発見がある（からです。）
問四　私はピアノを習っていますが，どうしても弾きこなせない曲にぶつかったことがあります。
　なぜ弾きこなせないのか考えたとき，指運びの基本的な練習が足りないことに気づきました。そこで，出された課題以外にも，指運びの練習を自主的に行い，この不調を乗り越えました。
　この経験から，困難にぶつかったときは原点に戻ることの大切さを学びました。

○推定配点○

一　問一　5点　問二　3点　問三　6点　問四　4点　二　問一・問二　各2点×2
三　問一・問三　各4点×2　問二　2点
四　問一・問三　各4点×2　問二　2点　問四　8点　計50点

＜作文Ⅰ解説＞

重要 一 （社会：環境問題，平安時代，江戸時代，など）

問一　①　**資料1**からは日本の発電が天然ガスや石炭などに支えられていることがわかる。「貿易がうまくいかなくなったときに大きな問題を抱える」ということを説明するには，これらの燃料を貿易によって手に入れていることを示す必要があるので，化石燃料のうち輸入に頼るわり合がわかる資料が必要である。

②　**資料2**の**4月19日**と**21日**のグラフを見ると，晴れの日には日中に安定して発電しているのに対し，晴れ時々くもりの日には日中の発電量が大きく上下して安定していないことがわかる。このことから，太陽光発電の発電量は天気に大きく左右されると考えられる。また，どちらのグラフも6時以前と18時半以降は発電量がゼロであり，日中しか発電できていないことがわかる。

問二　**資料3**の下の図では，棚やテレビ台などが寝ている人の上に倒れている。こうした被害を防ぐ方法として，家具の固定が考えられる。

問三　①「清少納言が書いた作品」であることと，周りの物事に対する思いをつづった文章から，平安時代の代表的な随筆である枕草子とわかる。枕草子の最初の部分は有名なので覚えておくとよい。

②　かな文字が使われ始めたころとは，平安時代の中期ごろであり，それまでは大陸から伝わってきた漢文などがさかんであったが，次第に大陸文化をもとに日本独自の文化が発展する。和歌や大和絵などに代表される国風文化である。

問四　①　江戸は現在の東京にあるので，**資料6**を見ると外様大名は江戸からはなれた場所に配置され，江戸の周りには幕府が支配する領地や親藩・譜代大名の領地が配置されていることがわかる。**資料7**から，外様大名は江戸幕府が開かれる3年前に起きた1600年の関ヶ原の戦い後に徳川家に従った大名であり，徳川家との信頼関係が浅かったことがわかる。そのため，外様大名は政治の中枢であり将軍が居住する江戸城からはなれた場所に配置されたと考えられる。

②　**資料8**は十字架にかけられたイエス・キリストの像が浮きぼられた踏絵である。江戸時代，禁止されていたキリスト教の信者を見つけるため，キリスト教信者の信仰するイエス・キリストの像を踏ませてキリスト教信者でないことを証明させる絵踏みが全国で行われた。

基本 二 （国語：ローマ字，説明文など）

問一　ローマ字は子音と母音を組み合わせてつづる。Keirounohiは「東京」をTokyo，「交番」をKobanと書くように，Keironohiと書いてもよい。

問二　「ケイロウノヒ」は漢字で書くと「敬老の日」。敬老の日の意味をくわしく聞いたことがなくても，「老を敬う」と言う漢字から推測して答えることができる。

三 （国語：文章読解）

問一　―線部①の直前で，いちばんの友達である光太の転校を突然知ったという文脈から，「ぼく」がショックを受けたことがわかる。また，―線部①のあとの「意味がわかった瞬間，～なみだがせりあがってきて，」という文からも，「ぼく」のショックがうかがえる。

問二　光太が「ぼく」と同様，足が速い方ではなく身長も低い方であるのに対し，谷川くんはクラスでいちばん足が速く身長も高いということに着目する。ペアのバランスが大きく影響する二人三脚だからこそ，「ぼく」が不安を感じていたことがわかる。

問三　仲がよく練習を重ねてスピードが出せていた光太から，身長も足の速さも大きく異なる谷川くんにペアがかわり，うまく走れるのか不安に思う気持ちが「バランスが」というセリフからわかる。また，内藤くんは自分と谷川くんがペアで走るときが本番であり，そこで勝てばいいと言っていて，谷川くんが「ぼく」と走るときにはうまくいかないと思っていることがわかる。「光太」に対し，「真吾」と呼ばず「谷川くん」と「ぼく」が呼んでいることからも，谷川くんとはとても仲がよいわけではないと推測できる。

四 （国語：文章読解，作文など）

問一　筆者は「自分を変えてゆくという気持ちが大事」と言っているので，筆者が既存の飼育方法に従うことを変えて成功した体験をまとめる。

問二　ある物事を「〇〇だ。」と常識をもとに決めつけない子どもの姿勢を表す言葉をいれる。ぎ問の他にも，好奇心や発想といった言葉もあてはまる。

問三　6・7段落では，素朴な気持ちや違和感を大切にし，調べることで新しい発見があることを言っている。また，八段落では，インターネットで調べてわかることは，すでに発見されたことであり，いわば「既存のもの」であるので，最先端の新しい発見には自分で調べることが必要だと言っている。これらのことをふまえて書けばよい。

問四　（注意）をしっかり確認して書く。自分がどんな困難にぶつかり，どんな方法で乗り越えたか，その結果どうなったかを過程がわかるように書くことが重要。自分で考え，試しながら，あることを改善していった体験を書くとよい。

★ワンポイントアドバイス★

文で答える問題がほとんどであり，自分で字数内に要点をまとめる力が問われる問題が多いので，与えられた資料や文章が何を伝えたいのか考えながら参考にするようにしよう。

<作文Ⅱ解答例>

［問1］

(1)　ア，イ，キ

理由　からだが頭・むね・はらの3つの部分でできていて，むねに6本のあしがついているからです。

(2)　バッタが住んでいるところと，同じようなかん境にした方がよいからです。

［問2］

(1)　280ページ

求め方　通分すると$\frac{8}{20}$と$\frac{5}{20}$なので，その差$\frac{3}{20}$のわり合が42ページとなります。全体のページ数は$42 \div \frac{3}{20} = 280$（ページ）です。

(2)　26日

求め方　青い本の総ページ数を1とすると，最初の6日間は36日で読み終える速さなので，$\frac{1}{36} \times 6 = \frac{1}{6}$（ページ）読み終える。残りの$\frac{5}{6}$ページは24日で読み終える速さ$\frac{1}{24}$で読むので，$\frac{5}{6}\div\frac{1}{24}=20$(日)。したがって，$20+6=26$(日)です。

[問3]

(1) 時速5km

求め方 飛きゃくが走っていた時間は12(時間)×9(日間)＝108時間です。道のりを時間で割ることで速さを求めることができるので，540(km)÷108(時間)＝5で，時速5kmとなります。

(2) 飛きゃくがぼうのようなものをつかんでいるところが力点，飛きゃくがぼうのようなものをかたに乗せているところが支点，荷物をぼうのようなものにつり下げているところが作用点です。

(3) 力点から支点までのきょりを長く，支点から作用点までのきょりを短くすることで小さな力で大きなものを動かすことができます。荷物をつり下げる位置を変えずに，荷物をかたの方に近づければよいです。

[問4]

(1) 0.729m^3

求め方 立方体の一辺の長さは0.9mなので，$0.9\times0.9\times0.9=0.729(\text{m}^3)$です。

(2) 展開図

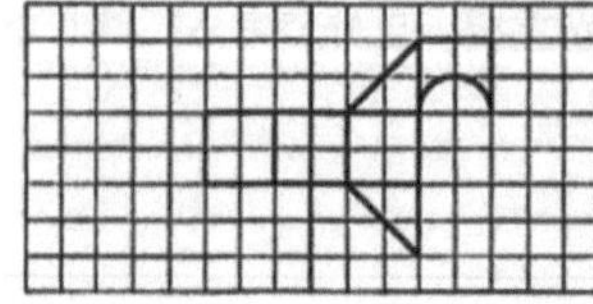

[問5]

(1) 電じしゃくはじしゃくとちがい，電流を流しているときだけじしゃくの性質をもつので，スチールかんを引きつけたり，はなしたりすることができるからです。

(2) 電池のつなぎ方の図

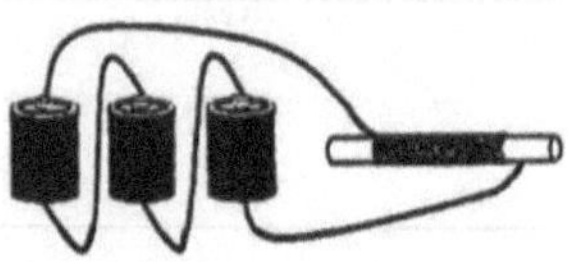

理由 かん電池を直列につなぐと，へい列につなぐときよりも大きな電流が流れるからです。

[問6]

(1) 96cm^2

求め方 もぞう紙の面積は，$60\times64=3840(\text{cm}^2)$なので，長方形の色画用紙1枚の面積は，$3840\div40=96(\text{cm}^2)$です。

(2) たて12cm，横8cm

求め方 長方形の色画用紙のまわりの長さの合計が40cmなので，たてと横の長さの合計は$40\div2=20$(cm)です。長方形の面積の求め方は「たて×横」なので，96cm^2を2つの数のかけ算にわけていきます。1×96，2×48，のように考えていくと，8×12となります。$8+12=20$(cm)となり，12は60，8は64の約数なので，長方形のたての長さは12cm，横の長さは8cmとなります。

(3) 122cm

求め方　70－15×4＝10(cm)なので，たてにとるすき間の合計は10cmとなります。たてには4枚はるので，すき間は5個分できます。10÷5＝2(cm)なので，すき間1個分は2cmとなります。横には画用紙10枚はるので，もぞう紙の横にはすき間が11個できます。よって，もぞう紙の横の長さは，10×10＋2×11＝122(cm)です。

○配点○

[問1]　各2点×3　[問2]　(1)・(2)答え　各2点×3　(2)求め方　3点
[問3]　(1)答え・求め方　各2点×2　(2)・(3)　各3点×2　[問4]　各2点×3
[問5]　各2点×3　[問6]　(1)・(2)・(3)答え　各2点×5　(3)求め方　3点　計50点

＜作文Ⅱ解説＞

基本 [問1]　(理科：こん虫のからだのつくり)

(1)　こん虫の特徴にはおもに・あたま，むね，はらが分かれている・むねに6本のあしがあるといったことがあげられる。

(2)　本来の生息環境に近づけることで，生き物がストレスなく生きることができる。

[問2]　(算数：割合)

(1)　分母が違う分数を比較しなくてはならない場合，混乱することが多いかもしれないが，まず初めにやることは通分である。通分によって多少見慣れない数字や大きすぎると感じるような数が出てきても気にしなくてよい。分数のまま計算することで，小数にすればわりきれずに無限に続いてしまうような数(無理数)もそのまま扱うことができるというメリットがある。

(2)　仕事算の考え方を使う。本を1冊全部読むときの仕事量を1としたとき，本を36日かけて全部読む場合の1日あたりの仕事量は$\frac{1}{36}$である。また，24日で読み終えるときの1日あたりの仕事量は$\frac{1}{24}$であるが，読まなくてはならないのは全体の$\frac{5}{6}$なので，読み終える日数を計算する式は$\frac{5}{6}\div\frac{1}{24}$となる。

重要 [問3]　(算数，理科：速さ，てこの原理)

(1)　速さは道のり÷時間で求められる。進んだ距離をかかった時間でわることで，単位時間あたりの進行距離を求めることができる。

(2)　てこの仕組みにおいて，「支点」とはてこを支える動かない点を，「力点」とはてこに力を加える場所を，「作用点」とは加えた力がはたらく点のことを指す。飛きゃくは棒のようなものを肩で支え，荷物をくくりつけていない方をにぎって下向きに力を加えることで，荷物を持ち上げている。

(3)　作用点と支点が近づくことで，小さい力で大きな作用を生み出すことができる。

[問4]　(算数：展開図)

(1)　立方体の体積を求める公式は「たて×横×高さ」である。単位に気をつける。

(2)　窓がどこに空いているのかをきちんと考える。

[問5]　（理科：電磁石）

(1)　普通の磁石を使った場合，磁石にくっつけて分別したスチールかんを磁石から引きはがす作業がさらに必要になってしまい，面倒である。

(2)　へい列につないだ場合では電流の強さは1本のときと同じであるが，直列につなぐと電流は強くなる。

[問6]　（算数：面積，植木算など）

(1)　全体の面積を出してはる画用紙の枚数でわればよい。

(2)　たして20，かけて96になるような整数の組み合わせを考える。また，それぞれたての長さは60の約数，横の長さは64の約数であることが必要である。

(3)　模造紙と模造紙の間だけでなく，模造紙の外側にも余白があることに注意する。

★ワンポイントアドバイス★

比較的容易な計算が多いものの，考えたことを筋道立ててきちんと表現する力が求められている。接続詞の使い方や単位の表記などにも留意して解答文を作成する。

平成29年度

★★★★★★★★★★★★★★★★★★★★★★★★

入　試　問　題

平成29年度

県立伊奈学園中学校入試問題

【作文Ⅰ】 (10ページから始まります。)

【作文Ⅱ】 (50分)　　＜満点：50点＞

【解答記入上の注意】

○解答らんに線が引いていないものは，解答らんにおさまるように書きましょう。

○記号，ひらがな，カタカナ，漢字，数字は1字として書きましょう。

○分数は1字として書きましょう。

○「kg」「cm」は2字，「cm^2」は3字として書きましょう。

○「，」や「。」「．(小数点)」も1字として書きましょう。

ただし，「，」や「。」がその行の最後にきたときは，最後のます目に入れましょう。

また，段落分けや改行はせず，続けて書きましょう。

〈記入例〉

㋐の面積は，$9\times\frac{10}{3}\div 4=7.5$ (cm^2) なので，全体の面積は，11．5cm^2です。

㋐	の	面	積	は	、	9	×	$\frac{10}{3}$	÷	4	=	7	.	5	(	c	m	2	)
な	の	で	、	全	体	の	面	積	は	、	1	1	.	5	c	m	2	で	す。

ゆうきさんとひかるさんは，同じ小学校に通う友だちです。

次の［問1］～［問6］に答えましょう。

［問1］ ゆうきさんとひかるさんは，学校でバレーボールを使って遊んでいます。

ゆうきさん「わたしのボールとひかるさんのボールは，大きさ，材質が同じだね。」

ひかるさん「そうだね。でも，わたしのボールはとても固くて，指で強くおしてもあまりへこまないよ。」

ゆうきさん「わたしのボールはひかるさんのボールとちがって，とてもやわらかくて，指で強くおすと大きくへこむよ。」

(1) ゆうきさんとひかるさんが，それぞれ自分の持っているボールを同じ高さからゆかに落とすと，高くはずむのはどちらの人が持っているボールですか。

(2) ゆうきさんとひかるさんが同じ高さからボールをゆかに落としたとき，ボールのはずむ高さにちがいが出る理由を，空気の性質にふれて100字以内で書きましょう。

［問2］ ゆうきさんとひかるさんは学校で，インゲンマメの種子の発芽と成長の様子について調べています。

ゆうきさん「インゲンマメが育つときの子葉のはたらきについて，子葉をうすいヨウ素液にひたして調べてみよう。」

ひかるさん「そうだね。ところで，うすいヨウ素液は何を調べる薬品で，どんな反応が起こることで何が確かめられるのかな。」

ゆうきさん「 ① 」

ひかるさん「そういう性質で色が変化するんだね。」

ゆうきさん「それから，発芽する前の種子の子葉と発芽してしばらくたった子葉をそれぞれうすいヨウ素液にひたすと，色の変化にちがいが出るみたいだよ。」

ひかるさん「そうなんだ。実験して確かめてみよう。」

⑴　ヨウ素液の説明として，①にあてはまる言葉を60字以内で書きましょう。

⑵　発芽する前の種子の子葉と発芽してしばらくたった子葉を，それぞれうすいヨウ素液にひたしたところ，発芽する前の種子の子葉は色が変化しましたが，発芽してしばらくたった子葉はあまり変化しませんでした。色の変化にちがいが出た理由を100字以内で書きましょう。

⑶　成長したインゲンマメの葉のつき方を真上から見てみると，たがいに重なり合わないようについていました。このように，葉が重ならないようについていることは，植物の成長にとって，どのように都合がよいのかを60字以内で書きましょう。

[問３]　ゆうきさんとひかるさんは，カレンダーを作ろうとしています。

ゆうきさん「用意した紙は何種類かあるけれど，どの紙を使おうかな。」

ひかるさん「カレンダーだから，少し厚めの紙の方がかべにはるときじょうぶで長持ちすると思うよ。」

ゆうきさん「そうだね。でも１枚の紙の厚さって実際はどのくらいなんだろう。定規で測ることは難しいね。」

ひかるさん「それなら紙を何枚も重ねてから測って，計算して求めることができないかな。」

⑴　１枚の紙の厚さは，その紙をたくさん重ねてから測って，計算することで求めることができます。その方法で求めることができる理由を「比例」という言葉を使って40字以内で書きましょう。

ひかるさん「この紙の代金はいくらだったのかな。」

ゆうきさん「定価は900円だったけれど，15％引きをしてくれたおかげで，持っていたお金で買うことができたよ。」

ひかるさん「135円も安くしてくれたんだね。」

ゆうきさん「計算が速いね。どうやって計算したのかな。」

⑵　ひかるさんは，135円安くしてくれたことを次のような式で計算しました。どのように考えて計算したかを60字以内で書きましょう。

$$900 \times 0.3 \div 2$$

ひかるさん「１月14日はゆうきさんの誕生日（たんじょうび）だね。」

ゆうきさん「そうなんだよ。今年は土曜日だね。」

ひかるさん「中学校を卒業する年の誕生日は何曜日になるのかな。」

⑶　平成29年１月14日は土曜日です。３年後の平成32年１月14日は何曜日になるか答えましょう。また，その求め方を120字以内で書きましょう。なお，平成29年１月から平成32年１月までの間にうるう日の２月29日はありません。

[問4] ゆうきさんとひかるさんは，ある週の晴れの日と雨の日の１日の気温の変化をそれぞれ調べました。

ゆうきさん「晴れの日と雨の日の気温をそれぞれ測ったけれど，気温を測るのは大変だったね。」

ひかるさん「そうだね。温度計で気温を測るときに気をつけなくてはいけないことが，いくつかあったからね」

ゆうきさん「そういえば，それぞれの日の気温の変化をＡとＢのグラフに表してみたけれど，天気を書き忘(わす)れたから，どちらが晴れの日の天気かわからなくなってしまったんだ。」

ひかるさん「大丈夫だよ。気温の変化の様子を比べれば，その日の天気を予想することができるよ。この場合，きっとＡのグラフが晴れの日だよ。」

ゆうきさん「なるほど。それぞれの日で気温の変化に特ちょうがあるから，グラフを見ればその日の天気がわかるんだね。」

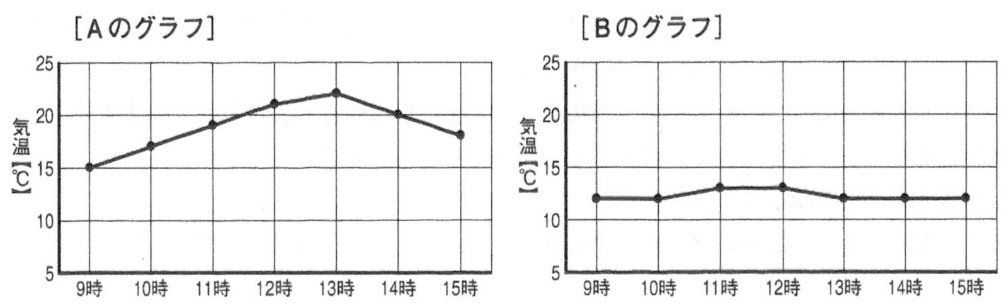

⑴　温度計を使って気温を測るとき，気をつけなくてはいけないことは何ですか。「高さ」，「風通し」，「日光」という言葉を使って60字以内で書きましょう。

⑵　ひかるさんが**Aのグラフ**を晴れの日と判断した理由を，グラフの特ちょうにふれて40字以内で書きましょう。

⑶　晴れの日と雨の日の気温の変化を比べると，雨の日のほうが最高気温が低くなっています。このような結果になる理由を「雲」，「太陽」という言葉を使って40字以内で書きましょう。

[問5] ゆうきさんとひかるさんは，家庭科クラブで使う卵(たまご)の準備をしています。

ゆうきさん「卵にはサイズがあるよね。どうやって決められているのかな。」

ひかるさん「卵の重さで決まっているそうだよ。」

ゆうきさん「ここにＭサイズ６個入りの卵のパックがあるよ。」

ひかるさん「Ｍサイズの卵は１個58ｇ以上64ｇ未満だそうだよ。それぞれの卵の重さを量ってみようか。」

卵の重さ（ｇ）	60.37	61.55	60.82	59.13	62.75	62.88

⑴　上の表は卵６個の重さを量り，表にまとめたものです。このパックの中にある卵の重さの平均を求めましょう。また，その求め方を100字以内で書きましょう。

ゆうきさん「ここにある箱の中にも卵がたくさんあるね。」

ひかるさん「箱の中に入っているのはすべてＭサイズの卵だよ。箱の重さを除いた卵だけの重さはちょうど10kgだったよ。」

⑵ 箱の中にある卵は，最も多い場合で何個になるか求めましょう。また，その求め方を100字以内で書きましょう。

ゆうきさん「家庭科クラブで今日使う卵を120個用意したよ。」
ひかるさん「クラブの全員に同じ個数ずつ配ったら10個余るね。」
ゆうきさん「そうだね。今回は４つの班に分かれて調理をするよ。それぞれの班に予備の卵も配りたいな。」
ひかるさん「それなら，120個の卵を１人に４個ずつ配ろうか。その後に，残りの卵を予備として４つの班にちょうど同じ数ずつ配ると120個使い切れるよ。」
ゆうきさん「全員に１個または２個の予備の卵があることになるね。そうしようか。」

⑶ 家庭科クラブの人数は何人か求めましょう。また，その求め方を書きましょう。ただし，家庭科クラブを４つの班に分けるとき，班員は同じ人数または１人の差になるように班を分けることとします。（字数の制限はありません。）

［問６］ ゆうきさんとひかるさんが，音楽会の合唱をＣＤに録音しようとしています。
ゆうきさん「ＣＤ１枚に何分間録音することができるのかな。」
ひかるさん「80分間録音できるね。」
ゆうきさん「あれ，このＣＤは何分間か録音してあるよ。ＣＤの録音してある部分は，色が少し変わっているね。」
ひかるさん「その部分に録音されているよ。何分間録音してあるのかな」

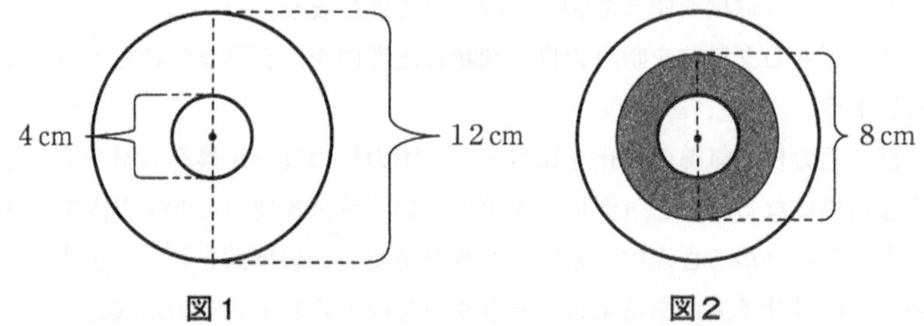

図１　　**図２**

⑴ まだ録音されていないＣＤ（**図１**）において，録音可能な部分の面積を求めましょう。また，その求め方を100字以内で書きましょう。ただし，円周率は3.14とします。

⑵ すでに録音されているＣＤ（**図２**）において，何分間録音されているか求めましょう。また，その求め方を書きましょう。ただし，円周率は3.14とし，録音されているのは色の付いている部分とします。（字数の制限はありません。）

ひかるさん「黒色の録音機械では，音楽会の合唱を録音したＣＤを１枚作るのに８分かかるね。」
ゆうきさん「白色の録音機械では，１枚作るのに６分かかるね。」
ひかるさん「黒色と白色の２台の録音機械を同時に使い始めると，40枚の合唱ＣＤを作るのに何分間かかるかな。」

⑶ 黒色と白色の２台の録音機械を同時に使い始めると，40枚の合唱ＣＤを作るためには最短で何分間かかるか求めましょう。また，その求め方を書きましょう。ただし，ＣＤを入れかえる時間は考えません。（字数の制限はありません。）

なたにはわかりますか。」

　そう言われて、返す言葉がありませんでした。たしかに、「不治」と書くことは、死ぬまで治らないと宣告しているのと同じです。数人の医者から聞いたからといって、それが全国の患者さんに共通の専門知識なのかどうかもわかりません。

「難病」という言葉にはすでに、「治療がむずかしい」という意味がふくまれているのですから、それをあえて「不治」と呼ぶことで、①患者さんを突き放すべきではなかったのです。

　患者にそう言われ、私は深く反省しました。その難病について、さらにくわしく調べ、②続報を書きました。その患者さんは、私を個人的に責めることが目的ではなく、その病気をもっと広く社会に知ってもらい、理解をしてほしい、という望みを持っていらしたからです。

「他人の足を踏んだ人には、踏まれた人の［③］がわからない」といいます。さりげない言葉ですが、真実をついています。

（『発信力の育てかた』外岡秀俊　著より）

＊鋭利…刃物などがするどくてよく切れるようす。

問一　筆者の職業は何だと考えられますか。漢字四字で書きましょう。また、そう考えた理由を、次の文の空らんに二〇字以上三〇字以内で書きましょう。

　筆者は、［　　　　］からです。

問二　――線部①とありますが、「患者さんを突き放す」とはどういう意味ですか。次の文の空らんに、一〇字以内で書きましょう。

　患者さんの［　　　　］という意味です。

問三　――線部②とありますが、どうして筆者は続報を書いたのですか。次の文の空らんに、三五字以上四五字以内で書きましょう。

　患者さんが、［　　　　］からです。

問四　文章中の空らん［③］には、**人の感覚を表す言葉**が入ります。あてはまる言葉を、**ひらがな三字**で書きましょう。

問五　言葉で人を傷つけないために、あなたはどのようなことに気をつけていますか。次の（注意）にしたがって書きましょう。

（注意）

○　題名、氏名は書かずに、一行目から本文を書きましょう。

○　作文は、段落や組み立てを工夫して書きましょう。

○　作文は、思っていることや考えていることだけでなく、あなたが行っていること（または行ったこと）もふくめて書きましょう。

○　作文は、八行以上一〇行以内で書きましょう。

少年の目に、かすかになみだがにじんだ。

――あいつは、よくやった。

少年の心に、なにかが、ぴんと糸を張る。

あまえるな。

なまけるな。

力いっぱい飛べ。

――②このつぎの駅でおりよう。そして、砂浜を走って帰ろう。

少年の胸に、足のうらをさすざらざらした砂の感触が、なまなましくよみがえった。

列車はカーブをまわり、速度を落としはじめる。少年は、ひとみに光をとりもどして、いきおいよく立ちあがった。

どこかで雨があがったのか、海に大きなにじが出ている。

（『ふたたびかもめ』　杉みき子　著より）

＊面目を失する…名誉をうしなうこと

問一　――線部ア「家出」のように、訓読みの漢字を組み合わせた二字の熟語とその読み方を書きましょう。

また、その熟語を用いて、一五字以上二〇字以内で主語と述語をはっきりさせて短文を作りましょう。

問二　――線部イ「無意識」は、上の一字が下の二字を打ち消す漢字「無」をつけた熟語です。このように、あとに続く言葉を打ち消す漢字がつく三字の熟語を、「無」以外の漢字を用いて一つ書きましょう。

また、その熟語を用いて、一五字以上二〇字以内で主語と述語をはっきりさせて短文を作りましょう。

問三　――線部①とありますが、このときの少年の気持ちを「気持ちです。」という言葉で終わるように、次の文の空らんに一五字以上二〇字以内で書きましょう。

［　　　　］気持ちです。

問四　――線部②とありますが、少年がこのように思った理由を、「からです。」という言葉で終わるように、次の文の空らんに四〇字以上五〇字以内で書きましょう。

［　　　　］からです。

四　次の文章を読み、あとの問一～問五に答えましょう。

みなさんはつらい目にあったとき、親や先生、友だちのなにげない一言で救われたということがありませんか。目と同じく、口からこぼれる言葉は心とじかに結びついていて、その口調や響きが相手の心に届き、励ましたり、奮い立たせたりします。

その一方で、言葉は人の心を傷つける＊鋭利な刃にもなります。なにげない言葉が、その人に一生忘れられない傷を残すことだってあるのです。

あるとき、私は横浜支局で難病の取材をし、医者から言われた通り、記事に「不治の病」という表現を使ってしまいました。

記事が掲載された日に、その難病を患う女性から電話を受け取りました。「あなたの記事が、私の希望を打ちくだいた」というのです。すぐにご自宅に駆けつけました。

「難病でも、患者は、いつかは新薬が開発されるかもしれない。がんばれば、奇跡が起きて、治るかもしれない。そんなかすかな希望を支えに闘病しているんです。『不治の病』という言葉が、どんなに残酷か、あ

問一 ［ア］にあてはまる言葉を、ローマ字の**小文字**で書きましょう。
解答用紙にある四本線を使って書きましょう。

問二 **写真**に写っているものは、いつ、何のために使われるものですか。三〇字以上五〇字以内で書きましょう。ただし、**ローマ字は使わずに**書きましょう。

三 次の文章を読み、あとの問一～問四に答えましょう。

海ぞいに走る鈍行列車の片すみの席に、少年はいた。

冬のはじめの、どんよりとくもった昼すぎ。車内には、ほんの数人の人影が、うつむいているだけ。

少年はだまって、窓にもたれる。目がおちつかない。だれにも言わずに、家を出てきたのだ。もう帰らない、帰りたくない、と、自分に念を押すように思いつづける。

といって、ア家出、というほどきっぱりしたつもりでもなかった。課外活動の陸上競技に熱中しすぎて、成績がいくらかさがってきたのを、けさ、母親にやや強く言われて、おもしろくない。深くも考えずに、自由になるお金をありったけかきあつめて、ゆきあたりばったりの列車に乗ったのだ。

こんなときでも、おさないころからのくせで、海の見えるがわへ席をとる。しかし、放心した目は、なにも見ていない。ふと、＊面目を失しないで帰宅するにはどうしたらよかろうと弱気に考え、すぐさままた、なんとかなるさ、帰るもんか、と思う。窓ガラスが、少年の息でくもる。

ふと、その窓ガラスに、大きなしみのようなものを感じて、少年は目をあげた。

しみ？　いや、かもめだ。かもめが一羽、全身の力をこめてはげしく羽ばたきながら、列車とおなじ方向に、まっすぐに飛んでゆく。そうとさとりながら、少年はまたも、それがなにかのしみではないか――紙きれかなにかが、外がわからぴったり窓ガラスにはりついているのではないか、とうたがった。そんな錯覚をおこさせるほど、その鳥影は、窓ガラスのおなじ位置にぴったりはりついて――ということはつまり、走っている列車とまったくおなじ速度で、必死に羽ばたいていたのである。

一分、二分。鳥影は、なおもおなじ位置にはりついている。この列車に、この少年に、ぬきさしならぬ用でもあるかのように。

しかも――少年はふと気づいて、われ知らず赤面した。自分は、暖房のきいた列車の中に、のんびりとすわっている。あの鳥は、自分のつばさで羽ばたくことによってしか、まえに進めない。だから、あの鳥は、けんめいに羽ばたいている。前進している。自分の意志と力だけをたよりに。

①少年は、鳥から目がはなせなくなった。イ無意識にこぶしをにぎりしめ、がんばれ、がんばれ、と小さな声をたてた。列車なんかに負けるな、ぼくなんかに負けるな。このいくじなしのぼくなんかに――。

しかし、鳥の速度はしだいに落ちてきた。つばさの動きが、目に見えるほどにぶくなる。

窓ガラスにうつる影の位置が、すこしずつずれてきた。そしてついに、うしろの窓へ、さらにまたうしろへ――。

少年は、からだごとふりむいて、鳥のゆくえを追う。小さな影は、やがて力つきたように視界から消えた。少年の目に、白い一点の残像をのこして。

資料6　ノルマントン号事件の説明と風刺画

ノルマントン号事件

1886年、和歌山県沖の海で、イギリス貨物船ノルマントン号が沈没(ちんぼつ)しました。このとき船長以下26人の西洋人船員は救命ボートに乗って助かりました。しかし、日本人の乗客25人は全員おぼれて死にました。

(1)イギリス人船長は、日本人を救おうとしたがボートに乗ろうとしなかったなどと証言して、裁判の結果、軽い刑罰を受けただけでした。

資料7　江戸時代末期から明治時代のできごと

年号	できごと
1853年	ペリーが来航する
1858年	アメリカをはじめとする5か国と修好通商条約を結ぶ
1868年	明治新政府が成立する
1871年	岩倉使節団が外国をおとずれる
1889年	大日本帝国(ていこく)憲法が発布される
1894年	日清戦争が始まる
1904年	日露(にちろ)戦争が始まる
1910年	朝鮮(ちょうせん)(韓国(かんこく))を併合(へいごう)する
1911年	**(2)アメリカとの条約を改正する**

資料8

二　外国人観光客から、**写真**に写っているものについて次のように質問されました。問一、問二に答えましょう。

写真

資料２　コンテナが積みこまれた船の様子

静岡県御前崎港管理事務所ホームページより

資料３　コンテナが使われるようになる前後の比較

	コンテナが使われるようになる前		コンテナが使われるようになってから
積みこむ方法	ばらばらの大きさの荷物をロープや木箱でまとめて、たくさんの人で積みこんでいた。	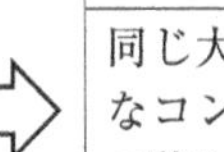	同じ大きさと形で、大きくて丈夫なコンテナごと、大型のクレーンで積みこむようになった。
積みこみにかかる時間	大きな船だと数週間かかった。	⇨	大きな船でも数十時間で積みこめるようになった。

資料４　吉野ヶ里遺跡の様子

一部を拡大

資料５　吉野ヶ里遺跡から出土したもの

頭部のない人骨

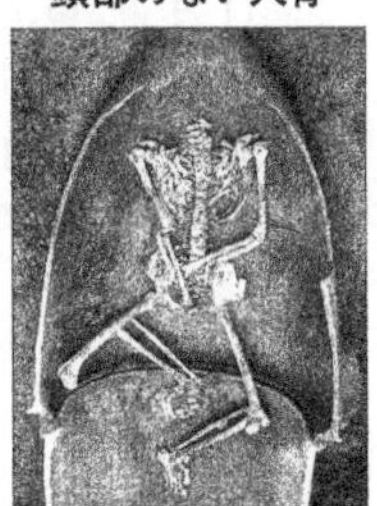

戦いに使われたとされる銅剣

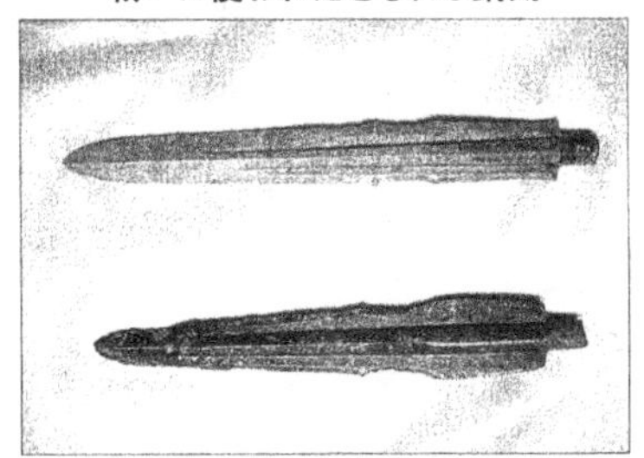

IPA「教育用画像素材集サイト」より

【作文Ⅰ】 〈五〇分〉 〈満点：五〇点〉

一 次の問一～問四に答えましょう。

問一 下の**資料1**は、下の**地図**中に示した**札幌**（さっぽろ）、**松本**、**横浜**、**那覇**（なは）における**各月と年間の平均気温**を表しています。**資料1**の**ア**～**エ**の中から**札幌**にあたるものを一つ選び、記号で答えましょう。また、それを選んだ理由を、**地図**を見て、三〇字以上四〇字以内で書きましょう。

問二 島国である日本では、輸出品や輸入品は主に船で輸送されています。外国との輸出入においては、荷物をコンテナと呼ばれる大きな箱に入れて、それごと輸送できるコンテナ船が多く使われています。次のページの**資料2**は**コンテナが積みこまれた船の様子**、**資料3**は**コンテナが使われるようになる前後の比較**です。**資料2**と**資料3**を見て、コンテナを使う理由を三〇字以上五〇字以内で書きましょう。

問三 次のページの**資料4**は**吉野ヶ里遺跡**（よしのがりいせき）**の様子**を表しています。また、**資料5**は**吉野ヶ里遺跡から出土したもの**の写真です。吉野ヶ里遺跡の集落のつくりに見られる工夫とその理由を、**資料4**と**資料5**を見て、「食料や土地」という言葉を使って、四〇字以上七〇字以内で書きましょう。

問四 日本の外交に関する8ページの**資料6**～**資料8**を見て、①、②の問題に答えましょう。

① **資料6**は、**ノルマントン号事件の説明と風刺画**（ふうしが）です。**下線部**(1)のように、イギリス人船長が裁判（さいばん）の結果、軽い刑罰（けいばつ）になった理由を、**資料7**中の言葉と、「外国」という言葉を使って、三〇字以上五〇字以内で書きましょう。

② **資料7**の**下線部**(2)について、アメリカとの条約の改正に力を尽（つ）くした**資料8**の人物名を答えましょう。また、この条約の改正によって日本ができるようになったことを、二〇字以上四〇字以内で書きましょう。

資料1　各月と年間の平均気温（℃）

	ア	イ	ウ	エ
1月	5.9	17.0	-3.6	-0.4
2月	6.2	17.1	-3.1	0.2
3月	9.1	18.9	0.6	3.9
4月	14.2	21.4	7.1	10.6
5月	18.3	24.0	12.4	16.0
6月	21.3	26.8	16.7	19.9
7月	25.0	28.9	20.5	23.6
8月	26.7	28.7	22.3	24.7
9月	23.3	27.6	18.1	20.0
10月	18.0	25.2	11.8	13.2
11月	13.0	22.1	4.9	7.4
12月	8.5	18.7	-0.9	2.3
年間	15.8	23.0	8.9	11.8

気象庁（きしょうちょう）ホームページより作成

地図

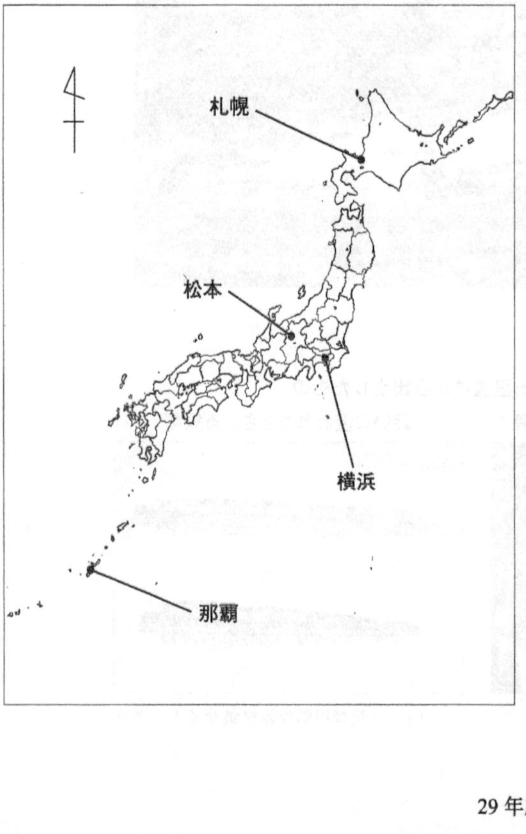

平　成　29　年　度

解　答　と　解　説

《平成29年度の配点は解答欄に掲載してあります。》

＜作文Ⅰ解答例＞

一　問一　(記号)ウ　(理由)札幌はこの4地点の中で最も北にあり，気温が一番低いと考えられるからです。

問二　コンテナとクレーンの利用で，積みこみが容易になり，積みこむ手間と時間を減らすことができるからです。

問三　当時は，食料や土地，水などをめぐって，むらとむらとの争いが起こるようになったので，むらを守るために集落の周りにほりやさくを設置しています。

問四　①　1858年に結ばれた修好通商条約によって，外国の領事裁判権が認められていたからです。

②(人物)小村寿太郎

(日本ができるようになったこと)

外国からの輸入品にかける関税を，日本が自由に決められるようになりました。

二　問一　koinobori

問二　五月五日のこどもの日，男の子がいる家族が息子の健康と成長をいのってかざるもの

三　問一　(熟語)砂浜(すなはま)

(短文)目の前にはきれいな砂浜が広がっている。

問二　(熟語)不安定

(短文)今年の夏は不安定な天気が続いた。

問三　けんめいに羽ばたく鳥を応えんする(気持ちです。)

問四　列車の横を飛ぶ鳥のけんめいなすがたを応えんするうちに，自分の弱さに気づき，自分もがんばろうと思った(からです。)

四　問一　(漢字四字)新聞記者

(そう考えた理由)取材したことを記事にするという仕事をしている

問二　希望を打ちくだく

問三　自分の病気を広く社会に知ってもらい，理解をしてほしい，という望みを持っていらした

問四　いたみ

問五　私は言葉で人を傷つけないために，相手の気持ちに共感するように気をつけています。

私はよく友人から悩みを相談されます。そのとき，私は自分ができる解決方法を押しつけず，その人が今どのような気持ちで，どのようにしたいのかを考えて，その人ができることをアドバイスするようにしています。

そのように，自分と相手の考えがちがうことを理解し，相手の立場に立って話を

することをいつも大切にしています。

○配点○

一　問一　5点　問四　①　2点　②　3点　他　各4点×2　二　各2点×2

三　問一・二・四　各3点×3　問三　2点

四　問一　3点　問五　8点　他　各2点×3　計50点

＜作文Ⅰ解説＞

基本　一　**（国語・理科・社会：気温，コンテナ，吉野ヶ里遺跡，ノルマントン号事件）**

問一　平均気温の高低・推移から都市の位置を推測する問題。札幌は4地点の中では最も北にある地域であるため，平均気温も最も低い地域であることが考えられる。位置と気温の関係が理由として書かれていればよい。ちなみに気温が最も高いイは那覇，一年間の気温の変化が大きく，全体としてアよりやや気温の低いエは，内陸の高地に位置する松本。残るアは海沿いで変化の差が小さい横浜である。

問二　資料からコンテナの利点を読み取る。解答例の他にも，丈夫なコンテナによる貨物輸送の安全さにふれても良いだろう。

問三　**資料**４の集落に見られるほりやさく，やぐらなどの防衛設備や**資料**５の出土品から，むら同士の戦いがあったことを読み取る。「食料や土地」は争いの原因として書かれていればよい。

問四　①日本は外国の領事裁判権を認めていたため，国内で外国人が起こした犯罪を自国で裁くことができなかったのである。**資料**７から領事裁判権を認めたきっかけのできごとを見つける。

②小村寿太郎外相は，「日本の関税自主権を認めない」などの不平等な修好通商条約の改正に成功した。

二　**（国語：ローマ字，説明）**

問一　写真の「こいのぼり」をローマ字を使って書く。

問二　こいのぼりを知らない相手にわかりやすく説明する。「こどもの日」だけでなく日付も書くと親切だろう。

三　**（国語：語彙，読解）**

問一　他にも，「朝日」（あさひ），「雨雲」（あまぐも）「川岸」（かわぎし）など多数ある。短文は「何が，どんなだ/どうした」と主語・述語がはっきり分かる文章にしよう。

問二　他にも，「非」・「非常識」「未」・「未発見」などがある。

問三　少年が見ているのはぼう線部の直前に書かれた，けんめいに羽ばたく鳥のようすである。次の文で「がんばれ，がんばれ」と言っていることから，少年の気持ちは鳥を応えんする気持ちであると分かる。

問四　母親にしかられていじけていた少年が，けんめいに羽ばたく鳥の姿に胸をうたれ，自分の弱さを反省している。ぼう線部直前の「あまえるな。なまけるな。力いっぱい飛べ。」から，少年が鳥をみならい，自分をはげましていることが読み取れる。

四　**（国語：読解，語彙，作文）**

問一　三段落目で，「難病の取材をし」「記事に…使ってしまいました」と書かれている。ここから，筆者が取材をし，それについて記事を書く仕事をしていることを読み取り，筆者の職業が「新聞記者」

だとわかればよい。

問二　ぼう線部のある一文を読むと，難病を「不治」と表現したことが，患者さんを突き放した行いだとわかる。また，「患者さんの」につながるように答える必要があるので，患者さんの立場から「突き放す」とはどういう意味を書くことが求められている。四段落目で，「不治の病」と表現した記事が掲載されたことで，その難病を患う女性が「あなたの記事が，私の希望を打ちくだいた」と伝えてきたことから，「突き放す」とは「希望を打ちくだく」ことだと読み取れる。

問三　ぼう線部の次の文章を見ると，「からです。」で終わっている。ここから，次の文章では，筆者が難病について続報を書いた理由が述べられていることが分かる。「私を個人的に責めることが目的ではなく」なので，この部分は続報を書いた理由からはのぞく。三五字以上四五字以内に収まるように，患者さんが，病気を広く社会に知ってもらい，理解してほしいという望みをもっていたということが伝わる内容が書かれていればよい。

問四　空らんには，足を踏まれた人はどのように感じるのかを，ひらがな三字で表現する。

問五　評価の観点は①指示された内容が適切に書かれているか，②段落や組み立ては工夫されているか，③意味が十分に伝わる文か，④げんこう用紙を正しく使い，八行以上一〇行以内で書いてあるか，である。①は，言葉で人を傷つけないために自分が気をつけていることが明記されていればよい。②は，最初の段落に自分が気をつけていること，二段落目に自分が行っていること，または行ったことの具体的な内容，最後の段落に全体のまとめを書くような組み立てだとよいだろう。③は，自分が気をつけていることと，各段落の内容が統一された内容であるかどうかが問われている。話がずれていたり，気をつけることと，その具体的なエピソードが対応していればよい。④は，題名，氏名は書かなくてよいが，一マス目を空けているか，句読点も一つの文字としてあつかっているかなど，基本的なルールと，注意されている文章量を守れているかがポイントである。

★ワンポイントアドバイス★

記述を書くときは，字数や語句など，指定されている条件に気を付けること。読む分量も多いので，ペース配分にも注意しよう。

＜作文Ⅱ解答例＞

〔問1〕 (1) 【選んだ人物】ひかるさん

(2) 【理由】たくさんの空気がとじこめられているひかるさんのボールの方が，ゆかにあたってボールの空気が押しちぢめられたとき，もとにもどろうとする力が大きくはたらくからです。

〔問2〕 (1) 【説明】ヨウ素液は，でんぷんを青むらさき色に変える性質があるので，でんぷんがふくまれているかを調べることができるよ。

(2) 【理由】発芽する前の種子の子葉にはでんぷんが多くふくまれていますが，発芽してしばらくたった子葉には発芽するときにでんぷんが養分として使われてしまったため，あまりでんぷんが残っていないからです。

(3) 【説明】葉が重ならないようについていると，どの葉にも日光が当たり，植物が成長するための養分をつくりやすくなるからです。

〔問3〕 (1) 【理由】紙の枚数と紙のたばの厚さは比例するからです。

(2) 【方法】15％は30％の半分だから，900円の30％を計算してからその金額を2でわりました。

(3) 【答え】火曜日

【理由】1年間は365日だから3年間で365×3＝1095(日)です。1週間は7日なので1095÷7＝156あまり3より，3年後の1月14日は156週と3日後です。今年は土曜日なので，3年後の1月14日は，火曜日になります。

〔問4〕 (1) 【方法】日光が直接当たらない，風通しのよい場所で，地面から1.2mから1.5mの高さのところで測ることです。

(2) 【理由】最高気温と最低気温の差が大きく，グラフが山のような形になっているからです。

(3) 【理由】雨の日は，太陽が雲でさえぎられるので気温があまり上がらないからです。

〔問5〕 (1) 【答え】61.25g

【求め方】たまご6個の重さの合計は60.37＋61.55＋60.82＋59.13＋62.75＋62.88＝367.5(g)なので，重さの平均は，367.5÷6＝61.25(g)です。

(2) 【答え】172個

【求め方】箱の中に入っているたまご全体の重さは10000gで，最も多い場合はすべてのたまごが58gのときです。だから，10000÷58＝172あまり24なので，172個です。

(3) 【答え】22人

【求め方】110個のたまごをクラブの全員に配るので，人数は110の約数で11以上の，11人，22人，55人，110人のいずれかです。このとき，4個ずつたまごを配ると，それぞれ44個，88個，220個，440個のたまごが必要です。たまごは120個あるので，クラブの人数は，11人，22人のどちらかになります。このとき，残りのたまごはそれぞれ76個，32個となり，どちらの場合でも4で割り切れます。11人のとき，少なくとも6個の予備のたまごが配れるので，22人です。

〔問6〕 (1) 【答え】100.48cm²

【求め方】CDの大きな円の半径は6cm，小さな円の半径は2cmなので，CDの面積は，6×6×3.14－2×2×3.14＝113.04－12.56＝100.48(cm²)となります。

(2) 【答え】30分間

【求め方】色がついている円の半径は4cmなので，その面積は
4×4×3.14－2×2×3.14＝50.24－12.56＝37.68(cm²)，37.68÷100.48＝0.375なので，80×0.375＝30(分間)録音されています。

(3) 【答え】138分間

【求め方】6と8の最小公倍数は24なので，24分間に4＋3＝7(枚)のCDが作れます。40÷7＝5あまり5なので，24×5＝120(分間)で35枚のCDが作れます。残りの5枚を作るためには，黒色の録音機械で2枚，白色の録音機械で3枚作ればよいので，40枚のCDを作るには最短で，120＋6×3＝138(分間)かかります。

○配点○

〔問1〕 (1) 1点　(2) 2点

〔問2〕 (1) 2点　他　各3点×2

〔問3〕 (1)・(2) 各2点×2　(3) 【答え】2点　【説明】3点

〔問4〕 (1) 3点　他　各2点×2

〔問5〕 (1) 【答え】1点 【求め方】2点 (2) 【答え】1点 【求め方】2点
(3) 【答え】2点 【求め方】3点
〔問6〕 (1) 【答え】1点 【求め方】2点 (2) 【答え】2点 【求め方】2点
(3) 【答え】2点 【求め方】3点 計50点

＜作文Ⅱ解説＞

基本 **〔問1〕（理科：物質）**

(1) (2) とじこめられた空気はおしちぢめられるともとの形にもどろうとする力がはたらく。そのため，ゆかに落ちて，ボールがへこむと，中にある空気もおしちぢめられ，もどろうとした結果ボールがはずむ。

ひかるさんはかたいボール，**ゆうきさん**はやわらかいボールを持っている。かたいほどたくさんの空気が入っていて，もどろうとする力も大きくなるのである。「空気の性質にふれて」という条件があるので，空気の「もとにもどろうとする力」という特ちょうと，かたい，つまり空気が多い方がどのようであるのかを書けていればよい。

〔問2〕（理科：インゲンマメの種子の発芽と成長）

(1) 葉のほかにも，じゃがいもやとうもろこし，もち米などさまざまなものでも，でんぷんがあることを確認できる。ヨウ素液は食べても飲んでもいけないので，実験した後のものは絶対に口に入れないようにしよう。

(2) 植物は，日光に当たって，養分としてでんぷんを作る。種子の中で最も栄養(でんぷん)をたくわえているのが子葉であり，その養分は植物の成長のために使われる。発芽の後すぐに子葉をとってしまうと，植物の成長は悪くなる。また，発芽するには，十分な水分，空気，適当な温度が必要である。

(3) 葉は，日光に当たることで養分を作り，たくわえるという役割（やくわり）がある。光合成には，水，二酸化炭素（にさんかたんそ）と，光が必要なので，すべての葉に光が当たるような葉のつき方をする。十分な光を得るために，植物はほかにもさまざまな工夫をしている。例えば，ほかの草木より高くのびようとしたり，太陽の光を受けやすい角度に葉がむいたりということがある。

〔問3〕（算数：比例，値引き，曜日）

(1) 「比例」とは，ある量が2倍，3倍になると，もう一方のものの量も2倍，3倍となることである。これを紙の厚さと紙の枚数の関係に当てはめて書けていればよい。また，何枚も重ねた紙から紙1枚の厚さを測るためには，(全体の厚さ)÷(重ねた紙の枚数)で求めることができる。

(2) 計算は原則，前から順番に行うので，計算の順番にしたがって意味を考えればよい。900円の15%引きは，900×0.15(円)安くなるということだ。つまり，900×0.3÷2は，900円の30%引きを求めて，その答えを2で割（わ）っていることになる。

(3) 曜日を求めたいので，平成29年1月14日の土曜日を基準に考えればよい。3年間で土曜日が何回くるのか(何週するのか)を計算する。あまりが何を表しているのかに気をつけよう。

〔問4〕（理科：晴れの日と雨の日の気温の変化）

(1) 部屋の中と外，高さに，また草原と砂地のように場所によっても温度が変化する。高さが地面から1.2mから1.5mくらいであるのは，地面は太陽の熱をはねかえし，空気をあたためるので，地面からくる熱に直接えいきょうされない高さであるためだ。また，ちょうど人が立ったときに呼吸をする高さであり，人の生活にとても関係しているということも理由の1つだ。

「日光が直接当たらない」「風通しが良い」ようにするのは，空気の温度を測るために，地面の熱と同じように，日光の熱のえいきょうを受けないようにする必要があるからである。

(2)(3) 地面の温度は，太陽がのぼりきる昼すぎに最も高くなるが，気温は午後1時～2時ごろに最高になる。これは，地面のほうが空気よりあたたまりやすく，あたたまった地面からの熱で空気があたためられることと時間差があるためだ。

また，くもりの日は，太陽が雲にさえぎられて気温があがりにくいと同時に，熱がにげにくいため，気温がさがりにくいという特ちょうもある。今回は，最高気温が低くなっている理由を「太陽」と「雲」を使って説明するので，くもりの日に気温が上がりにくい理由を述べていればよい。

〔問5〕（算数：平均，個数，人数の分け方）

(1) 平均を求めるので，卵(たまご)全部の重さを，卵の数で割ればよい。

(2) 卵全部の重さは10kgと決まっているので，最も数を多くするには，すべての卵が最も軽ければよい。単位が「kg」と「g」とちがっていることに気をつけよう。どちらかの単位にあわせて個数を求められていればよい。

(3) 「全員に同じ個数ずつ配ったら10個余る」ので，クラブの人数は11人以上いることが分かる。さらに，110個の卵がちょうど配れる人数なので，110の約数である11，22，55，110のどれかになる。このとき，全員に4個ずつ配ると55人，110人のとき卵の個数120個を超えてしまうため11人か22人のどちらかになる。ここで11人のとき，4つの班に分けると2人の班が1つと3人の班が3つできる。一人に4個ずつ配ると残り76個になり，予備の卵をひとつの班に19個ずつ配ることになる。つまり一人あたり予備の卵は6，7，9，10個になる人が出てくる。これは問題文にある「全員に1個または2個の予備の卵がある」に矛盾(むじゅん)している。一方，22人のとき，4つの班に分けると5人の班が2つ，6人の班が2つできる。一人に4個ずつ配ると残り32個になり，予備の卵をひとつの班に8個ずつ配ることになる。つまり一人あたり予備の卵は1個または2個となる。

〔問6〕（算数：CDの録音時間）

(1) 大きな円と小さな円に分けて考えれば求めやすい。ここで求められた面積分で80分間の録音が可能である。

(2) 色がついている円を大きい円，その中の円を小さい円と考えて，(1)と同じように面積を求める。100.48cm^{2}で80分をもとに，37.68cm^{2}では何分かを計算する。

(3) 2つの機械をばらばらに考えるのではなく，ある決まった時間をもとにして考える。6分と8分の最小公倍数24を基準にすると，それぞれCDを4枚と3枚作り上げていることになる。24分間で合計7枚ということは，120分間で35枚作れる。

残りの5枚は，2つの機械でばらばらに考えた方がよい。黒色の録音機械で2枚作ると，16分，白色の録音機械で3枚作ると18分かかる。同時に動いているので，残りのCDを作り終わるのは18分後。時間を16分と18分の両方ともたさないように気をつける。

★ワンポイントアドバイス★

身近な場面や設定での問題が多い。日常的に計算に触れたり，理科的な事象に興味を持っていると解きやすいだろう。

データ対応

収録から外れてしまった年度の
解答解説・解答用紙を弊社ホームページで公開しております。
巻頭ページ<収録内容>下方のQRコードからアクセス可。

※都合によりホームページでの公開ができない問題については，
次ページ以降に収録しております。

平成28年度

県立伊奈学園中学校入試問題

【作文Ⅰ】 （10ページから始まります。）
【作文Ⅱ】 （50分）　　＜満点：50点＞

【解答記入上の注意】

○　解答らんに線が引いていないものは，解答らんにおさまるように書きましょう。
○　記号，ひらがな，カタカナ，漢字，数字は１字として書きましょう。
○　分数は１字として書きましょう。
○　「mL」「cm」は２字，「cm^2」は３字として書きましょう。
○　「，」や「。」「.（小数点）」も１字として書きましょう。
　ただし，「，」や「。」がその行の最後にきたときは，最後のます目に入れましょう。
　また，段落分けや改行はせず，続けて書きましょう。

〈記入例〉
　㋐の面積は，$9\times\frac{10}{3}\div4=7.5$（cm^2）なので，全体の面積は，11.5cm^{2}です。

㋐	の	面	積	は	、	9	×	$\frac{10}{3}$	÷	4	＝	7	.	5	（	c	m	2	）
な	の	で	、	全	体	の	面	積	は	、	1	1	.	5	c	m	2	で	す。

ゆうきさんとひかるさんは，同じ小学校に通う友だちです。
次の［**問１**］～［**問６**］に答えましょう。

［**問１**］　ゆうきさんとひかるさんは，学校の校庭の鉄棒でけんすい運動をしていました。

ゆうきさん「けんすい運動で力を入れてうでを曲げると，うでのきん肉がかたくなるね。」
ひかるさん「そうだね。でも，力をぬいてうでをのばすと，きん肉はまたやわらかくなるね。」

⑴　うでに力を入れたとき，きん肉がかたくなる理由を，「きん肉」という言葉を使って，40字以内で書きましょう。

⑵　人がからだを動かすことができる理由を，「関節」という言葉を使って，80字以内で書きましょう。

［**問２**］　ゆうきさんとひかるさんが，お楽しみ会のかざりの準備をしています。

ゆうきさん「ここに，たてが60cm，横が96cmの長方形の紙があるけれど，何かつくれないかな。」
ひかるさん「いくつかの正方形に切り分けて，つるを折るのはどうかな。」
ゆうきさん「紙を余りなく使って，すべて同じ大きさの正方形に切り分けよう。その正方形をできるだけ大きくしたいね。」

⑴　長方形の紙を余りなく使って，すべて同じ大きさの正方形で，１枚の大きさをできるだけ大きな正方形に切り分けるとき，何枚の正方形に分けることができるか求めましょう。また，その求め方を120字以内で書きましょう。

ゆうきさん「1枚の正方形をできるだけ大きくして，紙を余りなく使うためには他にどんな切り方があるかな。」

ひかるさん「同じ大きさの正方形にはならないけれど，この切り方はどうかな。これだといろいろな大きさの正方形がつくれるよ。」

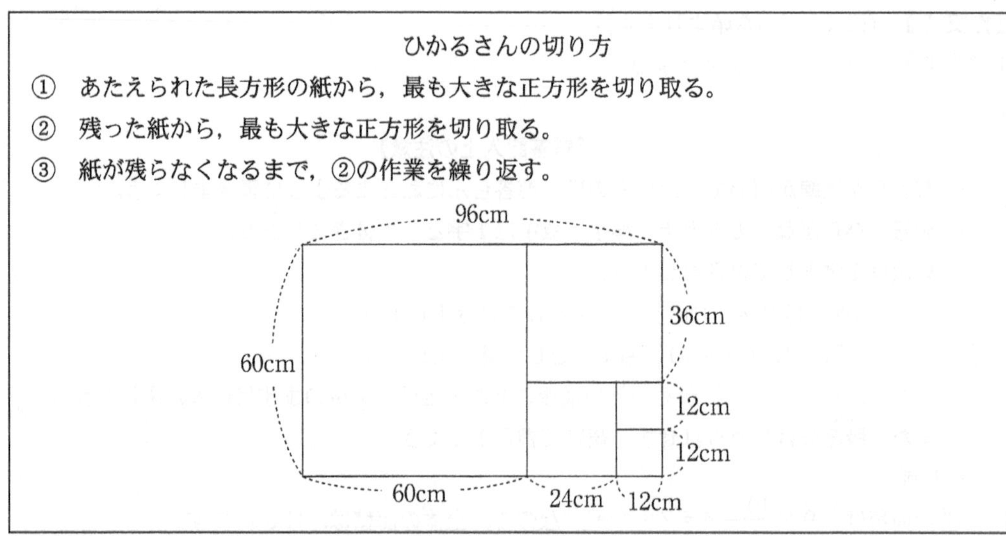

ゆうきさん「なるほど，わたしもひかるさんの切り方で，別の大きさの長方形の紙を切ってみたら，いちばん大きい正方形が1枚，2番目に大きい正方形が2枚，3番目に大きい正方形が3枚，最後に1辺が2㎝の正方形が4枚できたよ。」

⑵ ゆうきさんが切った，もとの長方形の紙のたてと横の長さを求めましょう。また，その求め方を160字以内で書きましょう。ただし，長方形の紙は横の長さを長くします。

［問3］ ゆうきさんとひかるさんは川の様子を調べるために，学校の近くにある川原まで調べに行きました。

ゆうきさん「ここは川が曲がっている所の内側だから，石がたくさん積もって川原になっているね。」

ひかるさん「そうだね。反対に向こう岸は川が曲がっている所の外側だから，がけになっているね。」

ゆうきさん「ところで，川原に積もっている石にも何か特ちょうがあるのかな。」

ひかるさん「前に遠足で行ったこの川の上流にあった石の写真と比べてみよう。」

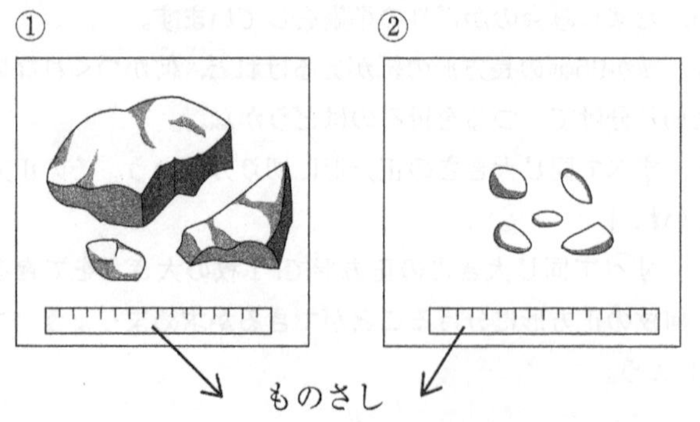

※2本のものさしの長さは同じとします。

⑴　前のページの図はゆうきさんたちが行った川原で見られた石と，遠足で行った上流を流れる川で見られた石です。学校の近くの川原で多く見られた石は，①と②のどちらですか。また，そのように判断した理由を80字以内で書きましょう。

⑵　川が曲がっている所では，内側が川原，外側ががけになります。なぜ，そのようになるのか，川の流れの特ちょうにふれて，「たい積」と「しん食」という言葉を使って，80字以内で書きましょう。

ひかるさん「そういえば，わたしのおじいちゃんの家の近くにもがけがあって，そこでも地層の様子を見ることができるよ。」

ゆうきさん「そうなんだ。その地層はどんな様子だったのかな。」

ひかるさん「石や砂が積もっている層がほとんどだったけれど，中には火山灰でできた層もあったよ。」

ゆうきさん「それはめずらしいね。」

⑶　ひかるさんのおじいちゃんの家の近くで見られた地層の中にある火山灰でできた層からどんなことがわかりますか。50字以内で書きましょう。

［問４］　ゆうきさんとひかるさんはデパートで買い物をするために，１階からエスカレーターに乗りました。

ゆうきさん「エスカレーターで１階から２階まで上がるのに，22秒かかるね。」

ひかるさん「そうだね。このエスカレーターは，分速30mで動いているそうだよ。」

⑴　１階から２階までのエスカレーターの長さを求めましょう。また，その求め方を60字以内で書きましょう。

ゆうきさんとひかるさんは，買い物をしてデパートの６階から１階まで下りました。

ゆうきさんはエスカレーターに乗りましたが，ひかるさんはエスカレーターの近くにある１階まで止まらない直通エレベーターに乗りました。

二人が下りはじめた時間は同時で，先にひかるさんが１階に下りました。

ゆうきさん「どのエスカレーターも，次の階に下りるのに22秒ずつかかったよ。また，エスカレーターを乗りかえるのに，どの階も４秒ずつかかったよ。」

ひかるさん「ゆうきさんを１階で待つ時間は，わたしがエレベーターに乗っていた時間の６倍だったよ。」

ゆうきさん「ひかるさんの乗ったエレベーターの方が短い時間で着いたね。」

⑵　６階から１階まで直通エレベーターで下りるとき，何秒かかるか求めましょう。また，その求め方を書きましょう。（字数の制限はありません。）

［問５］　ゆうきさんとひかるさんは，ものの重さについて話をしています。

ゆうきさん「体重をはかるとき，両足でまっすぐに立つけれど，もし，片足で立つとどうなるのかな。」

ひかるさん「この前，わたしが家でやってみたけれど，片足で立っても姿勢を変えても体重は変わらなかったよ。」

ゆうきさん「なるほど，立ち方や姿勢を変えても体重は変わらないんだね。」

ひかるさん「ここに体重計はないけれど，ねん土と台ばかりがあるから，これらを使えばそのことが確かめられるよ。」

⑴　体重計にのって体重を測定するとき，立ち方や姿勢を変えても体重計の示す値(あたい)は変わらないということを，ねん土と台ばかりを使って確かめる方法を60字以内で書きましょう。

ゆうきさん「ねん土と台ばかりで確かめたら，本当にひかるさんの言ったとおりだったね。ところで，そこにある鉄のくぎと発ぽうスチロールのかたまりを台ばかりにのせたら発ぽうスチロールの方が重かったよ。」

ひかるさん「でも，ものの種類によって重さにちがいがあって，鉄の方が発ぽうスチロールより重いんだよ。」

ゆうきさん「そうだったね。あそこに木の球があるけれど，ねん土と木ではどちらの方が重いのか調べてみようよ。」

ひかるさん「ものの種類による重さのちがいを比べるのだから，そのまま台ばかりにのせるだけではいけないよね。」

⑵　ねん土と木のどちらの種類の方が重いかを，台ばかりを使って調べる方法を60字以内で書きましょう。

ゆうきさん「ここにある食用油と水ではどちらの方が重いのかな。」

ひかるさん「水の方が重いよ。だから水の中に食用油を入れると水より軽い食用油は水の上に浮くんだよ。」

ゆうきさん「なるほど，ものの種類による重さのちがいで浮いたりしずんだりするんだね。ここにゆで卵(たまご)があるけれど，ゆで卵は水にしずむね。」

ひかるさん「でも，こい食塩水にすると同じゆで卵が浮いてくるんだよ。」

⑶　水とこい食塩水ではどちらの方が重いと言えるでしょう。「ゆでたまご」という言葉を使って，ゆうきさんとひかるさんの会話をもとにして，120字以内で書きましょう。

［問６］　ゆうきさんとひかるさんが，絵の具を使っていろいろな色をつくっています。

ゆうきさん「たのまれたとおり赤色と黄色と青色の絵の具を買ってきたよ。他の色は買ってこなくてよかったのかな。」

ひかるさん「ありがとう。その３色をうまく混ぜるとオレンジ色と緑色とむらさき色ができるよ。混ぜる割合は調べてあるよ。」

色のつくり方

オレンジ色…赤色と黄色を１：２の割合で混ぜる。
緑色…黄色と青色を２：３の割合で混ぜる。
むらさき色…赤色と青色を３：１の割合で混ぜる。

ゆうきさん「つまり，赤色を３mLと青色を１mLを混ぜると，むらさき色が４mLできるということだね。」

ひかるさん「先に，残っている絵の具を使って，オレンジ色と緑色をつくってみよう。」

⑴　赤色が２mL，黄色が８mL，青色が６mL残っているとき，これらをすべて使い切るようにして，オレンジ色と緑色をつくります。それぞれ何mLできるか求めましょう。

ゆうきさん「たのまれた赤色と黄色と青色の３色は，それぞれ12mLずつ買ってきたよ。」

ひかるさん「その３色をすべて使って，オレンジ色と緑色とむらさき色の３色をできるだけつくってみよう。」

⑵　赤色，黄色，青色の３色がそれぞれ12mLずつあるとき，それらをすべて使い切るようにして，オレンジ色，緑色，むらさき色をつくります。それぞれ何mLできるか求めましょう。また，その求め方を書きましょう。（字数の制限はありません。）

ゆうきさん「まだ絵の具が足りないね。オレンジ色と緑色とむらさき色が同じ量だけあるといいね。」

ひかるさん「それなら足りない色を買ってくるけれど，赤色と黄色と青色はそれぞれ何mL必要なのかな。」

⑶　新しくオレンジ色，緑色，むらさき色の３色を同じ量だけつくるとき，赤色，黄色，青色の絵の具はそれぞれ最低何mL必要になるか求めましょう。また，その求め方を書きましょう。ただし，絵の具は１mLごとに買うことができるものとします。（字数の制限はありません。）

問二　――線部②とありますが、「未開の原野が広がっている」とはどういう意味ですか。次の文の空らんに一五字以内で書きましょう。

若い人には、［　　　　　　　　　　］という意味。

問三　文章中の空らん ③ に入れるのにふさわしい言葉を、漢字二字で書きましょう。

問四「将来(しょうらい)の夢」という題名の作文を、次の（注意）にしたがって書きましょう。

（注意）

○　題名中の「将来」とは、あなたが大人になったときのことを指します。

○　題名、氏名は書かずに、一行目から本文を書きましょう。

○　作文は、原稿(げんこう)用紙の正しい使い方で書きましょう。

○　作文は、二段落(だんらく)で書きましょう。

○　前半の段落には、あなたの夢を書きましょう。

○　後半の段落には、夢を実現するために、どのようなことをするのかを書きましょう。

○　作文は、八行以上一〇行以内で書きましょう。

あゆみ「俳句は、[②]です。」

メアリー「どうもありがとう。わたしは、ハイクについてもっと知りたいです。」

三 次の文章を読み、あとの問一～問四に答えましょう。

希望とは、現実にあるものを求めることである。存在しないものをねだっていることに気づかず、それが自分の希望だと思っている人にとっては、希望は＊妄想でしかない。こういうものに「夢」という言葉を使うことも多いようだ。

僕自身は、夢も希望も同じ意味で使っているから、自分の夢というのは、ほとんど実現する。実現させるように行動をする。ただ夢を見ているだけではない。夢を見るならば、計画や準備や努力、そして研究、つまり＊考察と計算が必要である。

なんとなく、そうなれば良いな、という程度のことを「夢」とか「希望」という人も沢山いる。たとえば、小説を読んで、その主人公が恋人に出会って幸せそうだと、自分もそんなふうになれたら良いな、と思う。これは、「羨ましい」と思うことであって、それ自体は健全だし、人を羨むことは、目標を見つけたり、自分の人生を設計する基本的な材料となる。しかし、①羨ましいと思うだけで、それを自分の夢や希望だと考えるのは間違っているだろう。オリンピックで金メダルを取った選手を見て、「格好良いなあ」と感じるのは健全であり、また、「自分もあんなふうになりたいな」と考えるのも普通だ。しかし、すぐに「金メダルが自分の夢です」と飛躍するのはおかしい。それを願うには、自分にそれが可能な道筋を持っていなければならない。まだ歩み出していなくても、少なくとも道筋を検討していなければならない。

②若いときには、自分の前には未開の原野が広がっているから、どこにだって道があるように感じられる。これが、六十歳の人だったらそうはいかない。オリンピックで感動して、「自分も金メダルを取りたい」と思っても、その道筋を見つけることは、若者に比べてはるかに難しいだろう。

同様に、人の能力、＊バックグラウンド、現在の環境といった個人差がある。そうしたものを踏まえて、実現が可能であるのか、という考察が必要であって、その考察の結果、夢や希望というものが現実味を帯びてくる。その段階で初めて、「僕の夢です」「私の希望です」という表現ができるようになるはずだ。

ただ、「いいなあ……」と溜息をついているだけでは、なにも起こらない。白馬の王子様というものは、この世にはいない。もしも、本当に白馬に乗った王子様がインターフォンを鳴らしたとしても、誰がそれを信じるだろう。悪戯が過ぎる、と疑うに決まっている。それが[③]だ。自分にできることを早く見極め、そこへ向かって自分の足で歩み始める。残念ながら、それ以外にないのである。

（『常識にとらわれない100の講義』森　博嗣　著より）

＊妄想…ありもしないことをあると信じこむこと。

＊考察…よく考え調べること。

＊バックグラウンド…ここでは、生い立ち。どのように育ってきたかということ。

問一　——線部①とありますが、それはどうしてですか。「から」で終わるように、二五字以内で書きましょう。

[　　　　　　　　　　]から。

二 次の問一～問六に答えましょう。

問一 国語辞典を引いたときの見出し語として、「言い合う」から「言い負かす」の間にある「言い～」で始まる動きを表す言葉を三つ、国語辞典に出てくる順に書きましょう。
また、その中の言葉を一つ使って、二〇字以上三〇字以内で短文を作りましょう。

問二 □にあてはまる漢字を一字入れて、二字の熟語(じゅくご)を四つ作りましょう。矢印にしたがって読みますが、読み方は音読みでも訓読みでもよいものとします。
また、その中の一つの熟語を利用して、一五字以上二五字以内の短文を作りましょう。

貨 → □ → 語
事 ← □ → 質

問三 「変わる」という言葉は、あとに示す（例）のように説明できます。ところで、「回す」はどのように説明できますか。（例）にならって書きましょう。

（例） 「天気が変わる。」のようにこれまでとちがった状態になること。

問四 次のことわざの意味として正しいものは、ア、イのどちらですか。記号で答えましょう。
また、このことわざを使用して、四〇字以内で短文を作りましょう。

「有終の美をかざる」
ア 最後までやりとおして、立派(りっぱ)な成果を上げること。
イ 他よりいちだんとすぐれ、ひいでること。

問五 「卒業文集を作るときは、手書きがよいか、パソコンがよいか。」をテーマにして、クラスで話し合いを行っています。あなたの意見を書きましょう。
意見は、まず、どちらがよいかを書き、その後になぜそのように考えるのか理由を書きましょう。

問六 アメリカから日本に勉強に来ているメアリーさんが、あゆみさんに俳句(はいく)についてたずねています。指示にしたがって会話文を完成させましょう。

（指示）
①にあてはまる言葉を、ローマ字の**小文字**で書きましょう。解答用紙にある四本線を使って書きましょう。
②にあてはまる内容を、三五字以内で書きましょう。ただし、**ローマ字は使わずに**書きましょう。

メアリー 「あゆみ、何の本を読んでいるのですか。」
あゆみ 「松尾芭蕉(まつおばしょう)の本です。松尾芭蕉は、江戸時代に様々な場所を旅行して、多くの俳句を作りました。」
メアリー 「ハイク……。ローマ字で書いてくれませんか。」
あゆみ 「①と書きます。」
メアリー 「そうですか。それでは、ハイクって何ですか。」

問三　**資料5**は、**聖武天皇が生まれてからのできごと**を表しています。聖武天皇が**資料6**の大仏をつくったのはなぜでしょう。**資料5**から読み取れる内容をもとにして、「仏教」という言葉を使って、六〇字以上八〇字以内で書きましょう。

資料5　聖武天皇が生まれてからのできごと

年	できごと
701年	文武天皇の子として生まれる。
710年	都が奈良（平城京）に移される。
720年	九州地方で反乱が起こる。
724年	天皇の位につき政治を行う。
737年	このころ、都で病気が流行する。
740年	貴族の反乱が起こる。
743年	大仏をつくる詔を出す。
747年	大仏づくりが始まる。
752年	大仏の開眼供養を行う。
756年	亡くなる。

資料6　東大寺の大仏

奈良県　東大寺蔵

問四　**資料7**は**鎌倉幕府と御家人の関係**を表したものですが、**資料8**の戦いのあと、幕府と御家人の関係はどのようになっていきますか。また、その結果、鎌倉幕府はどうなっていきますか。「領地」という言葉を使って、六〇字以上八〇字以内で書きましょう。

資料7　鎌倉幕府と御家人の関係

幕府（将軍）

ご恩 ↓　↑ 奉公

御家人（武士）

資料8　元軍との戦いの様子

蒙古襲来絵詞

【作文Ⅰ】（五〇分）〈満点：五〇点〉

一 次の問一～問四に答えましょう。

問一 **資料1は上越市とさいたま市の気温と降水量を、資料2は日本の主な山地・山脈と冬に吹く風の向きを表しています。**さいたま市の気候と比べた、上越市の冬の気候の特色と、そのような気候になる理由を、二つの資料から読み取って四〇字以上六〇字以内で書きましょう。

問二 **資料3は林業の仕事の流れ、資料4は間伐前後の森林の様子を表しています。**「**間伐**」とはどのような作業ですか。その目的が何かをふくめて、五〇字以上七〇字以内で書きましょう。

資料1 上越市とさいたま市の気温と降水量を表したグラフ

降水量(mm) 気温(℃) 上越市 さいたま市

気象庁ホームページより作成

資料2 日本の主な山地・山脈と冬に吹く風の向き

資料3 林業の仕事の流れ

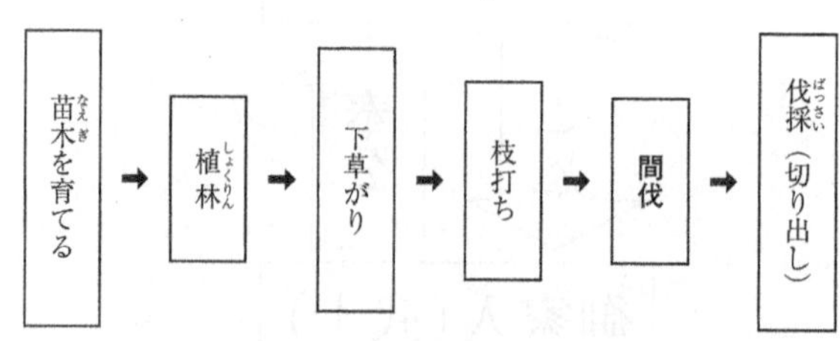

資料4 間伐前後の森林の様子

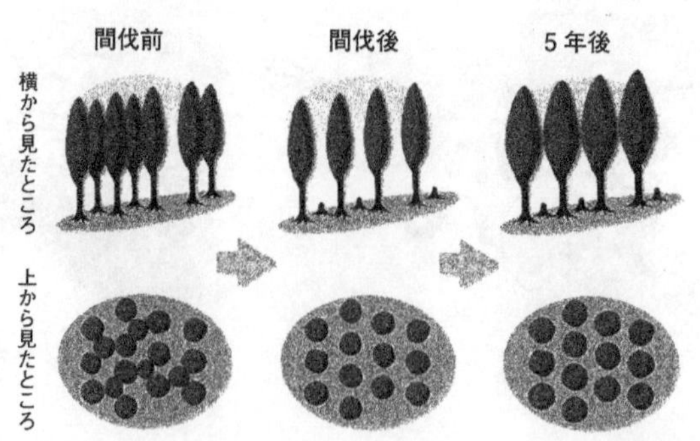

IPA「教育用画像素材集サイト」より

平成27年度

県立伊奈学園中学校入試問題

【作文Ⅰ】（10ページから始まります。）

【作文Ⅱ】（50分）　＜満点：50点＞

【解答記入上の注意】

○解答らんに線が引いていないものは，解答らんにおさまるように書きましょう。

○記号，ひらがな，カタカナ，漢字，数字は１字として書きましょう。

○分数は１字として書きましょう。

○「℃」「％」は１字として書きましょう。

○「mL」「cm」は２字，「cm^2」は３字として書きましょう。

○「，」や「。」「．（小数点）」も１字として書きましょう。

　ただし，「，」や「。」がその行の最後にきたときは，最後のます目に入れましょう。

　また，段落（だんらく）分けや改行はせず，続けて書きましょう。

〈記入例〉

㋐の面積は，$9\times\frac{10}{3}\div 4=7.5$（$cm^2$）なので，全体の面積は，11.5$cm^2$です。

㋐	の	面	積	は	、	9	×	$\frac{10}{3}$	÷	4	＝	7	.	5	（	c	m	2	）
な	の	で	、	全	体	の	面	積	は	、	1	1	.	5	c	m	2	で	す。

ゆうきさんとひかるさんとなつきさんは，同じ小学校に通う友だちです。

次の［問１］～［問７］に答えましょう。

［問１］　ゆうきさんとひかるさんは，子ども会のお楽しみ会で使うプレゼントを買うことになりました。

ゆうきさん「プレゼントは，いくらの品物にしようかな。」

ひかるさん「そうだね。500円ぐらいの品物を買おうよ。」

(1)　500円の品物を買うとき，消費税を合わせるといくらになるか求めましょう。また，その求め方を40字以内で書きましょう。ただし，消費税は８％とします。

ゆうきさん「でも，子ども会で使えるお金は500円ぴったりだよ。」

ひかるさん「それなら，消費税をふくめて500円になるように品物を買おうね。」

(2)　品物の代金と消費税を合わせて500円になるように品物を買うと，もっとも高くていくらの品物が買えるか求めましょう。また，その求め方を100字以内で書きましょう。ただし，消費税は８％とし，１円より小さい値（あたい）は切り捨（す）てるものとします。

［問２］ ゆうきさんとひかるさんは，はち植えでホウセンカを育てています。ある日，土がかわいてホウセンカがしおれていたので，水をあたえてしばらくすると，もとにもどりました。

ゆうきさん「もとにもどってよかったね。やっぱり植物には水が欠かせないね。」

ひかるさん「あたえた水がホウセンカのからだ全体に運ばれたからだね。」

ゆうきさん「ところで，植物は水を根からとり入れているはずだけれど，どのようにしてからだ全体に運ばれているのかな。」

ひかるさん「　　　　　　(1)　　　　　　」

ゆうきさん「植物の根・くき・葉の中にはそういうしくみがあるのだね。でも，葉まで運ばれてきた水はどうなるのかな。」

ひかるさん「　　　　　　(2)　　　　　　」

ゆうきさん「そうか。植物にはあたえられた水を根からとり入れ，からだ全体に運ぶしくみがあるということだね。」

(1) ひかるさんが，水をからだ全体に運ぶしくみについて説明している (1) にあてはまる文を80字以内で書きましょう。

(2) ひかるさんが，葉まで運ばれてきた水がどうなるかを説明している (2) にあてはまる文を40字以内で書きましょう。

［問３］ ゆうきさんとひかるさんは，体育の時間に50m走の記録を測りました。

ゆうきさん「50m走はつかれたね。ひかるさんは何秒だった。」

ひかるさん「わたしは９秒ちょうどだったよ。ゆうきさんは何秒だった。」

ゆうきさん「わたしは8.1秒だったよ。」

ひかるさん「ゆうきさんは走るの速いね。競争しても絶対に負けてしまうね。」

ゆうきさん「今度，いっしょに走ってみようか。」

ひかるさん「いいよ。でも，同じ50m走だと負けてしまうから，スタートの位置を変えて同時にゴールできるようにしたいな。」

(1) ゆうきさんの走るきょりは50mのままにして，ひかるさんのスタート地点を変えてきょりを短くします。２人が同時にゴールするには，ひかるさんのスタート地点を何m前にすればよいか求めましょう。また，その求め方を100字以内で書きましょう。ただし，２人の走る速さは体育の時間に測った速さと同じで，スタートからゴールまで一定であるとします。

(2) ひかるさんの走るきょりは50mのままにして，ゆうきさんのスタート地点を変えてきょりを長くします。２人が同時にゴールするには，ゆうきさんのスタート地点を何m後ろにすればよいか，小数第２位を四捨五入（ししゃごにゅう）して求めましょう。また，その求め方を書きましょう。（字数の制限はありません。）ただし，２人の走る速さは体育の時間に測った速さと同じで，スタートからゴールまで一定であるとします。

［問４］ ゆうきさんたちは，家族といっしょに，海へ行きました。

ゆうきさん「海水にはたくさんの塩がとけているというけれど，どれぐらいとけているのかな。」

ひかるさん「そうだよね。本当にとけているのだとしたら，海水から塩のつぶを取り出してみたいよね。」
なつきさん「海水から塩のつぶを取り出すには，どうしたらよいかな。」

(1) 海水から塩のつぶを取り出す方法を20字以内で書きましょう。

ゆうきさんたちは，科学クラブの時間に，もののとけ方について実験することにしました。
ゆうきさん「海水100mLから，塩のつぶは約３ｇとれたけれど，さらに塩を入れてもとけそうだね。」
ひかるさん「とけると思うけれど，塩は水にどれぐらいとけるのかな。」
なつきさん「ビーカーに100mLの水を入れ，その中に食塩を少しずつ加えていって，どれだけとけるか調べてみようよ。」
ゆうきさん「いいね。比かくするためにミョウバンも，同じようにとかしてみようよ。」
ひかるさん「水の温度を変えながら，100mLの水にどれだけとけるかまとめてみたら，このような結果になったよ。」

[それぞれの温度における１００ｍＬの水にとけた量]

水の温度 / とかす物	２０℃	４０℃	６０℃	８０℃
食塩	３５．８ｇ	３６．４ｇ	３７．１ｇ	３８．０ｇ
ミョウバン	１１．４ｇ	２３．８ｇ	５７．４ｇ	３２０．９ｇ

(2) 水の温度が40℃のとき，150mLの水には最大でどれぐらいの食塩がとけるか求めましょう。また，その求め方を120字以内で書きましょう。
(3) 実験の結果から，水の温度と食塩・ミョウバンのとける量には，どんな関係があるのでしょうか。80字以内で書きましょう。

[問５] ゆうきさんとひかるさんが，社会科の調査学習のため近くのＡ駅に来ています。
ゆうきさん「今，赤い電車と青い電車が同時にＡ駅を出発したよ。時刻(じこく)は午後１時だね。」
ひかるさん「時刻表を見ると，赤い電車は12分ごとに，青い電車は18分ごとにＡ駅を出発しているね。」
ゆうきさん「この後，午後４時までの間に，何回同時にＡ駅を出発するのかな。」

(1) 赤い電車と青い電車は，午後１時にＡ駅を同時に出発した後，午後４時までの間に何回同時にＡ駅を出発するか求めましょう。また，その求め方を120字以内で書きましょう。

ゆうきさん「時刻表をよく見ると，いろいろな色の電車がＡ駅から出発していくね。」
ひかるさん「どの電車もそれぞれ同じ間かくでＡ駅を出発しているね。」

ゆうきさん「本当だね。午後２時にＡ駅を同時に出発してから午後４時までの間に，赤い電車とこの駅で２回同時に出発するね。」

ひかるさん「そうだね。ちょうど午後４時に２回目になるね。」

(2) 午後２時にＡ駅を同時に出発した後から午後４時までの間に，赤い電車と２回同時にＡ駅を出発する電車は，全部でいくつあるか求めましょう。また，その求め方を書きましょう。（字数の制限はありません。）

［問６］ ゆうきさんとひかるさんは，ある晴れた日に校庭でかげふみ遊びをしています。

ゆうきさん「ひかるさんはかげがどちら側にできるかわかっているみたいだね。」

ひかるさん「太陽の向きがわかっていれば簡単（かんたん）にわかるよ。」

ゆうきさん「そうだね。かげは太陽の光をさえぎるものがあるとできるからね。」

ひかるさん「だから，かげができる向きとかげの長さを調べれば，太陽の向きと太陽の高さがわかるよ。」

ゆうきさん「今はちょうど北の向きに短いかげができているね。」

(1) ゆうきさんとひかるさんが校庭で会話をしているのは何時ごろでしょうか。また，そう考えられる理由を80字以内で書きましょう。

次の日，晴れていたので，ゆうきさんとひかるさんは，方位をかいたカードの中心に棒（ぼう）を立てたものを実際の方位に合わせて校庭におき，時間ごとにかげのできる向きやかげの長さを記録しました。

ゆうきさん「棒のかげの向きと棒のかげの長さを記録したから，１日の間に太陽がどのように動いていたのかわかるね。」

ひかるさん「記録したカードに太陽の向きを矢印でかきこんでみよう。」

ゆうきさん「やっぱり太陽が１日の間で動いているから，かげのできる向きやかげの長さも１日の間で変わっていくね。」

ひかるさん「そうだね。これで太陽の１日の間の動きが記録できたね。」

(2) ある時間の棒のかげの様子をカードに記録したところ，右の図のような記録がとれました。この時間の太陽の向きを解答用紙の図に矢印でかきましょう。矢印は定規を使わずに手でかきましょう。ただし，向きがわかるようにカードの中心から細い線の矢印（→）でていねいにかきましょう。

(3) かげの向きやかげの長さが１日の間で変化するのは，太陽が１日の間でどのように動いているからでしょうか。朝出てから夕方しずむまでの太陽の向きと高さについて，40字以内で書きましょう。

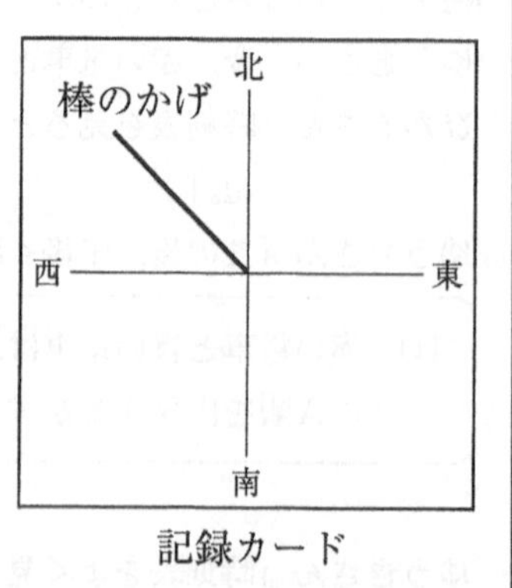

記録カード

［問７］ ゆうきさんとひかるさんが，雨の日の車の様子を見て話をしていました。

ゆうきさん「雨の日は，どの車も運転席から前や後ろが見えやすくなるように，*ワイパーが動いていたね。ワイパーは一度にどれぐらいの広さのガラスをふくことができるのかな。」

ひかるさん「わたしの家にある車には，前に大きいワイパーが２つと，後ろに小さいワイパーが１つあるよ。」

ゆうきさん「ふくことができる広さがわかりやすいように，ワイパーの動いたあとを円の一部と考えてみると，どのような図になるかな。」

ひかるさん「図をかいてみるね。ワイパーの太さは考えないようにするね。」

ゆうきさん「ありがとう。これで，ワイパーが一度にふくことができる広さがわかりそうだね。」

＊　ワイパー…車のガラス外側表面についた雨や雪，よごれなどをふいて視界(しかい)をきれいにするもの。

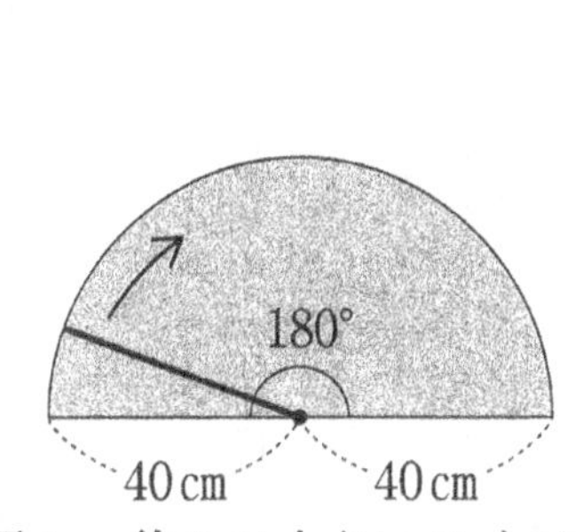

図１　後ろの小さいワイパー

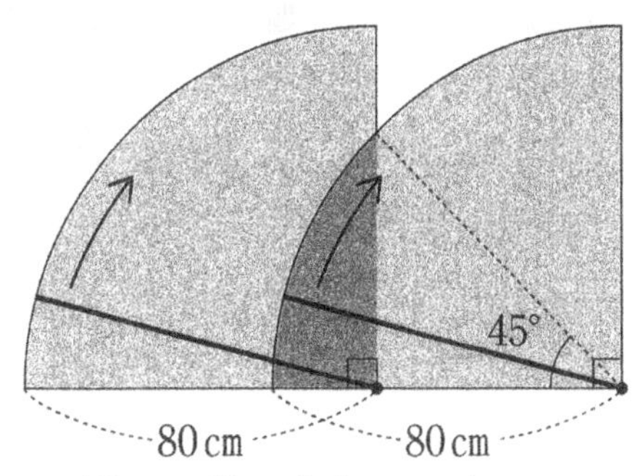

図２　前の大きいワイパー

(1)　小さいワイパーが一度にふくことのできるガラスの面積（図１の色がぬられている部分）を求めましょう。また，その求め方を60字以内で書きましょう。ただし，円周率は3.14とします。

ひかるさん「２つの大きいワイパーは，一度にどれぐらいの広さのガラスをふくことができるのかな。」

ゆうきさん「２つの大きいワイパーが重なってふくところを除(のぞ)かないといけないね。」

(2)　２つの大きいワイパーは，一度にどれぐらいの広さのガラスをふくことができるか，その面積（図２の色がぬられている部分）を求めましょう。また，その求め方を書きましょう。（字数の制限はありません。）その際，解答用紙の図に数や記号，言葉をかいて，それを用いて説明してもよいものとします。ただし，円周率は3.14とします。

＊致命的な……取り返しのつかないほど重大な。
＊忌み嫌って……「嫌って」を強めた言い方。

問一　文章中の空らん ① にあてはまる言葉を、漢字二字で書きましょう。

問二　――線部②とありますが、同じ失敗を繰り返さないためにはどうすればよいと考えられますか。筆者の考えをふまえ、次の □ にあてはまるように、二〇字以上三〇字以内で書きましょう。

同じ失敗を繰り返さないためには、□と考えられる。

問三　――線部③とありますが、「失敗と上手につき合う」とは、どのようにすることですか。「こと」で終わるように、二〇字以上三〇字以内で書きましょう。

問四　「失敗から学んだこと」という題名の作文を、次の（注意）にしたがって書きましょう。

（注意）
○　作文は二段落で書きましょう。
○　前半の段落には、あなたが経験したことを書きましょう。
○　後半の段落には、前半の段落に関連させて、どのようなことを学んだかを書きましょう。
○　作文は、八行以上一〇行以内で書きましょう。

あゆみ　「［　①　］と書きます。この日は私の家では『おには外、福は内』と言って豆まきをします。」
メアリー　「何のために豆まきをするのですか。」
あゆみ　「［　②　］」
メアリー　「わかりました。」

三　次の文章を読み、あとの問一～問四に答えましょう。

失敗はたしかにマイナスの結果をもたらすものですが、その反面、失敗をうまく生かせば、将来への大きなプラスへ転じさせる可能性を秘めています。事実、人類には、失敗から新技術や新たなアイデアを生み出し、社会を大きく発展させてきた歴史があります。

これは個人の行動にも、そのままあてはまります。どうしても起こしてしまう失敗に、どのような姿勢で臨むかによって、その人が得るものも異なり、［①］の度合いも大きく変わってきます。つまり、失敗とのつき合い方いかんで、その人は大きく飛躍するチャンスをつかむことができるのです。

人は行動しなければ何も起こりません。世の中には失敗を怖れるあまり、何ひとつアクションを起こさない慎重な人もいます。それでは失敗を避けることはできますが、その代わりに、その人は何もできないし、何も得ることができません。

これとは正反対に、失敗することをまったく考えず、ひたすら突き進む生き方を好む人もいます。一見すると強い意志と勇気の持ち主のように見えますが、危険を認識できない＊無知が背景にあるとすれば、まわりの人々にとっては、ただ迷惑なだけの生き方でしょう。

②おそらくこの人は、同じ失敗を何度も何度も繰り返すでしょう。現実に、失敗に直面しても真の失敗原因の究明を行おうとせず、まわりをごまかすための言い訳に終始する人も少なくありませんが、それではその人は、いつまでたっても成長しないでしょう。

また人が活動する上で失敗は避けられないとはいえ、それが＊致命的なものになってしまっては、せっかく失敗から得たものを生かすこともできません。その意味では、予想される失敗に関する知識を得て、それを念頭に置きながら行動することで、不必要な失敗を避けるということも重要です。

大切なのは、失敗の法則性を理解し、失敗の要因を知り、失敗が本当に致命的なものになる前に、未然に防止する術を覚えることです。これをマスターすることが、小さな失敗経験を新たな成長へ導く力にすることになります。

さらに新しいことにチャレンジするとき、人は好むと好まざるとにかかわらず再び失敗を経験するでしょう。そこでもまた、致命的にならないうちに失敗原因を探り、対策を考え、新たな知識を得て対処すれば、必ずや次の段階へと導かれます。そして、単純に見えるこの繰り返しこそが、じつは大きな成長、発展への原動力なのです。

人の営みが続くかぎり、これから先も失敗は続くし、事故も起こるでしょう。とすれば、これを単に＊忌み嫌って避けているのは意味がなく、むしろ③失敗と上手につき合う方法を見つけていくべきなのです。

（『失敗学のすすめ』　畑村洋太郎著　より）

＊無知……知識のないこと。

二 次の問一～問六に答えましょう。

問一 国語辞典を引いたときの見出し語として、「書き表す」から「書き残す」の間にある「書き～」で始まる言葉を三つ、国語辞典に出てくる順番に書きましょう。また、その中の言葉を一つ使って、一五字以上二五字以内で短文を作りましょう。

問二 「欠ける」という言葉は、あとに示す（例）のように説明できます。では、「冷める」はどのように説明できますか。（例）にならって書きましょう。

> （例）「メンバーが一人欠ける。」のように必要なものが足りないこと。

問三 次の山田さんと先生の会話の中で、敬語（けいご）の使い方が適切でない部分があります。□にあてはまる適切な言葉を書きましょう。

山田さん「きのうはたいへんお世話になりました。父がお礼をおっしゃっていました。」

先　生「わかりました。でも、山田さん、敬語の使い方がまちがっていますよ。正しくは『□』ですよ。」

山田さん「今後は気をつけたいと思います。先生、ありがとうございました。」

問四 次の□に漢字を一字入れて、矢印にしたがって読むと二字の熟語（じゅくご）が四つできます。その中の一つの熟語を使って、一五字以上二五字以内で短文を作りましょう。

文 → □
編 → □
□ → 合
□ → 配

問五 次の二つの文章が同じ意味になるように、□にあてはまる言葉を書きましょう。

先生はサッカーの選手だった。田中さんはそれを知らなかった。

←

田中さんは、□が□を□。

問六 アメリカから日本に勉強に来ているメアリーさんが、あゆみさんに節分についてたずねています。指示にしたがって会話文を完成させましょう。

（指示）

①にあてはまる言葉を、ローマ字の**小文字**で書きましょう。ただし、解答用紙にある四本線をつかって書きましょう。

②にあてはまる文を、二五字以上三五字以内で書きましょう。ただし、ローマ字は使わずに書きましょう。

メアリー「あゆみ、平成二七年二月三日は何の日ですか。」

あゆみ「節分です。」

メアリー「セツブン……。ローマ字で書いてくれますか。」

資料５　日本人一人あたりの食料消費の内訳の変化

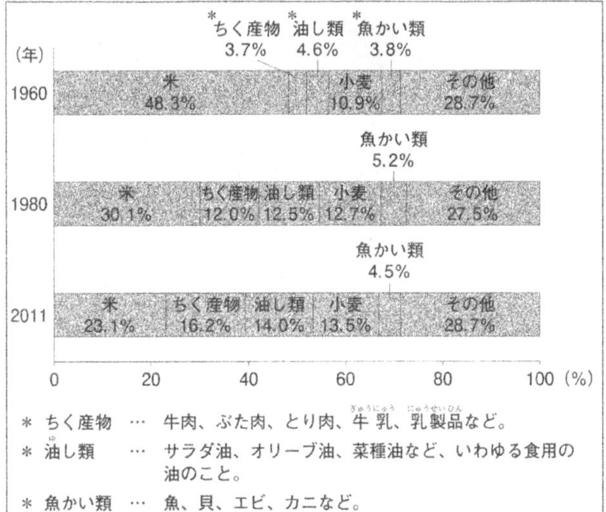

＊ ちく産物　…　牛肉、ぶた肉、とり肉、牛乳、乳製品など。
＊ 油し類　…　サラダ油、オリーブ油、菜種油など、いわゆる食用の油のこと。
＊ 魚かい類　…　魚、貝、エビ、カニなど。

農林水産省ホームページより作成

資料４　食料自給率の移り変わり

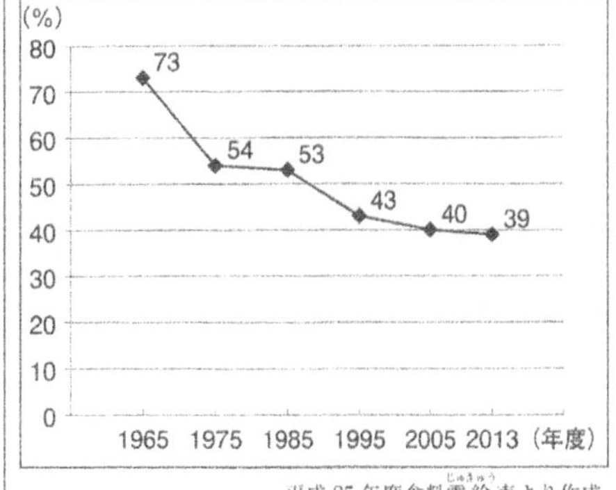

平成25年度食料需給表より作成

問三　左の**資料６～資料８**は、それぞれ**「国会（衆議院）議員選挙における選挙権を持つ人数の変化」「第一六回選挙の選挙ポスター」「第二二回選挙の投票風景」**です。**資料６～資料８**を参考にして、次の①と②の問題に答えましょう。

①　第一五回の選挙に比べて第一六回の選挙で、選挙権を持つ人数が増加したのはなぜでしょう。その理由を二〇字以上三〇字以内で書きましょう。

②　第二一回の選挙に比べて第二二回の選挙で、選挙権を持つ人数が増加したのはなぜでしょう。その理由を一〇字以上二〇字以内で書きましょう。

資料６　国会（衆議院）議員選挙における選挙権を持つ人数の変化

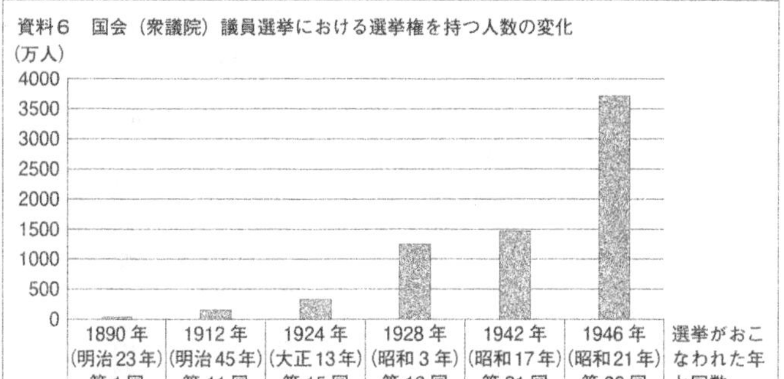

帝国書院　統計資料より作成

資料８　第２２回選挙の投票風景

毎日新聞ホームページより

資料７　第１６回選挙の選挙ポスター

国立国会図書館ホームページより

【作文Ⅰ】〈五〇分〉〈満点：五〇点〉

一 次の問一～問三に答えましょう。

問一 左の**資料1**と**資料2**はそれぞれ**「沖縄県の伝統的な家の写真」**と**「地方ごとの一年間の台風接近数の平年値」**です。**資料1**と**資料2**を見て沖縄県の伝統的な家づくりの工夫と、その工夫が必要な理由を三〇字以上六〇字以内で書きましょう。

資料1 沖縄県の伝統的な家の写真

全国伝統的建造物保存協議会ホームページより

資料2 地方ごとの一年間の台風接近数の平年値（1981年～2010年までの30年間の平均の値）

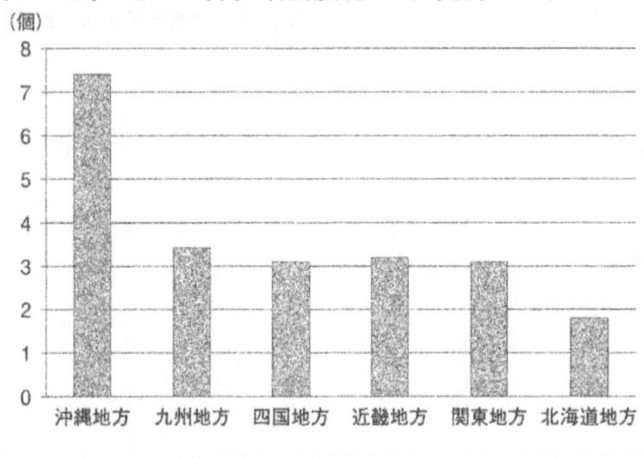

気象庁ホームページより作成

問二 日本の食料生産について、次の①～③に答えましょう。

① **資料3**は**「各国の農産物の貿易額」**です。**資料3**から、日本の農産物の貿易額の特色を三五字以内で書きましょう。

② **資料4**と**資料5**はそれぞれ**「食料自給率の移り変わり」**と**「日本人一人あたりの食料消費の内訳の変化」**です。**資料4**から読み取れる変化を二〇字以内で、**資料5**から読み取れる変化を四〇字以内で書きましょう。

③ 近年、地産地消の取り組みが盛んに行われています。地産地消とはどのような取り組みか、書きましょう。

資料3 各国の農産物の貿易額

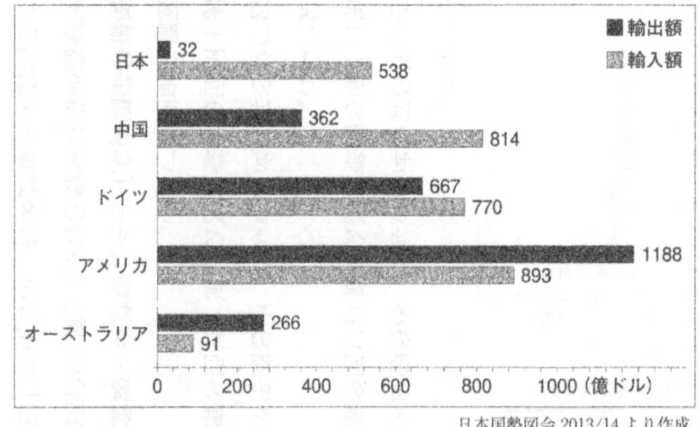

日本国勢図会 2013/14 より作成

平成26年度

県立伊奈学園中学校入試問題

【作文Ⅰ】 (11ページから始まります。)

【作文Ⅱ】 (50分)　<満点:50点>

【解答記入上の注意】

○ 解答らんに線が引いていないものは，解答らんにおさまるように書きましょう。
○ 記号，ひらがな，カタカナ，漢字，数字は1字として書きましょう。
○ 分数は1字として書きましょう。
○ 「℃」「%」は1字として書きましょう。
○ 「cm」「km」「dL」「mL」は2字，「cm^2」は3字として書きましょう。
○ 「，」や「。」「.（小数点)」も1字として書きましょう。
　ただし，「，」や「。」がその行の最後にきたときは，最後のます目に入れましょう。
　また，段落(だんらく)分けや改行はせず，続けて書きましょう。

〈記入例〉

Ⓐの面積は，$9\times\frac{1}{3}\div 2=1.5$（$cm^2$）なので，全体の面積は，11.5$cm^2$です。

Ⓐ	の	面	積	は	、	9	×	$\frac{1}{3}$	÷	2	=	1	.	5	(	c	m	²	)
な	の	で	、	全	体	の	面	積	は	、	1	1	.	5	c	m	²	で	す。

ゆうきさんとひかるさんとなつきさんは，同じ小学校に通う友だちです。
次の［**問1**］～［**問7**］に答えましょう。

［**問1**］ ゆうきさんは部屋の時計を見て，気づいたことをひかるさんに話しています。

ゆうきさん「この時計はデジタル時計って言うんだよね。」
ひかるさん「そうだよ。時刻を数字で表示してくれるからわかりやすいよね。今は午後2時3分だね。」
ゆうきさん「この数字の表示は，いくつかの棒(ぼう)のようなものが組み合わさってできているんだね。」
ひかるさん「だから，数字によっては表れない棒もあるんだね。」

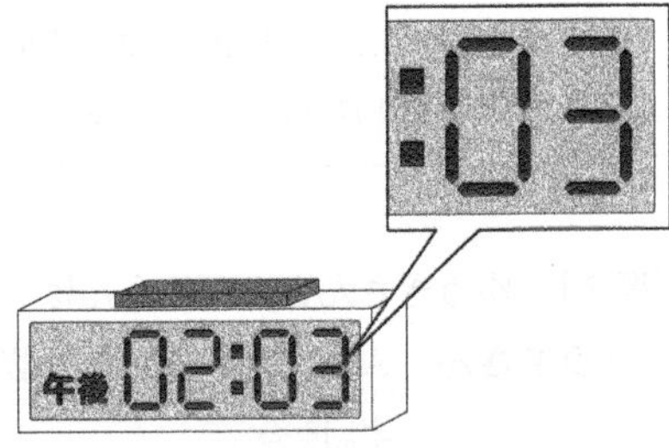

ゆうきさん「それぞれの棒が表れる時間はどのくらいなんだろうね。」
ひかるさん「そうだね，考えてみようか。まずは，デジタル時計で数字がどのように表されるか確認しないとね。」
ゆうきさん「そうすると，今の時刻は2時3分だから分を表す表示の03は11本の棒で表されていることになるね。」

デジタル時計の数字の表示

0 1 2 3 4 5 6 7 8 9

(1) デジタル時計の「分」を表す数字00から59までの60分間で一の位の数字に真ん中の棒が表れる時間は合計で何分間になるか求めましょう。また，その求め方を80字以内で書きましょう。

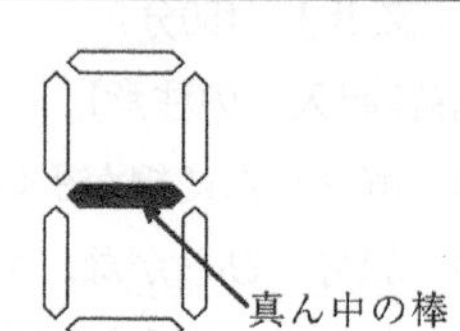

(2) デジタル時計の「分」を表す数字00から59までの60分間に一の位と十の位の数字に表れるすべての棒の本数を求めましょう。また，その求め方を200字以内で書きましょう。ただし，20は11本，21は7本のように連続して表れる数字の棒の数もそれぞれ数えることとします。

[問2] ゆうきさんとひかるさんが体育の授業の準備をしています。

ゆうきさん「よし，サッカーボールの空気がもれていないことを確認したし，空気もしっかり入れたね。」

ひかるさん「うん，そうだね。」

ゆうきさん「でも，サッカーボールは，なぜはずむのかな。」

ひかるさん「それは，ボールが地面にあたるとボールの中にとじこめられた空気が地面などにおされて，［　(1)　］」

ゆうきさん「なるほど，そうなんだ。では，同じサッカーボールなのに，冬の寒い朝よりもあたたかい昼間の方がよくはずむようになるのはなぜかな。」

ひかるさん「それは，［　(2)　］」

(1) ひかるさんが，サッカーボールがはずむ理由について話している［　(1)　］にあてはまる文を「体積」という言葉を用いて40字以内で書きましょう。

(2) ひかるさんが，同じサッカーボールなのに冬の寒い朝よりもあたたかい昼間の方がよくはずむようになる理由について話している［　(2)　］にあてはまる文を「体積」という言葉を用いて40字以内で書きましょう。

[問3] ゆうきさんとひかるさんは，店にみかんを買いに行きました。

ゆうきさん「A店では，みかん1個25円だけど，7個買うごとに1個おまけをしてくれるみたいだよ。」

ひかるさん「そうなんだ。わたしは今，2010円持っているけれど，A店では最も多くて何個買えるかな。」

(1) ひかるさんがA店でみかんを買うとき，2010円では最も多くて何個買えるか求めましょう。また，その求め方を140字以内で書きましょう。ただし，消費税は考えないものとします。

ゆうきさん「B店では，20個以上買うと合計した金額(きんがく)の５％引きになるみたいだよ。」
ひかるさん「そうなんだ。どちらの店もみかん１個の値段は25円だね。」
ゆうきさん「お母さんに32個買ってくるように言われたけれど，どちらの店で買った方が安いかな。」

(2) ゆうきさんがおまけをふくめてみかんを32個になるように買うとき，店にはらう代金はどちらの店の方がいくら安くなるか求めましょう。また，その求め方を書きましょう。ただし，消費税は考えないものとします。（字数の制限はありません。）

［問４］ ゆうきさんとひかるさんは，ある晴れた日の１日の気温の変化と日なたの地面の温度の変化を調べました。

ゆうきさん「きのうは気温と地面の温度をはかったけれど，大変だったね。」
ひかるさん「そうだね。気温をはかるときには，いくつか気をつけなければならない条件があるからね。」
ゆうきさん「でも，建物(たてもの)からはなれている風通しのよい場所だったし，高さも１m50cmぐらいの高さではかったからだいじょうぶだよ。」
ひかるさん「それに温度計には，厚紙でおおいもしたしね。」
ゆうきさん「同じ場所の地面の温度をはかるのにも条件に気をつけたね。」
ひかるさん「地面の温度をはかるときも温度計には厚紙でおおいをしたね。」
ゆうきさん「ところで，きのうは一日中晴れていたけれど，どんな変化をしていたかな。」
ひかるさん「グラフにしてみるとわかりやすくなるね。」

(1) 温度計に厚紙でおおいをする理由を60字以内で書きましょう。
(2) １日の気温と日なたの地面の温度を１時間ごとに記録したところ，下の表のような記録がとれました。この日の１日の気温の変化を解答用紙のグラフに表しましょう。グラフは定規を使わずに手でかきましょう。ただし，変化の様子がわかるようにていねいにかきましょう。また，晴れた日の気温の変化は，日なたの地面の温度の変化とどのようなちがいがあると考えられるでしょうか。表からわかることを60字以内で書きましょう。

１日の気温の変化

	午前			正午	午後				
時刻（時）	9	10	11		1	2	3	4	5
気温（℃）	18.0	21.5	24.0	25.5	27.0	28.0	27.0	25.0	22.5

同じ日の地面の温度の変化

	午前			正午	午後				
時刻（時）	9	10	11		1	2	3	4	5
気温（℃）	19.5	26.0	29.0	31.5	31.0	29.0	26.5	21.5	19.0

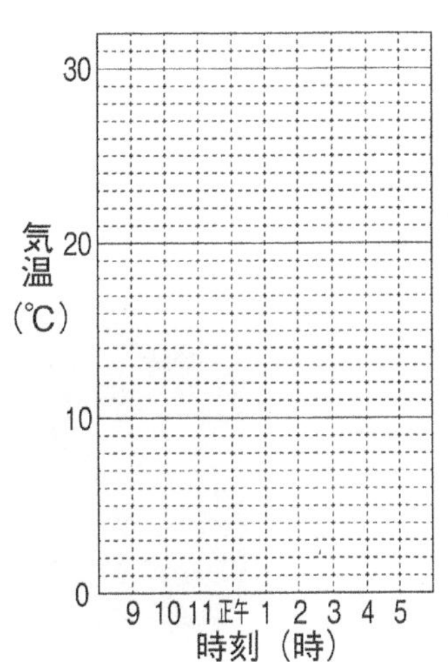

(3) くもりや雨の日の１日の気温の変化のしかたは，晴れの日と比べてどのようになるでしょうか。理由もふくめて40字以内で書きましょう。

［問５］ ゆうきさんとひかるさんとなつきさんがグラウンドでキャッチボールをしています。

ゆうきさん「ひかるさんの投げる球はすごく速いね。わたしはこのあいだはかったら時速63kmだったよ。ひかるさんの球の速さはどのくらいなんだろう。」

ひかるさん「そうだ。ここにストップウォッチがあるから，これを使ってはかってみようよ。」

なつきさん「わたしが時間をはかるから，ひかるさんが球を投げてゆうきさんが球をとってね。」

(1) ひかるさんからゆうきさんまでの距離は９ｍ，時間は0.45秒でした。ひかるさんの球の速さは時速何kmか求めましょう。また，その求め方を120字以内で書きましょう。

(2) ゆうきさんがこのあいだと同じ速さの時速63kmで球を投げたとき，投げてからひかるさんがとるまでに何秒かかりますか。ゆうきさんからひかるさんまでの距離は９ｍとし，小数第３位を四捨五入して求めましょう。また，その求め方を200字以内で書きましょう。

［問６］ 公園の周辺に空きかんが落ちていたので，みんなで空きかん拾いをすることにしました。拾った空きかんは，鉄のかんとアルミニウムのかんに分別（ぶんべつ）することにしました。

ゆうきさん「せっかく，空きかんを分別するのであれば，何か調べながら分別できるといいね。」

ひかるさん「どんなことを調べてみようか。」

なつきさん「電気を通すか調べてみようよ。」

ひかるさん「いいね。その他にどんなことを調べようか。」

ゆうきさん「磁石（じしゃく）につくか調べてみようよ。」

ひかるさん「そうだね。電磁石（でんじしゃく）を作って調べてみると，おもしろそうだね。」

ゆうきさん「ちょうど，どう線４ｍと豆電球１個とかん電池２個と鉄くぎ１本があるから作って調べてみようよ。」

ひかるさん「おもしろそうだね。さっそく調べながら，鉄のかんとアルミニウムのかんを分別してみよう。」

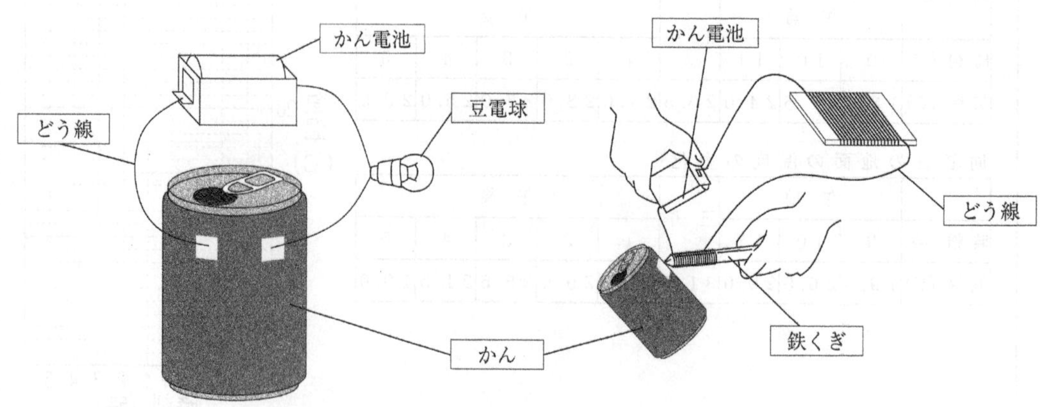

(1) 鉄とアルミニウムのかんは，電気を通すでしょうか。また，それぞれのかんは，磁石に引きつけられるでしょうか。結果をまとめて60字以内で書きましょう。ただし，かんは，表面にぬってあるものを紙やすりではがし，そこにどう線をつなぐものとします。

作った電磁石を１つのかんに近づけたところ，少しだけ引きつけられました。そこで，電磁石をもっと強力にして，より強くかんが引きつけられるようにしたいと考えました。

(2) 電磁石をより強力にするには，どうしたらよいでしょうか。電磁石を強力にする方法を２つ書きましょう。ただし，使える材料および数量は，会話文に書かれているものだけとします。（字数の制限はありません。）

［問７］ ゆうきさんのクラスでは，１週間のうち月曜日から金曜日までの５日間で，毎日交代する当番を決めました。

ゆうきさん「この当番は３人組になって１日ずつ交代していくことにしよう。」
ひかるさん「来週の月曜日から，出席番号１番の人からはじめればいいよね」
ゆうきさん「それでいいね。だから，月曜日は出席番号が１番から３番までの人が当番になるよ。」
ひかるさん「翌日の火曜日は，４番から６番の人ということになるね。」
ゆうきさん「わたしは40人のクラスの出席番号が24番だけど，最初に当番になるのはいつになるかな。」

(1) ゆうきさんが最初に当番になるのは何曜日になるか求めましょう。
(2) ゆうきさんが２回目に当番になるのは何曜日になるか求めましょう。また，その求め方を140字以内で書きましょう。
(3) ゆうきさんが最初に当番になったときと同じ３人組で再び当番になるのは何曜日でしょう。また，その求め方を書きましょう。（字数の制限はありません。）

自然は、痛烈（つうれつ）なメッセージを発している。

山をきれいにすることだけが、私の伝えたいメッセージではない。

④いま、山で起きている現象、その切実さを多くの人に知ってもらうこと。現場に行って見てきた人間として、私はそれを世の中に伝えていく義務があると思っている。同時に、ただ伝えるだけでなく、その状況を変えていくためのなんらかの力になりたい。

意識をもてば人は変わる。

⑤自分が暮らす場所を、山を、地球を、自分の手で守り、救う。――みんなの力で変えていこう。

（『富士山を汚すのは誰か』野口健 著 より）

＊顕著（けんちょ）……はっきりしていて、めだつ様子。

＊昨年度……この文章が書かれたのが二〇〇八年度であることから、二〇〇七年度にあたる。

＊アルピニスト……登山家のこと。

問一　――線部①とありますが、野口健さんはどのようなことがわかったのですか。「こと」で終わるように、二五字以内にまとめて書きましょう。

問二　――線部②とありますが、多くの人たちが富士山清掃に参加してくれた理由を、野口健さんはどのように考えていますか。「から」で終わるように、四〇字以内にまとめて書きましょう。

問三　文章中の空らん ③ に入れるのにふさわしい言葉を、漢字二字で書きましょう。

問四　――線部④とありますが、野口健さんは、なぜ山で起きている現象の切実さを多くの人に知ってもらいたいのですか。次の □ にあてはまる文を、**「意識」**という言葉を使って、二〇字以上四〇字以内で書きましょう。

> 野口健さんは、山で起きている現象の切実さを知ってもらうことにより、□と考えているから。

問五　――線部⑤とありますが、あなたは環境を守るためにどのようなことをしていますか。次の注意にしたがって作文を書きましょう。

（注意）
- ○ 作文には、題名をつけましょう。
- ○ 氏名は書かずに、一行目から本文を書きましょう。
- ○ 作文は、二段落または三段落で書きましょう。
- ○ あなた自身が、日常生活の中で環境を守るために行っていることを入れて書きましょう。
- ○ 作文は、八行以上一〇行以内で書きましょう。

先　生「これはなんですか。日本語での呼び方をローマ字で書いてください。」

山田さん「［　①　］です。」

先　生「それは、どんなときに、どういう使い方をするものですか。」

山田さん「［　②　］」

三　次の文章は。登山家であり冒険家の野口健さんが書いたものです。この文章を読んで、あとの問一～問五に答えましょう。

富士山とヒマラヤの清掃活動に取り組んできて、①はっきりわかったことがある。人間一人ひとりの力は微々たるものかもしれないが、結集することで非常に大きな力になるということだ。それぞれが「自分たちの力で、この状況を変えていく」という意識をもち、行動に移すことで、世界は確実に変わっていく。

何より*顕著な例が富士山だ。

私が富士山の汚さを知り、清掃活動を唱えはじめたのは二〇〇〇年から。最初は清掃への協力を呼びかけても、一〇〇人も集まらなかった。

しかし、富士山の汚さが世の中に広く知られるようになって、「このままではいけない」「どうにかしなくては」と考える人が年々増えてきた。

*昨年度についていえば、②一年間でのべ六〇〇〇人以上の人たちが、私たちの行う富士山清掃に参加してくれた。

それだけではない。登山者がポケットから小さな袋を取り出してごみを拾っている姿をよく見かけるようになった。すれ違いざまに、「野口さん、ごみ拾ってますよ」と声をかけてくれる人もいる。

富士山には年間約三〇万人が登るといわれている。仮に一人が一つを拾えば、その瞬間に三〇万個のごみがなくなる。もちろんすべての人がごみを拾うわけではないが、拾う人は何個も拾ってくれる。人々の意識がなければ汚れるのは早いが、逆に意識があればきれいになるのも早い。「みんなの力」は実に偉大だ。

現に、富士山の五合目から上は、本当にごみがなくなった。

（中略）

私が富士山にこだわるのは、これが富士山だけの問題ではないからだ。富士山で起きているようなさまざまな環境問題は、日本中いたるところで起きている。日本のどこでも共通する問題だ。

つまり、日本の象徴、富士山が変われば、日本の環境問題は全体的に改善していく。

実際、富士山でやっている取り組みを、わが村でも、うちの市でもやりたいから、いろいろ教えてほしいという依頼が、全国からたくさん寄せられている。富士山から変わりはじめた環境意識が、日本全国に広がろうとしている。

私は環境問題の専門家ではないから、学術的・専門的知識はない。しかし、［③］力では誰にも負けない。山のために何かしなくてはという気持ちは人一倍強い。

*アルピニスト、冒険家として、さまざまな土地に出向き、その現状を見聞きする機会をたくさん与えてもらっている。ごみ問題にしても、地球温暖化にしても、現場に行って実情を目にして感じることは、ニュースで見聞きしたことや、情報・知識として知っていてそこから想像していることよりも、いつもはるかに切実だ。

二 次の問一～問六に答えましょう。

問一　次の（一）、（二）の□にそれぞれ漢字一字を入れて、二字の熟語を四つずつ作りましょう。矢印にしたがって読みますが、読み方は音読みでも訓読みでもよいものとします。

また、（一）、（二）のそれぞれについて、その中の一つの熟語を使用して、一五字以上二五字以内で短文を作りましょう。

問二　次のひらがなを、**漢字と送りがな**で書きましょう。あてはまる漢字はいくつかありますが、自分で選んで一つ書きましょう。

また、その**漢字と送りがな**で書いたものを使用して、一五字以上二五字以内で短文を作りましょう。

わかれる

問三　次の**ア**、**イ**、**ウ**から一つ選んで、選んだ言葉の反対の意味を持つ言葉（対義語）を**漢字二字**で書きましょう。

また、その言葉（対義語）を使用して、一五字以上二五字以内で短文を作りましょう。

ア　部分　**イ**　安全　**ウ**　減少

問四　次の（例）の書き方にならって、二つの文を一文に書き直しましょう。

（例）　遠足の前に体調をくずした人がいた。↓健康に気をつける。
遠足の前に体調をくずさないように健康に気をつけること。

消灯時刻を守れない人がいた。↓早めに行動する。

問五　次の文を、校長先生に対する正しい敬語を使用して、一文すべてを書き直しましょう。

私は、校長先生から手紙をもらった。

問六　外国人の英語の先生と山田さんが、次の**（資料）**を見ながら、教室で日本語で話をしています。次の指示にしたがって会話文を完成させましょう。

（資料）

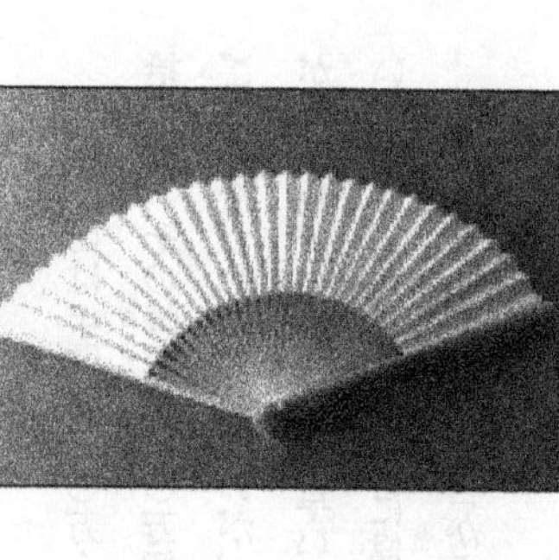

（指示）

①にあてはまる言葉を、ローマ字の**小文字**で書きましょう。ただし、解答用紙には**横書き**で書きましょう。

②にあてはまる文を、二〇字以上三〇字以内で書きましょう。ただし、ローマ字は使わずに書きましょう。

日露戦争に勝利して、近代化した日本の姿を世界に示し、条約改正が達成されました。

年表　日本が外国と不平等な条約を結んでから改正するまで

年	できごと	
	明治維新の改革が始まる	
1871	岩倉具視を中心とする使節団がアメリカやヨーロッパに向けて出発する	
1872	富岡製糸場が完成する	
1874	板垣退助らが国会を開くことを主張する	
1877	西南戦争が起こる	
1886	ノルマントン号事件が起こる	↑
1889	大日本帝国憲法が発布される	A
1890	第一回の国会が開かれる	↓
1894	領事裁判権（治外法権）の廃止に成功する	
1894	日清戦争が起こる	
1904	日露戦争が起こる	
1911	関税自主権を回復する	

資料1

資料3

資料2

問三　左の**資料1**は**長篠の戦いの様子**を描いたものであり、**資料2**は**資料1**の□の部分を拡大したものです。川をはさんで織田・徳川軍と武田軍が向かい合っています。織田・徳川軍は**資料1**の**ア**、**イ**のどちら側ですか。記号で答えましょう。

また、その記号を選んだ理由を「**ポルトガル人**」という言葉を使って二五字以上三五字以内で書きましょう。

資料1　長篠の戦いの様子

ア　イ

川

資料2　拡大図

ア　イ

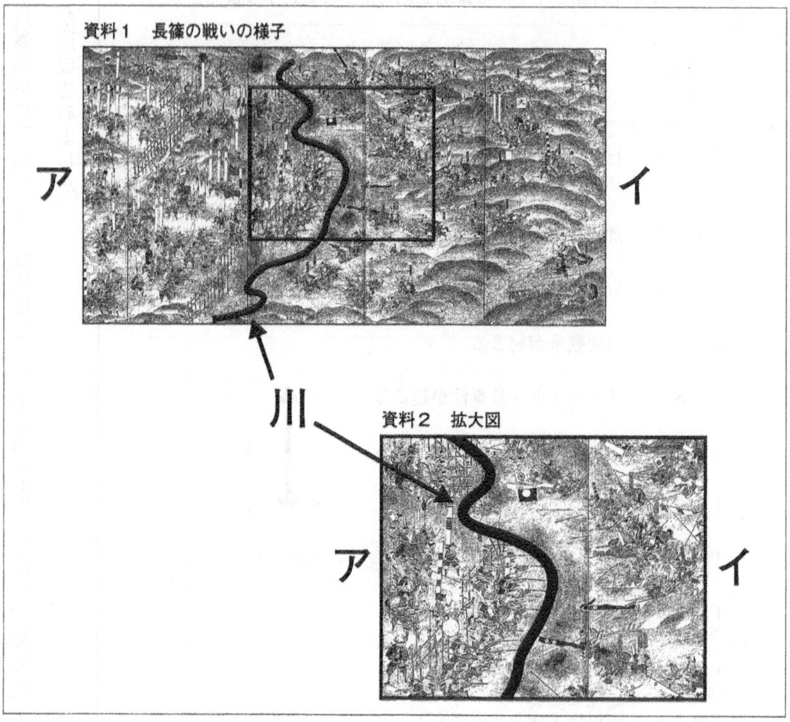

問四　次のページの**年表**は、**日本が外国と不平等な条約を結んでから改正するまで**を表したものです。また、**資料1**～**資料3**は**年表**の期間のあるできごとに関連した絵です。

日本は**年表**の期間に、不平等な条約を改正し、アメリカやヨーロッパの国々と対等な関係を築くため、様々な取り組みをしました。左の**まとめ**は、その取り組みを説明した文です。

まとめの［①］にあてはまる文を、**資料1**から考えて二五字以上三五字以内で書きましょう。

また、**年表**の**A**の期間について説明した［②］にあてはまる文を、次の指示にしたがって書きましょう。

（指示）

○　**資料2**、**資料3**からわかることを入れて書きましょう。

○　「**言論**」「**天皇**」という言葉を使って書きましょう。

○　四〇字以上六〇字以内で書きましょう。

まとめ

明治政府は近代化を進めるため、アメリカやヨーロッパに使節団を送り、進んだ政治制度や工業の様子などを学ばせました。そのため国内では、［①］。

一八七七年以降は、［②］。その結果、アジアで初めてアメリカやヨーロッパのような近代的な国家のかたちが整いました。

そして、一八九四年に起こった日清戦争、一九〇四年に起こった

【作文Ⅰ】〈五〇分〉〈満点：五〇点〉

一 次の問一～問四に答えましょう。

問一　香川県には**資料1**に示したような「**ため池**」が多くみられます。

「**ため池**」とは、人工的に池をつくって農業用水としての水をためておくものです。**資料2**から読み取れる、香川県に「**ため池**」が多くみられる理由を二〇字以上三〇字以内で書きましょう。

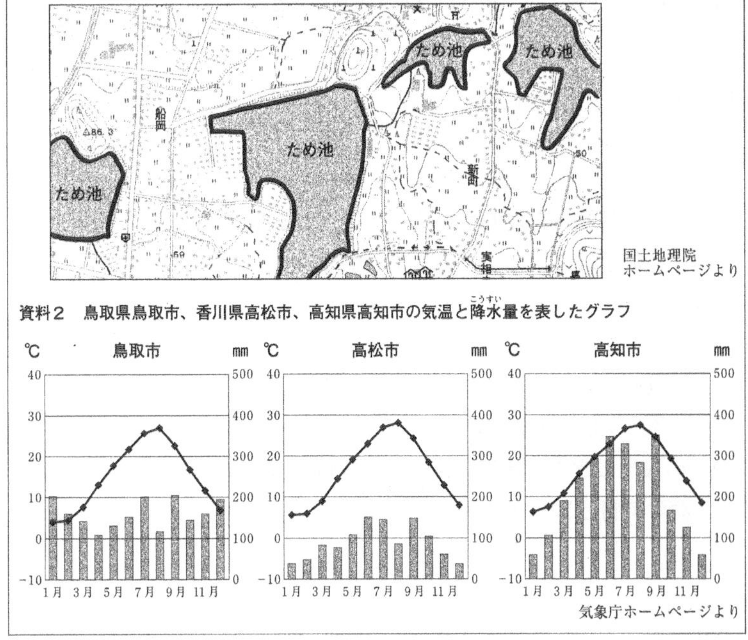

問二　左の**日本の地形の様子**を表した地図と、**国土の地形区分別構成**を表した円グラフからわかる日本の地形の特色を、四〇字以上六〇字以内で書きましょう。

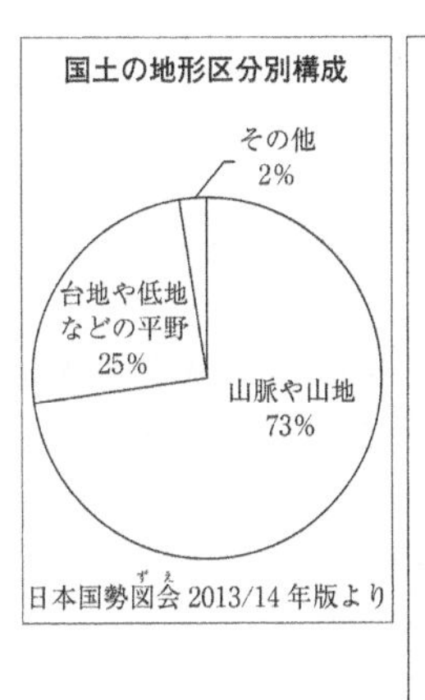

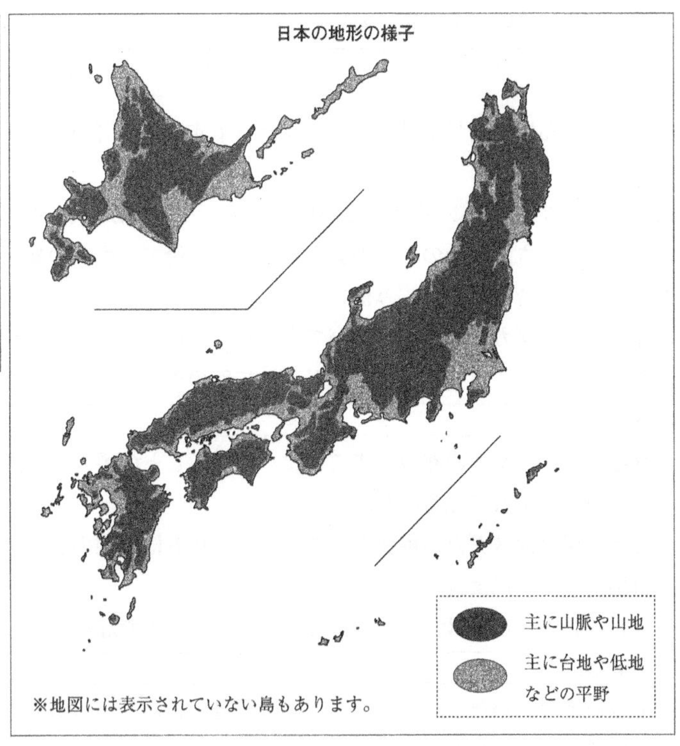

平成25年度

県立伊奈学園中学校入試問題

【作文Ⅰ】 (11ページから始まります。)

【作文Ⅱ】 (50分)　　＜満点：50点＞

【解答記入上の注意】

○　解答らんに線が引いていないものは，解答らんにおさまるように書きましょう。

○　記号，ひらがな，カタカナ，漢字，数字は1字として書きましょう。

○　分数は1字として書きましょう。

○　「℃」は1字として書きましょう。

○　「cm」「kg」「dL」「mL」は2字，「cm^2」は3字として書きましょう。

○　「，」や「。」「．(小数点)」も1字として書きましょう。
ただし，「，」や「。」がその行の最後にきたときは，最後のます目に入れましょう。
また，段落(だんらく)分けや改行はせず，続けて書きましょう。

〈記入例〉

㋐の面積は，$9\times\frac{1}{3}\div2=1.5$ (cm^2) なので，全体の面積は，11.5cm^2です。

㋐	の	面	積	は	、	9	×	$\frac{1}{3}$	÷	2	＝	1	.	5	(	c	m	2	)
な	の	で	、	全	体	の	面	積	は	、	1	1	.	5	c	m	2	で	す。

ゆうきさんとみちるさんは，同じ小学校に通う友だちです。次の **[問1]** ～ **[問8]** に答えましょう。

[問1]　ゆうきさんの家でかっているメダカが卵(たまご)をうみ，その卵からメダカの子どもが誕生(たんじょう)しました。ゆうきさんはみちるさんにそのときのようすを話した後で，生命の誕生について今まで不思議に思っていたことを出し合って考えてみました。

ゆうきさん「卵の中でメダカのからだの形ができあがっていくのってすごいね。」

みちるさん「そうだね。ところで，メダカはどうして卵の中で育つことができたのかな。」

ゆうきさん「メダカは，［　　　(1)　　　］」

みちるさん「なるほど。メダカの卵ってすごいね。では，ヒトの場合もメダカと同じように卵の中で育って生まれてくるのかな。」

ゆうきさん「ヒトの場合はメダカの場合とはちがうよ。ヒトは母親のおなかの中で育ってから生まれ出てくるんだよ。」

みちるさん「それはわかっているけれど，ヒトはどうして母親のおなかの中で育つことができるの。」

ゆうきさん「ヒトは，［　　　(2)　　　］」

みちるさん「そういえば，わたしたちのからだには，母親のおなかの中で育ったときのあとが残っているね。生命が誕生するためのしくみって本当に不思議だね。」

⑴　ゆうきさんがメダカについて話している [⑴] にあてはまる文を「養分」という言葉を用いて30字以内で書きましょう。
⑵　ゆうきさんがヒトについて話している [⑵] にあてはまる文を「養分」という言葉を用いて30字以内で書きましょう。

［問２］　ゆうきさんとみちるさんは，ふくろに入ったインゲンマメの種子をお店で買ってきて，育てることにしました。

ゆうきさん「きちんと発芽して，じょうぶに育つといいね。」

みちるさん「そうだね。ところでふくろに入っている種子は発芽しないね。どうしてふくろに入れているんだろう。」

ゆうきさん「それは，種子が発芽しないようにするためじゃないかな。」

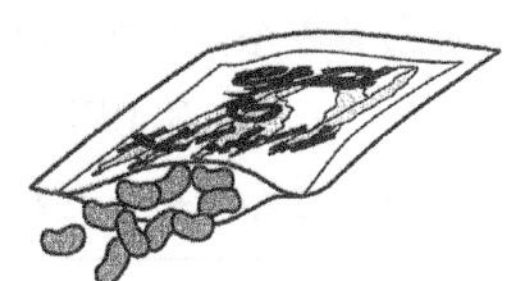

みちるさん「でも，ふくろの中には空気も入っているし，お店の中はいつも暖（あたた）かいよ。」

⑴　ふくろに入っているインゲンマメの種子は，ふくろの中で発芽することはありません。その理由を30字以内で説明しましょう。

ゆうきさんとみちるさんのまいた種子が発芽して，同じくらいのなえに育ったので，バーミキュライト（肥料をふくまない土）を入れたはちに植えかえて育てることにしました。

ゆうきさん「バーミキュライトって肥料がふくまれていないけれど，土の役割（やくわり）をするんだよね。」

みちるさん「だからきちんと肥料と水をあたえれば育つはずだよ。」

ゆうきさん「だけど日光に当たらないと育たないんじゃないかな。」

みちるさん「たしか種子は光があたらなくても発芽したはずだよ。」

ゆうきさん「このインゲンマメのなえを日なたと日かげに１本ずつ置いて，どちらにも肥料と水をあたえて育ててみようよ。」

⑵　５日ほどたってから育っている様子を見ると，2本のインゲンマメにちがいが見られました。葉の様子のちがいについて80字以内で説明しましょう。
⑶　種子の発芽と植物のなえの成長は，どのような点がちがうでしょうか。「養分」という言葉を使って60字以内で説明しましょう。

［問３］　ゆうきさんとみちるさんは，かけ算について話をしています。

ゆうきさん「3×3＝9，3×3×3＝27，3×3×3×3＝81，…。」

みちるさん「ゆうきさんは計算が得意なんだね。さっきは３を４個かけて81だったけれど，３を10個かけたら，いくつになるの。」

ゆうきさん「それはすぐに計算できないよ。でも，一の位の数は９だよ。」

みちるさん「それでもすごいよ。何でそんなに簡単に一の位の数がわかるの。」

ゆうきさん「3を10個かけた計算をしなくても，きまりを見つけると，かけた3の個数で一の位の数がわかるんだよ。」

ゆうきさんは3を10個かけたときの一の位の数が9であることをどのようにして求めたのでしょう。その求め方を100字以内で書きましょう。また，そのとき使った考え方をもとにして，3を25個かけたときの一の位の数を求めましょう。

［問4］ ゆうきさんとみちるさんは文ぼう具店で，コンパス，はさみ，筆箱を買ってきました。

ゆうきさん「わたしは，はさみと筆箱を1つずつ買ったけれど，値段（ねだん）の平均がちょうど340円だったよ。」

みちるさん「わたしは，コンパスとはさみと筆箱を1つずつ買ったけれど，値段の平均がちょうど360円だったよ。値段の平均はゆうきさんの方が安いんだね。」

ゆうきさん「そうだね。はさみ1つの値段はコンパス1つの値段の55％の値段だからね。」

ゆうきさんとみちるさんが文ぼう具店で買ってきた，コンパス，はさみ，筆箱の中で1つの値段が最も高いものはどれでしょう。また，その求め方を150字以内で書きましょう。

［問5］ ゆうきさんとみちるさんは，やかんに水を入れ，ガスコンロを使ってお湯をわかしました。

ゆうきさん「あれ，やかんの外側がくもって見えたよ。」

みちるさん「やかんの外側は，かわいていたはずなのにね。なぜ，やかんの外側に水てきがついたんだろう。」

ゆうきさん「そういえば，集気びんの中でろうそくを燃やすと，びんの内側がくもるのを科学館の実験で見たことがあるけれど，ろうそくが燃えると水蒸気（すいじょうき）ができることを科学館の人が教えてくれたよ。」

みちるさん「そうか。そのときと同じことがおきたんだね。でも，ガスが燃えて出てきたのは水蒸気だよね」

⑴ ガスコンロに火をつけたとき，わかし始めにやかんの外側に水てきがついた理由をゆうきさんとみちるさんの会話を手がかりに80字以内で説明しましょう。

やかんの外側に見られたくもりはすぐに消え，わかしつづけて5分たつと，今度はやかんのお湯の下の方からさかんにあわが出てきました。

ゆうきさん「今度はあわがたくさん出てきたね。」

みちるさん「なぜ，やかんのお湯の下の方からあわが出てくるんだろう。」

⑵ なぜお湯がわいたとき，やかんのお湯の下の方からあわが出てきたのでしょう。60字以内で説明しましょう。

⑶ ガスコンロの火でやかんを加熱し続けると水の温度はどうなっていくでしょう。水の温度

の変化を解答らんにグラフで表しましょう。
グラフは定規を使わずに手でかきましょう。ただし，変化のようすがわかるようにていねいにかきましょう。はじめの水の温度は20℃だったとします。
また，水の温度の変化について60字以内で説明しましょう。

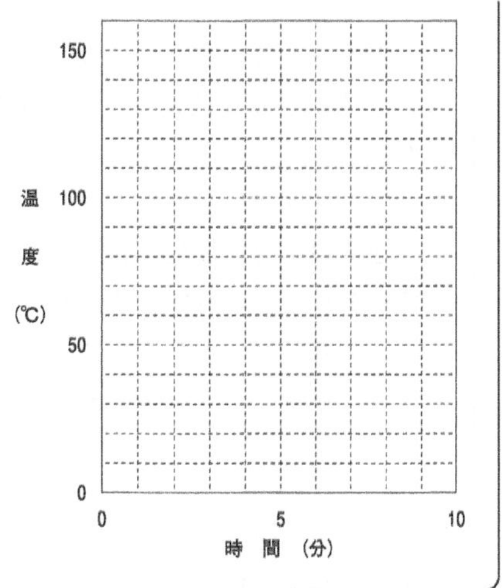

［問６］ ゆうきさんの小学校には，図１のような形をしたプールがあります。このプールを上から見ると縦(たて)50m，横18mの長方形で，横から見ると図２のような五角形です。スタート台のすぐ下（図のⓐの部分）の深さは，1.1mで，最も深いところ（図のⓘの部分）の深さは1.5mです。

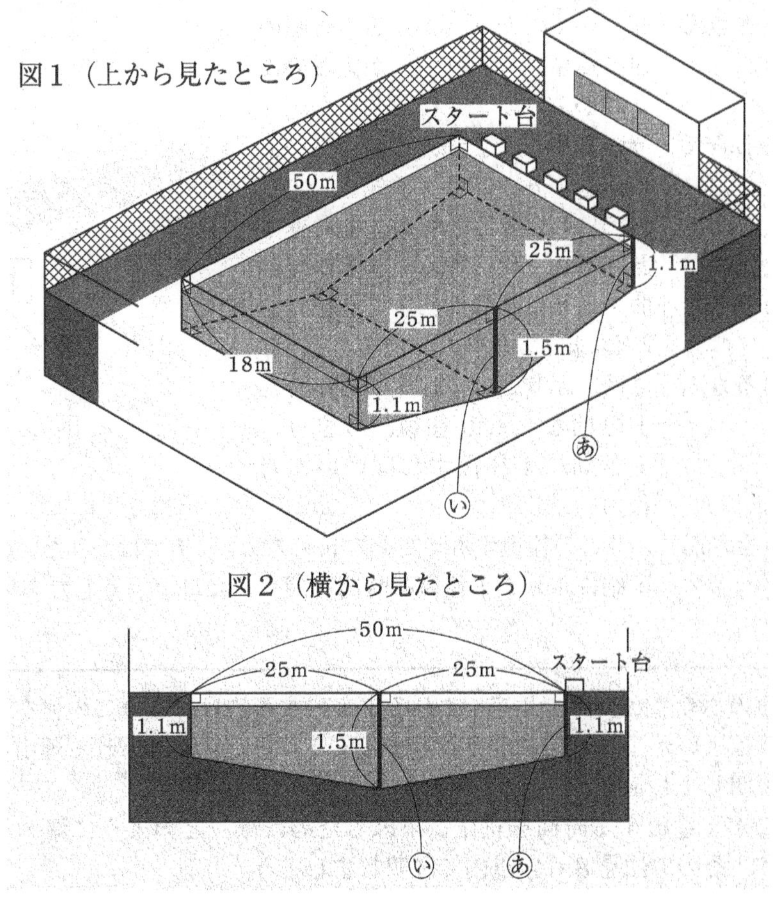

(1) スタート台のすぐ下（図のあの部分）の水の深さが1mになるまで水が入っています。このとき，プールに入っている水の量は何Lでしょう。また，求め方を120字以内で書きましょう。

(2) プール開きにそなえてプールのそうじをした後，7月3日の正午から空（から）になったプールに水を入れ始めました。翌日の午前9時に水位（すいい）を調べてみると，スタート台のすぐ下（図のあの部分）の水面の高さは30cmでした。このまま水を入れ続けると，スタート台のすぐ下（図のあの部分）の水面の高さが1mになるのは，何日の何時何分でしょう。午前，午後もつけて答えましょう。また，求め方を書きましょう。（字数の制限はありません。）

[問7] ゆうきさんとみちるさんは，紙にかえるのイラストを描（えが）き，図のようなふりこのおもちゃをつくることにしました。おもりは位置を変えることができるようになっています。

ゆうきさん「せっかくだから，かえるの合唱の曲の速さに合わせて，かえるのふりこがふれるようにしたいな。」

みちるさん「今のままだと，かえるの合唱の曲の速さより，ふりこの速さの方がおそいね。どうしたら，曲の速さと同じように，速くできるかな。」

ゆうきさん「曲の速さは1分間に120拍（はく）にするね。」

みちるさん「では，ふりこは1往復（おうふく）するから，1分間なら60往復，つまり，1秒間に1往復すればいいんだね」

ゆうきさん「ふりこの往復する時間をストップウォッチではかりたいのだけれど，正確（せいかく）にふりこ1往復の時間を調べるには，どうしたらいいかな。」

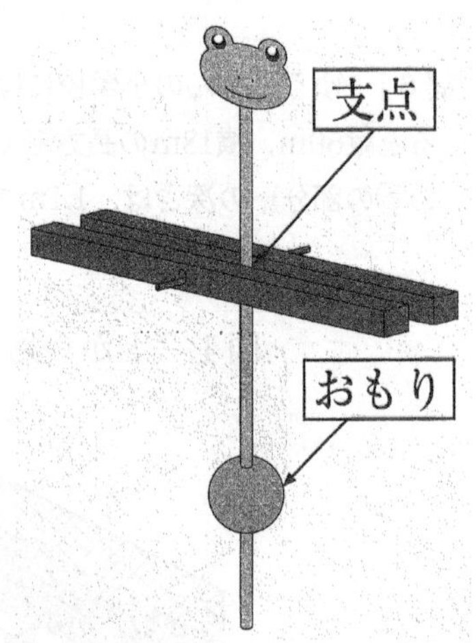

(1) かえるのふりこが，今より速くふれるようにするには，ふりこの何をどのように変えればよいか，30字以内で書きましょう。また，速くふれる理由を60字以内で説明しましょう。

(2) ふりこが1往復する時間を正確に求めるためには，どのように調べたらよいでしょう。その方法を80字以内で説明しましょう。

[問8] ゆうきさんは，お父さんのペンキぬりの手伝いをしています。$\frac{3}{5}\mathrm{m}^2$と$\frac{9}{2}\mathrm{m}^2$と$\frac{11}{6}\mathrm{m}^2$のすべての板かべをペンキでぬります。ゆうきさんのお父さんは，$\frac{3}{5}\mathrm{m}^2$の板かべをぬるのに，ペンキを$\frac{3}{2}$dL使い，ちょうどペンキがなくなってしまいました。あと，$\frac{9}{2}\mathrm{m}^2$の板かべと$\frac{11}{6}\mathrm{m}^2$の板かべの両方をすべてぬる予定です。

(1) 残りの板かべをすべてぬるには，500mL入りのペンキのかんが何個あればよいか答えましょう。ただし，ペンキのかんの個数は整数とします。
また，求め方を説明しましょう。（字数の制限はありません。）

ゆうきさんは，3500円を持って，ペンキを買いに行きました。店には，500mL入り以外に，1L入りと200mL入りと60mL入りのペンキのかんもありました。それぞれの値段は，下の表のとおりです。ゆうきさんは，お父さんから，「ペンキが足りなくならないように買ってきてね。」といわれています。

ペンキのかん１つの容量	１L	５００mL	２００mL	６０mL
ペンキのかん１つの値段	１９００円	１０００円	４５０円	１５０円

⑵　ペンキのかんをどのように買うと代金が最も少なくなるでしょう。代金が最も少なくなるときのペンキのかんの買い方と代金をそれぞれ答えましょう。ただし，買わないペンキのかんがある場合は，0を書きましょう。
また，求め方を説明しましょう。（字数の制限はありません。）

てきた。

堀江先生のあの言葉がなかったら、私はサッカーの監督という仕事をやっていなかったかもしれない。私自身、「人類愛」のために生きているというところまでは、まだまだ行ってないが、堀江先生のような一言を残してから死にたいと思っている。

（「こころに響いた、あのひと言」　岩波書店「いい人に会う」編集部　編　「人類愛のために学問をやっている」　岡田武史氏　より）

＊マルクス経済学批判…大学の講座名（授業の名前）。
＊ゼミ…ゼミナールの略で、授業の一つ。
＊東伏見のグラウンド…西東京市にある早稲田大学のサッカー練習場。
＊Ｊリーグ…日本のプロサッカーリーグ。
＊ライフスタイル…生活のかたち、または生活のしかた。
＊川淵三郎…日本サッカー協会の責任者の一人。

問一　――線部①とありますが、岡田武史さんはどのようなことが分かったのですか。「堀江先生にとって一番大切なものは、」に続けて、一五字以内で書きましょう。

問二　文章中の空らん ② に入れるのにふさわしい言葉を、漢字三字で書きましょう。
　また、その言葉を入れた理由を、一五字以上二五字以内で書きましょう。

問三　――線部③とありますが、岡田武史さんが人類の役に立つと考えているライフスタイルをあなたが実行するとしたら、具体的にどのような行動をすればよいと思いますか。三〇字以上四〇字以内で書きましょう。

問四　本文では、堀江忠男先生の学問をする目的が述べられていますが、あなたが勉強（学問）をする目的は何ですか。次の注意にしたがって書きましょう。

（注意）
○　作文は、二段落で書きましょう。
○　前半の段落には、あなたが勉強（学問）をする目的は何かを、短くわかりやすく書きましょう。
○　後半の段落は、前半の段落の内容が深められるように、具体的な説明を書きましょう。
○　作文は、八行以上一〇行以内で書きましょう。

田中さん「はい。授業参観がとても楽しみだと言ってイおりました。」
山本先生「早めに来てウくださるとありがたいと伝えてもらえますか。」
田中さん「わかりました。きちんと伝えておきます。」

三 次の文章は、元サッカー日本代表の監督、岡田武史さんが書いたものです。この文章を読んで、あとの問一～問四に答えましょう。

忘れられない恩師がいる。愛の大きさを教えてくれた人である。早稲田大学政治経済学部で「*マルクス経済学批判」を教えていた堀江忠男先生だ。先生はベルリン・オリンピックのサッカー日本代表の選手であり、早稲田大学サッカー部の部長を務めていた。私はサッカー部に入り、先生の*ゼミをとっていたこともあって、随分かわいがってもらった。しかし、授業中に私語を交わしている学生には「出て行けー」と怒鳴って追い出す厳格な先生だった。

先生がいつも言っていた言葉がある。「サッカーは自分にとってなくてはならないものだが、一番大切なものではない。」先生にとって「一番大切なもの」とは学問なのではないかと、私はずっと思っていた。しかし、違った。

①それが分かったのは、*東伏見のグラウンドの近くにある先生の自宅にお邪魔したときのことだった。先生の一番下の幼い子供が、先生の髪の毛をぐしゃぐしゃにしたりしながらまとわりついている。厳しい先生のこと、「絶対に雷が落ちる」と、私は内心どぎまぎしていた。だが、全く怒らない。私は、まだ若かったということもあって、ふと「先生がいつもおっしゃられている一番大切なものって、ひょっとしたら愛ですか？」と恥ずかしげもなく聞いてしまった。

「そうだ。俺は『人類愛』のために学問をやっている。」

先生はそう答えられた。私はこの言葉に、髪の毛の先まで電流が走るようなショックを受けた。

それ以来、私は「岡田の愛の五段階説」なる持論を持つようになった。第一段階は自己愛、第二段階は他人を愛する恋愛、第三段階は家族愛・友人愛、第四段階が「人類愛」だ。さらに、第五段階として「②」を加えた。なぜ「愛の五段階説」をつくったかといえば、いま自分がどのレベルで物事を考えたり、行動をしたり、仕事をしたり、生きているのか。それを自分自身に言えるようにしたかったからだ。

「愛の五段階説」に則り、私は三〇年ほど前から環境関係の活動をしている。なぜ私がサッカーの仕事をしているのかというと、地域に根ざした総合スポーツクラブをつくりたいという*Jリーグの「一〇〇年構想」を聞いて、私自身、サッカーの仕事に携わる言い訳ができたからだ。Jリーグが成功し、地域に総合スポーツクラブができれば、休日にはテニスやサッカーなどスポーツをして汗を流し、みんなでコミュニケーションする。「モノを消費しない*ライフスタイル」である。これが広がれば、③地球を救うためのライフスタイルを変える拠点となり、人類の役に立つと私は考えている。

日本サッカー協会の*川淵三郎さんは日本代表が勝つためにJリーグをつくったと言った。しかし、Jリーグの「一〇〇年構想」を実現するためには日本代表が勝たなくてはいけない。私はそんな風にずっと思っ

二 次の問一～問六に答えましょう。

問一　次の**ア**、**イ**で、――線部の言葉の使い方が正しい文は、どちらですか。記号で答えましょう。
また、**使い方がまちがっている――線部の言葉**を使用して、一五字以上二五字以内で短文を作りましょう。

ア　兄と弟は、対象的な性格だ。

イ　兄と弟は、対照的な性格だ。

問二　次の(一)、(二)の□にそれぞれ漢字一字を入れて、二字の熟語を四つずつ作りましょう。矢印にしたがって読みますが、読み方は音読みでも訓読みでもよいものとします。
また、(一)、(二)のそれぞれについて、その中の一つの熟語を使用して、一五字以上二五字以内で短文を作りましょう。

(一)
映↓□↓質
計→□→数

(二)
朝↓□↓色
真→□→面

問三　次に示した漢字を組み合わせて、四字熟語を一つ作りましょう。ただし、同じ漢字を何度使用してもよいものとします。
また、その四字熟語を使用して、二〇字以上三〇字以内で短文を作りましょう。

二　自　花　進　石
由　鳥　月　一　在

問四　次の文を適切なつなぎ言葉を使用して、意味を変えずに、三つの文に分けて書きましょう。

雨がふりそうだったので、わたしはかさの準備をしたが、雨はふらなかった。

問五　次の□に体の一部を表す漢字一字を入れて、慣用句を完成させましょう。
また、その慣用句を使用して、二〇字以上三〇字以内で短文を作りましょう。

□が高い

問六　担任の山本先生と生徒の田中さんが教室で話をしています。その会話文の中で、――線部**ア**、**イ**、**ウ**から敬語の使い方が**適切でないもの**を一つ選び、記号で答えましょう。
また、その部分を正しい敬語に直して書きましょう。

山本先生「明日、お父さんは学校に**ア**参りますか。」

問三　左の表は**都道府県別の米の生産量**を表したものです。この表から、国内のどの地方が最も米の生産量が多いですか。一〇字以上二〇字以内で書きましょう。

都道府県別の米の生産量

都道府県名	米の生産量（万トン）	都道府県名	米の生産量（万トン）	都道府県名	米の生産量（万トン）	都道府県名	米の生産量（万トン）
北海道	54.3	東京	0.1	滋賀	17.0	香川	7.5
青森	28.7	神奈川	1.6	京都	7.7	愛媛	7.7
岩手	30.1	新潟	62.7	大阪	2.9	高知	6.4
宮城	38.8	富山	21.2	兵庫	19.1	福岡	19.7
秋田	50.9	石川	13.5	奈良	4.8	佐賀	14.2
山形	40.2	福井	13.4	和歌山	3.8	長崎	6.8
福島	43.7	山梨	2.8	鳥取	6.8	熊本	20.5
茨城	40.8	長野	20.6	島根	9.5	大分	12.5
栃木	34.6	岐阜	11.4	岡山	18.1	宮崎	10.4
群馬	9.1	静岡	8.9	広島	13.6	鹿児島	12.2
埼玉	17.8	愛知	15.5	山口	11.9	沖縄	0.3
千葉	32.7	三重	14.9	徳島	6.5		

（２００９年　農林水産統計より）

問四　**グラフ１**、**グラフ２**は、**稲の＊作付面積の変化**と**一〇アールあたりの米の収穫量の変化**を表したものです。この二つのグラフについて、それぞれどのような変化が読み取れますか。五〇字以内で書きましょう。

また、読み取れたことから、日本の米作りでは、どんな工夫をしてきたと考えられますか。五〇字以内で書きましょう。

＊作付面積…田畑で作物を実際に植え付けている面積のこと。

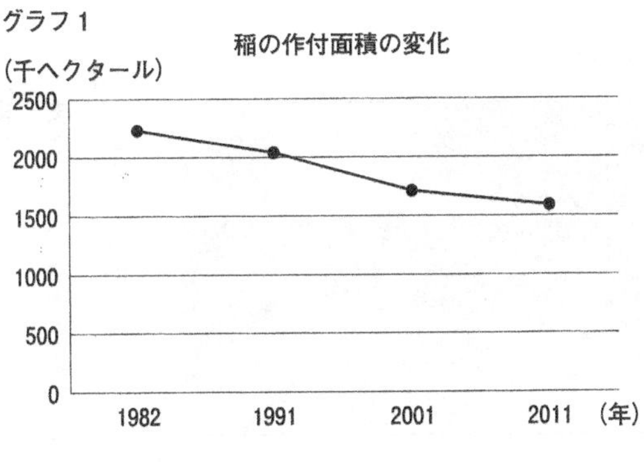

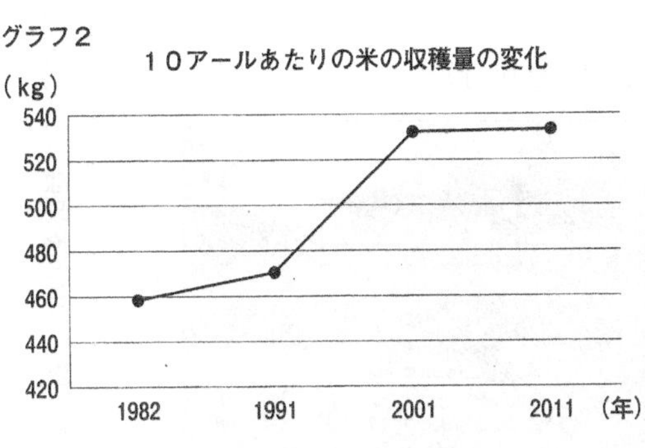

（農林水産省大臣官房統計部「作物統計」より）

【作文Ⅰ】（五〇分）〈満点：五〇点〉

一 次の問一～問四に答えましょう。

問一　左の世界地図を見て、大陸名と海洋名を使用し、イギリスの位置を二五字以内で説明しましょう。

問二　左の写真**ア**～**エ**は世界遺産に関係する建物の写真です。この中で、最も南に位置する建物はどれでしょう。**ア**～**エ**の記号で答えましょう。
　また、その建物を建てた人物はどのような政治を行いましたか。二つ書きましょう。

ア　中尊寺

ウ　法隆寺

イ　銀閣（慈照寺）

エ　日光東照宮

平成24年度

県立伊奈学園中学校入試問題

【作文Ⅰ】（8ページから始まります。）

【作文Ⅱ】（50分）　＜満点：40点＞

【解答記入上の注意】

○　解答らんに線が引いていないものは，解答らんにおさまるように書きましょう。

○　記号，ひらがな，カタカナ，漢字，数字は1字として書きましょう。

○　分数は1字として書きましょう。

○　「cm」「kg」は2字，「cm^2」は3字として書きましょう。

○　「，」や「。」「．（小数点）」も1字として書きましょう。
　ただし，「，」や「。」がその行の最後にきたときは，最後のます目に入れましょう。
　また，段落分けや改行はせず，続けて書きましょう。

〈記入例〉

㋐の面積は，$9\times\frac{1}{3}\div 2=1.5$（$cm^2$）なので，全体の面積，11.5$cm^2$です。

㋐	の	面	積	は	、	9	×	$\frac{1}{3}$	÷	2	＝	1	.	5	（	c	m	2	）
な	の	で	、	全	体	の	面	積	は	、	1	1	.	5	c	m	2	で	す。

　きょうだいのゆうきさんとひかるさんは，近所の友達4人と，公民館でお楽しみ会をすることになっています。次の文章を読んで，**[問1]** ～ **[問8]** に答えましょう。

　ゆうきさんとひかるさんは，公民館へ行く前に朝ご飯を食べています。

ひかるさん「たきたてのご飯，おいしいね。」

ゆうきさん「そうだね。おいしいね。」

ひかるさん「あれ，かんでいるうちに，なんだかあまくなってきたよ。」

> **[問1]**　ご飯をかんでいるうちに，口の中であまく感じられるようになってきた理由を40字以内で書きましょう。

　ゆうきさんとひかるさんは，公民館へ行くとちゅう，信号のある交差点をわたろうとしています。

ひかるさん「今，ここの信号ともう1つ先の交差点の信号が同時に黄色になったね。」

ゆうきさん「でも，向こうの信号はもう赤から青に変わっているのに，ここの信号はなかなか青に変わらないね。」

ひかるさん「もう一度，同時に黄色になることはあるのかな。」

ゆうきさん「2つの信号の時間を計ってみよう。」

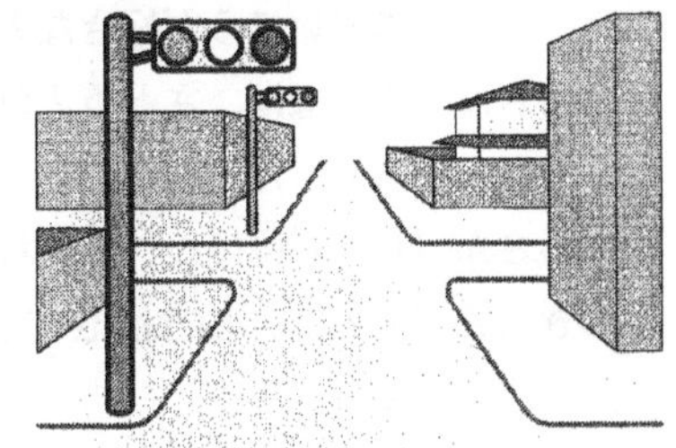

［問２］ ゆうきさんとひかるさんは，２つの信号の青，黄，赤の時間をそれぞれ計ってみました。その結果は次の表のとおりになりました。
２つの信号が同時に黄色になってから，もう一度同時に黄色になるまでの時間を答えましょう。
また，その求め方を120字以内で書きましょう。

	青	黄	赤
わたろうとしている交差点の信号	２２秒	３秒	２５秒
１つ先の交差点の信号	２０秒	３秒	１７秒

ゆうきさんたち６人は，公民館に集まりました。丸いテーブルの周りにすわることになり，そのすわり方を決めています。

ひかるさん「どういう順番ですわろうか。何かみんなが好きなものについて話ができるようにしようか。」
ゆうきさん「そうだね。それなら，好きなスポーツについて話をしようよ。わたしは，サッカーと野球をよく見るよ。」
ひかるさん「わたしは，サッカーとテニス。あとは水泳かな。」
なつきさん「わたしは，サッカーだけだな。」
かおるさん「わたしは，マラソンとゴルフをよく見るよ。」
ともみさん「わたしは，ゴルフとテニスも好きだな。」
みちるさん「わたしは，野球とマラソン。」
ゆうきさん「わたしがこの席にすわると，みんなはどういうすわり方をすればよいかな。」

ゆうきさん

［問３］ 丸いテーブルにすわった両どなりの人と，同じ好きなスポーツについてたがいに話せるようにするためには，どのようにすわればよいでしょうか。そのすわり方を，解答用紙の図に記入しましょう。また，その理由を210字以内で書きましょう。

ゆうきさんたちは，しばらく話をしたところで，冷やしておいたアイスティーをとう明なガラスのコップで飲むことになりました。

ゆうきさん「みんな同じようにアイスティーを分けたよ。シロップはないけれど，さとうがあるからあまいほうが好きな人は入れてね。さあ，飲もう。」
みちるさん「みんなは，さとう入れたの。わたしはちょっと入れただけなのに，けっこうあまくなっちゃった。」
かおるさん「わたしはけっこう入れたけれど，ぜんぜんあまくないよ。」
なつきさん「ぜんぜんかき混ぜてないでしょ。まだ下のほうにさとうがたまったままになっているよ。」

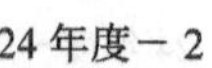

かおるさん「そうか。かき混ぜないでずっとそのままにしておいたらどうなるのかな。」

なつきさん「そうね。しばらくそのままおいてみようか。ところで，ゆうきさんは少し飲み始めているけれど，さとうを入れたのかな。さとうが下のほうには見えないけれど。」

ゆうきさん「さあ，どっちだと思う。台所に計量カップとはかりがあるから調べて当ててみてよ。まだ，みんなに分けたアイスティーもたくさん残っているし，もちろんわたしのアイスティーも使っていいから。」

［問４］ かおるさんのアイスティーの下のほうにあるさとうは，かき混ぜないでずっとそのままにしておいたらどうなるでしょうか。さとうの変化を60字以内で説明しましょう。

［問５］ ゆうきさんがさとうを入れたかどうか，味を確かめずに調べるにはどのような方法で調べればよいでしょうか。体積という言葉を使って，80字以内で書きましょう。また，その方法で調べることができる理由を体積という言葉を使って，80字以内で書きましょう。

ゆうきさんたち６人は，ピザを注文しようとしています。

ゆうきさん「みんなから集めたお金でピザを注文しようよ。」

みちるさん「このピザのＭサイズが４枚注文できるね。」

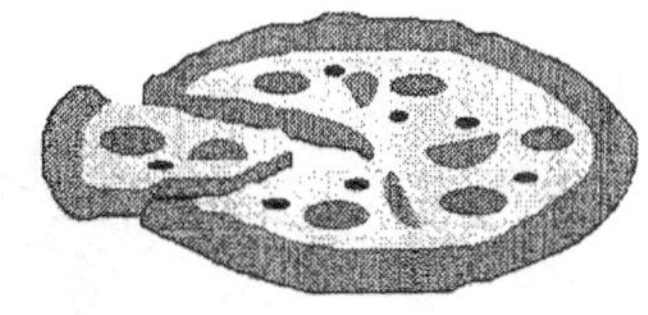

なつきさん「でもＭサイズって直径が24㎝だよね。Ｌサイズは直径28㎝で，これが３枚でも同じねだんだよ。」

ゆうきさん「Ｍサイズ４枚とＬサイズ３枚のどっちを注文した方がいいんだろう。」

［問６］ Ｍサイズ４枚とＬサイズ３枚のどちらを注文した方が６人にとってたくさん食べられるか，答えましょう。また，そのように考える理由を140字以内で書きましょう。ただし，ピザの厚さはＭサイズもＬサイズも同じとします。

お楽しみ会が終わり，ゆうきさんたちは，公園の近くを通りかかりました。多くの人が散歩しています。

なつきさん「最近，この公園でウォーキングをしている人が増えたね。」

みちるさん「この公園は，歩道がまっすぐで，見通しがよいからかな。」

ゆうきさん「信号もないから，自分のペースであるくのにはいいね。」

かおるさん「なつきさんはあるくのが速そうね。」

みちるさん「そうよ。わたしが５歩あるく間になつきさんは６歩もあるくし，わたしが５歩であるくきょりをなつきさんは４歩であるいてしまうよ。あっという間に，はなされてしまうね。」

かおるさん「それじゃあ，なつきさんより先にスタートしてもすぐ追いつかれそうね。」

［問７］ みちるさんが20歩あるいたとき，なつきさんはみちるさんの後からあるき始めました。なつきさんは，何歩あるいたところでみちるさんに追いつくか，答えましょう。また，その理由を200字以内で書きましょう。ただし，なつきさんはみちるさんがあるき始めた地点からスタートし，みちるさんがあるいたところをなつきさんもあるくものとします。また，みちるさんもなつきさんもそれぞれ自分の一定の速さと歩はばであるき続けるものとします。

ゆうきさんたちは，帰りながら空を見上げると，月が見えました。

ゆうきさん「きれいな月ね。今日は，月がとても丸く見えるから満月かな。」

ひかるさん「本当に丸いね。でも，今日の月は，1週間前に見た月とは，ちがう形をしているね。」

ゆうきさん「確かにそうね。でもどうして，月の形が変わるのかな。」

なつきさん「どうして月の形が変わるのかな。１週間前は，太陽が西にしずむころ，月は，ちょうど南の空にあったね。」

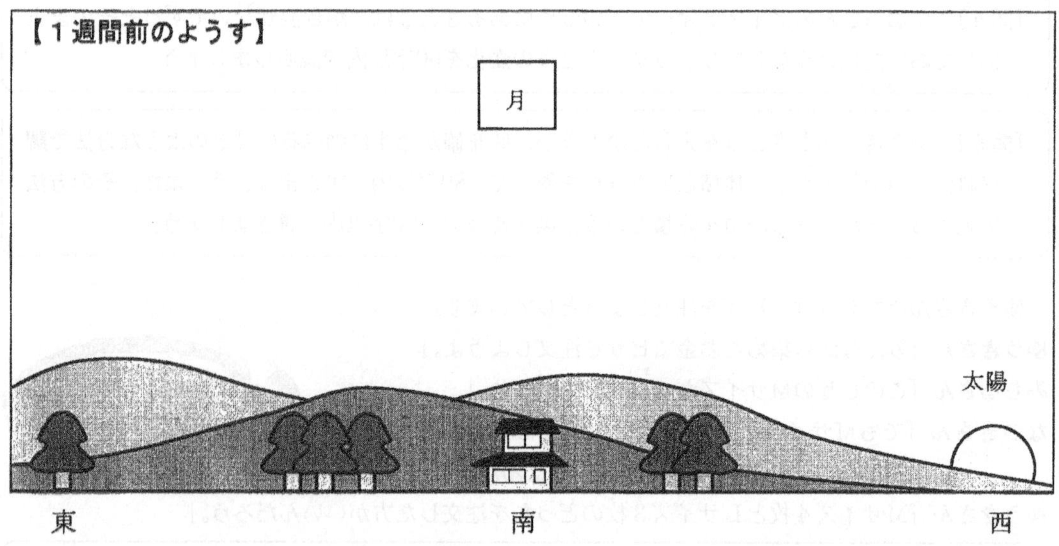

［問８］ 月の形が日によって変わって見えるのはどうしてか，その理由を60字以内で書きましょう。また，１週間前に見えた月の形を図でかき，そのように見えた理由を60字以内で書きましょう。

問一　――線部①とありますが、あなたがこれまでに聞いた、いちばん感動的な言葉は何ですか。いつ、だれから、どのような言葉を聞いたのかがわかるように、四〇字以上六〇字以内で書きましょう。

問二　文章中の空らん ② に入れるのにふさわしい言葉を、一〇字以内で書きましょう。

問三　筆者は「よい思い出」を作るためには、だれに対してどのようにすることが大切だと述べていますか。二〇字以上三〇字以内で書きましょう。

問四　あなたが伊奈学園中学校に入学すると、たくさんの出会いがあることと思います。あなたは、新しく出会った人にどのように接し、どのような「よい思い出」を作りたいと思いますか。次の（注意）にしたがって書きましょう。

（注意）

○　作文は、二段落で書きましょう。

○　前半の段落には、新しく出会った人にどのように接していきたいかを、**具体的に**書きましょう。

○　後半の段落には、どのような「よい思い出」を作りたいかを書きましょう。

○　二つの段落の内容がつながるように書きましょう。

○　作文は、八行以上一〇行以内で書きましょう。

マルセルは、週に一度自宅に人びとを招いて哲学の勉強会を開いていたのですが、それは非常に知的な雰囲気でした。この集まりで、私は生涯忘れられないような①感動的な言葉を、マルセルからいろいろ聞きました。それから何度もマルセルのもとを訪れ、私は彼と親しくなりました。

やがて私が帰国することになり、マルセルの集まりに出るのもこれが最後という日のことです。その日は、他の人びとよりも三十分ほど早めにマルセルのお宅に来るようにと彼は私に言って下さり、私は彼が用意して下さったコーヒーと小さな「フラン」というお菓子をご馳走になりながら、他の人びとが来るまでの間、二人だけで話すことができました。そのとき、マルセルは私に質問しました。

「ムッシュ・イマミチ、これからは君と会えなくなるけれども、人間が他の人間に贈ることのできる最大の贈り物は何だと思いますか」

読者のみなさんも考えてみて下さい。「人間が他の人間に贈ることのできる最大の贈り物」とはいったい何でしょう。

そのとき、私は一生懸命考えました。そして思いつくままにいろいろ挙げてみました。でもどれもマルセルは違うと言うのです。

私の考えもとうとう尽きて、黙ってしまったとき、マルセルは少しニヤッと笑うような顔つきをして、こう言ったのです。

「人間が人間に贈る最大の贈り物、それは『よい思い出』です。どれほど立派な品物でも、いつかは壊れます。壊れなくても*色が褪せてしまいます。でも、よい思い出は一生かわることはありません。壊れることもなければ色褪せることもない。一生続きます。そしてそれを君が語り継いでいけば、その次の世代の心にも残るでしょう。よい思い出を人からもらうようにしなさい。それと同時に、よい思い出を［　②　］ような人間になりなさい」

この言葉は、マルセルの思いつきなのではなく、信念でした。その小さな証拠に、有島暁子さん（*有島生馬の娘で、*有島武郎の姪）にも、全く同様の言葉を彼は贈っています。

運命的な出会いとは、だれもが容易に体験できるわけではありません。みなさんもこれからの人生において、出会いがあるでしょう。そのときにはまだ、それがどれほど自分に影響を与えるかわからないかもしれません。また相手にどのような影響を与えることになるか、気づかないかもしれません。

しかし、後になって振り返ったときに、その運命的な出会いが「よい思い出」となるように、まごころを尽くして、誠実に人と接するようにして下さい。まごころや誠実が、いずれ「よい思い出」へと結晶するはずです。

（『人生の贈り物――四つの物語』かまくら春秋社　今道友信著　より）

*哲学者…哲学という人間の生き方や知恵を考える学問をする人。
*講師…大学などで授業を担当する人。
*色が褪せて…色つやがなくなって。
*有島生馬…画家。有島武郎の兄。
*有島武郎…小説家。代表作に「生れ出づる悩み」などがある。

出来事を知りたいとき、テレビと新聞を比べて、それぞれのよりよい点を一つずつ書きましょう。

二　次の問一～問四に答えましょう。

問一　次の三つの□に共通する漢字二字を答えましょう。
　また、□には、反対の意味の漢字を組み合わせたものが入ります。できた三つの熟語の中から一つを選び、その熟語を使用して、一〇字以上二〇字以内で短文を作りましょう。

押し□　　□無用　　□集

問二　次のア、イで、――線部の言葉の使い方が正しい文は、どちらですか。記号で答えましょう。
　また、**使い方がまちがっている言葉**を使用して、一〇字以上二〇字以内で短文を作りましょう。

ア　冬はやっぱり暖かい料理がいちばんだね。
イ　冬はやっぱり温かい料理がいちばんだね。

問三　「しんしんと」という様子を表す言葉を使用して、一〇字以上二〇字以内で短文を作りましょう。

問四　次の**（意味）**に合うように、左の□に漢字一字を入れて、慣用句を完成させましょう。
　また、□に入れた漢字を用いた**他の慣用句**を使用して、二〇字以上三〇字以内で短文を作りましょう。

（意味）他人の成功・勝利・前進などのじゃまをする。また、結果としてじゃまになる行動をする。
↓
□を引っ張る

三　次の文章は、今道友信さんが書いたものです。この人は、日本を代表する世界的な＊哲学者です。この文章を読んで、あとの問一～問四に答えましょう。

　私の青年時代の運命的な出会いの一つに、ガブリエル・マルセルという有名な哲学者との出会いがありました。この出会いも今考えてみると、非常に不思議なものでした。マルセルは哲学者ですが、大学で教えてはいませんでした。
　私は第二次大戦後まもなく、パリ大学の＊講師としてフランスに行きました。もしマルセルが同じ大学の教授であったなら、私が彼と知り合ったことを不思議に感じることはなかったでしょう。たまたまある人が、「マルセルの家にいろいろな人が集まるから、君も一緒に来ませんか」と声をかけてくれたのです。それで私はマルセルの家に連れていってもらうことにしました。

【作文Ⅰ】〈五〇分〉〈満点：四〇点〉

一　次の問一～問三に答えましょう。

問一　左の資料は、**国内貨物輸送の割合の変化**を表したものです。**一九六五年度と二〇〇八年度**の国内貨物輸送の割合の変化について読み取れることを、二〇字以内で書きましょう。また、そのように変化した理由として考えられることを、二〇字以上三〇字以内で書きましょう。

国内貨物輸送の割合の変化

１９６５年度　１８６３億*トンキロ

鉄道	30.7%
自動車	26.0%
*内航海運	43.3%

２００８年度　５５７６億トンキロ

航空	0.2%
鉄道	4.0%
自動車	62.1%
内航海運	33.7%

日本国勢図会２０１１／１２年版より

＊トンキロ…貨物の輸送量を表す単位。
＊内航海運…船で国内の港から港へ荷物を運ぶこと。

問二　左の資料は、**江戸時代末ごろの日本橋**と、**明治時代初めの日本橋**の様子を描いたものです。二つの絵に描かれた人々の生活の様子を比べて、変化したことを一つ取り上げて書きましょう。また、このような変化が現れた理由を三〇字以上四〇字以内で書きましょう。

江戸時代末ごろの日本橋

明治時代初めの日本橋

問三　わたしたちはテレビや新聞、インターネットなどを通してたくさんの情報を得ることができます。あなたがニュースや社会の

解答用紙集

○月×日　△曜日　天気（合格日和）

◆ご利用のみなさまへ

＊解答用紙の公表を行っていない学校につきましては、弊社の責任において、解答用紙を制作いたしました。

＊編集上の理由により一部縮小掲載した解答用紙がございます。

＊編集上の理由により一部実物と異なる形式の解答用紙がございます。

人間の最も偉大な力とは、その一番の弱点を克服したところから生まれてくるものである。――カール・ヒルティ――

東京学参株式会社

※ 119%に拡大していただくと，解答欄は実物大になります。

1

問1	(1)	ジェフさんの好きなスポーツは＿＿＿＿＿＿＿＿です。
	(2)	ジェフさんとゆうきさんは、＿＿＿＿＿＿＿＿で行われた＿＿＿＿＿＿＿＿をテレビで見ました。
問2	(1)	オーストラリアの夏休みは、＿＿＿＿月に始まります。
	(2)	ジェフさんは、友達と＿＿＿＿＿＿＿＿を楽しんだり、ビーチで＿＿＿＿＿＿＿＿。
	(3)	オーストラリアでは、夏にたくさんの＿＿＿＿＿＿＿＿を見ることができます。
問3		ゆうきさんは5時にピアノのレッスンがあるため、＿＿＿＿＿＿＿＿＿＿＿＿＿＿＿＿。

2

問1	トルコは、6つの大陸のうち＿＿＿＿＿＿大陸にある国なんだね。
問2	例えば、6月から8月に注目すると、
問3	そのため、日本国内の製品よりも（25字） 国内の産業がおとろえてしまいます。
問4	（40字）
問5	トルコの大統領は、選挙権をもつ人々によって直接選ばれるけど、日本の内閣総理大臣は

3

問一

菓子の頼みが
ア
ことには苦笑いしたけれど、その一方で、たしかに何か
イ
しかないとも思ったからです。

問二

正和の

と考えていました。

問三

よつばは見つけられなくても、

ようす。

問四

暗くなるまでよつばを探して体はつかれたが、

し、正和の言葉に納得した気持ちを表しています。

4

10行

※ 119%に拡大していただくと，解答欄は実物大になります。

1

<table>
<tr><td rowspan="2">問１</td><td colspan="2">cm</td></tr>
<tr><td colspan="2">求め方</td></tr>
<tr><td rowspan="2">問２</td><td colspan="2">枚</td></tr>
<tr><td colspan="2">残り</td></tr>
<tr><td rowspan="3">問３</td><td>（１）</td><td>例えば、図５の中には、左の色が＿＿＿、中央の色が＿＿＿、右の色が＿＿＿となっているものがあります。これは、＿＿＿＿＿＿＿＿＿＿＿＿＿＿＿＿＿＿＿＿＿＿＿＿＿＿＿＿＿＿＿ので、誤っています。</td></tr>
<tr><td rowspan="2">（２）</td><td>種類</td></tr>
<tr><td>考え</td></tr>
</table>

2

問1	特に写真2に写っている大地のずれのことは＿＿＿＿＿＿というね。
問2	
問3	

3

問１	ものが水にとけた液のことを＿＿＿＿＿＿＿＿というと学んだね。
問２	２０℃で５０mLの水にとける食塩の最大の量は＿＿＿＿ｇ以上、＿＿＿＿ｇ未満にしぼりこめるね。
問３	
問４	記号
	理由

4

<table>
<tr><td>問１</td><td colspan="2"></td></tr>
<tr><td>問２</td><td colspan="2">＿＿＿＿×＿＿＿＿＋＿＿＿＿＝＿＿＿＿</td></tr>
<tr><td>問３</td><td colspan="2">＿＿＿は＿＿＿の倍数です。また、＿＿＿は＿＿＿の約数です。</td></tr>
<tr><td rowspan="3">問4</td><td>（１）</td><td>１２の約数</td></tr>
<tr><td rowspan="2">（２）</td><td>４８の約数</td></tr>
<tr><td>求め方</td></tr>
</table>

県立伊奈学園中学校　2023年度

◇作文Ⅰ◇

※ 120%に拡大していただくと，解答欄は実物大になります。

1

問1	スーパーマーケットでは、＿＿＿＿＿＿産のぶた肉や ＿＿＿＿＿＿産のとり肉が売られています。
問2	2人は、＿＿＿＿＿＿、＿＿＿＿＿＿、 ＿＿＿＿＿＿、＿＿＿＿＿＿を買おうとしています。
問3	買う物の合計金額は、＿＿＿＿＿円ですが、 クーポン（割引券（わりびきけん））で＿＿＿＿＿円分引かれたので、 残りの＿＿＿＿＿円を支払（しはら）います。

2

問1	現在は、＿＿＿＿歳以上の国民に選挙権が認められているね。
問2	日本付近のプレートを正しく表している地図は、＿＿＿です。
問3	奈良時代に入ってから、 30 40
問4	
問5	

3

問一 （10字）自信がありました。

問二
ア （10字）こと。
イ （10字）こと。

問三
葵が、七海に （35字）ようすを表しています。

問四
七海の言葉を聞いて （45字）からです。

4

10行

※ 120%に拡大していただくと，解答欄は実物大になります。

1

<table>
<tr><td>問1</td><td colspan="2">Aさんの歩く速さは分速＿＿＿＿＿＿mです。</td></tr>
<tr><td rowspan="2">問2</td><td>①</td><td>分速とは
＿＿＿＿＿＿＿＿＿＿＿＿
で表した速さのことですね。</td></tr>
<tr><td>②</td><td>これは、３人それぞれの
＿＿＿＿＿＿＿＿＿＿＿＿
を求めて考えたのですね。</td></tr>
<tr><td>問3</td><td colspan="2">＿＿＿＿＿＿分＿＿＿＿＿＿秒かかると考えられます。</td></tr>
<tr><td>問4</td><td colspan="2"></td></tr>
</table>

2

問1	くもりの定義は ＿＿＿＿＿＿＿＿＿＿＿＿＿＿＿＿＿＿＿＿ だと学習したよね。	
問2	記号	
	理由	

3

問１		
問２	Bの重さは＿＿＿＿＿＿＿ gです。	
問３	道具の名前	
	理由	

4

問１	＿＿＿＿＿分＿＿＿＿＿秒かかります。
問２	＿＿＿＿＿度、＿＿＿＿＿cm、＿＿＿＿＿回
問３	正＿＿＿＿＿角形です。
	理由

※ 120%に拡大していただくと，解答欄は実物大になります。

1

問1	シンガポールの学校は＿＿＿＿＿月にはじまります。
問2	 Hotel / Bank / Supermarket / Station / Library / Post Office / City Hall / ★ 現在地
問3	（1）　今日は＿＿＿＿＿曜日です。
	（2）　火曜日の1時間目の教科は＿＿＿＿＿＿＿＿です。
	（3）　今週の体育の授業では＿＿＿＿＿＿＿＿＿＿＿＿＿。

2

問Ⅰ	縄文時代の人々は、資料Ⅰの A のような＿＿＿＿＿＿＿＿と呼ばれる家に住み、狩りや漁、採集によって食料を手に入れていたようだね。	
問2	記号	
	理由	
問3		
問4		
問5		

3

問一

(1) ＿＿

(2) 蓮実は「絶対的な味方」とは、その人がいることで＿＿＿＿＿＿＿＿＿＿＿＿＿＿＿＿＿＿＿＿＿＿＿＿＿＿＿＿＿＿という気持ちになることのできる存在であると考えています。

問二

蓮実の＿＿＿＿＿＿＿＿＿＿＿＿＿＿＿ことに気づきました。

問三

花音の＿＿＿＿＿＿＿＿＿＿＿＿＿＿＿と思う気持ちを理解したことで、自分はこれまで＿＿＿＿＿＿＿＿＿＿＿＿＿＿＿と思っていましたが、花音とは＿＿＿＿＿＿＿＿＿＿＿＿＿＿＿関係でいたいと伝えようと考えています。

4

【わたしのテーマ】

（　　　　　　　　　　）のために自分ができること

※ 120%に拡大していただくと，解答欄は実物大になります。

1

問 1		
問 2	逆数の説明	
	2の逆数	
問 3		
問 4	$\frac{4}{3} \div \frac{5}{2} =$ $= \frac{4}{3} \times \frac{2}{5}$	

2

問1	
問2	5分間で＿＿＿＿＿＿Lの血液が送り出される。
問3	酸素がより多くふくまれているのは、＿＿＿だと考えられる。 理由
問4	それは、肺で ＿＿＿＿＿＿＿＿＿＿＿＿＿＿＿＿＿＿＿＿ ＿＿＿＿＿＿＿＿＿＿＿＿＿＿＿＿＿＿＿＿ ＿＿＿＿＿＿＿＿＿＿＿＿＿＿＿＿＿＿＿だよ。

3

問1	
問2	〈集気びん ア〉と〈集気びん エ〉を比べると と考えられる。

4

問1	cm	
	計算の過程	
問2	cm	
問3	記号	
	理由	

※ 125%に拡大していただくと，解答欄は実物大になります。

1

問1	さくらさんが昨日の夜に寝た時刻は＿＿＿＿＿＿＿時です。
問2	ボブさんの誕生日は＿＿＿＿月＿＿＿＿日です。
問3	サム先生が好きな季節は＿＿＿＿＿＿＿です。 その季節にしたいことは＿＿＿＿＿＿＿＿＿＿＿＿＿＿です。

2

問1	
問2	
問3	
問4	2050年には世界の水需要は約＿＿＿＿＿＿km³ になるみたいだね。
問5	

3

問一

からです。

問二

問三

問四

と思えたからです。

4

8行

※ 122%に拡大していただくと，解答欄は実物大になります。

1

問1	0　1.2　□　□　(m) 0　1　3　3.5　(倍)
問2	緑のリボンの長さは＿＿＿＿＿＿mです。
問3	【数直線の図】 0　(m) 0　(倍) 求め方
問4	

2

問1	アのことがらは、＿＿＿＿＿＿＿＿＿＿＿＿＿＿＿＿＿＿＿＿。
	【理由】
	イのことがらは、＿＿＿＿＿＿＿＿＿＿＿＿＿＿＿＿＿＿＿＿。
	【理由】

3

問1	水がふっとうしているのは＿＿＿＿分から＿＿＿＿分までです。
問2	
問3	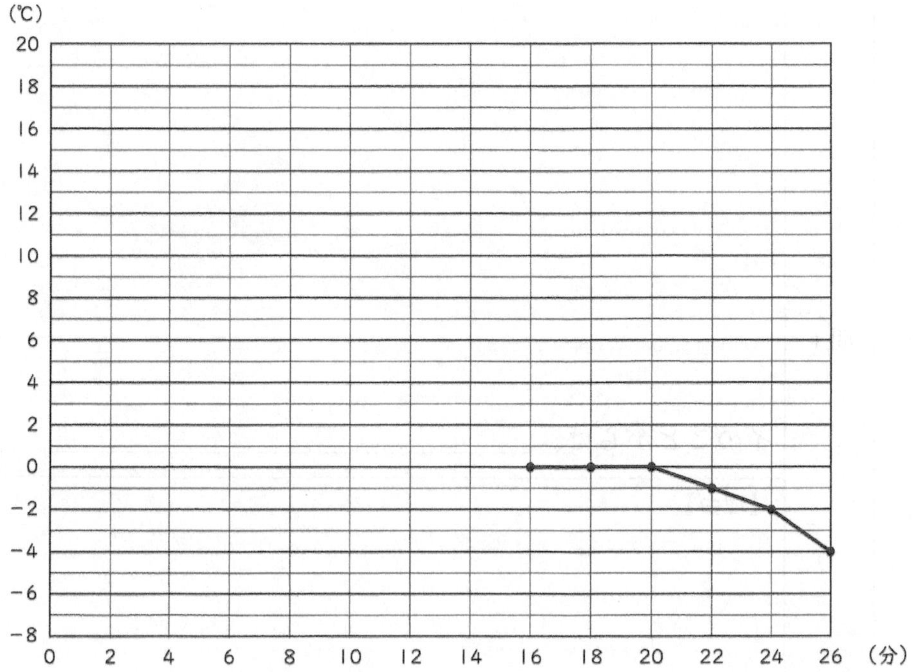
問4	
問5	＿＿＿＿＿＿＿＿＿＿＿＿＿＿＿＿＿＿＿＿だよ。

4

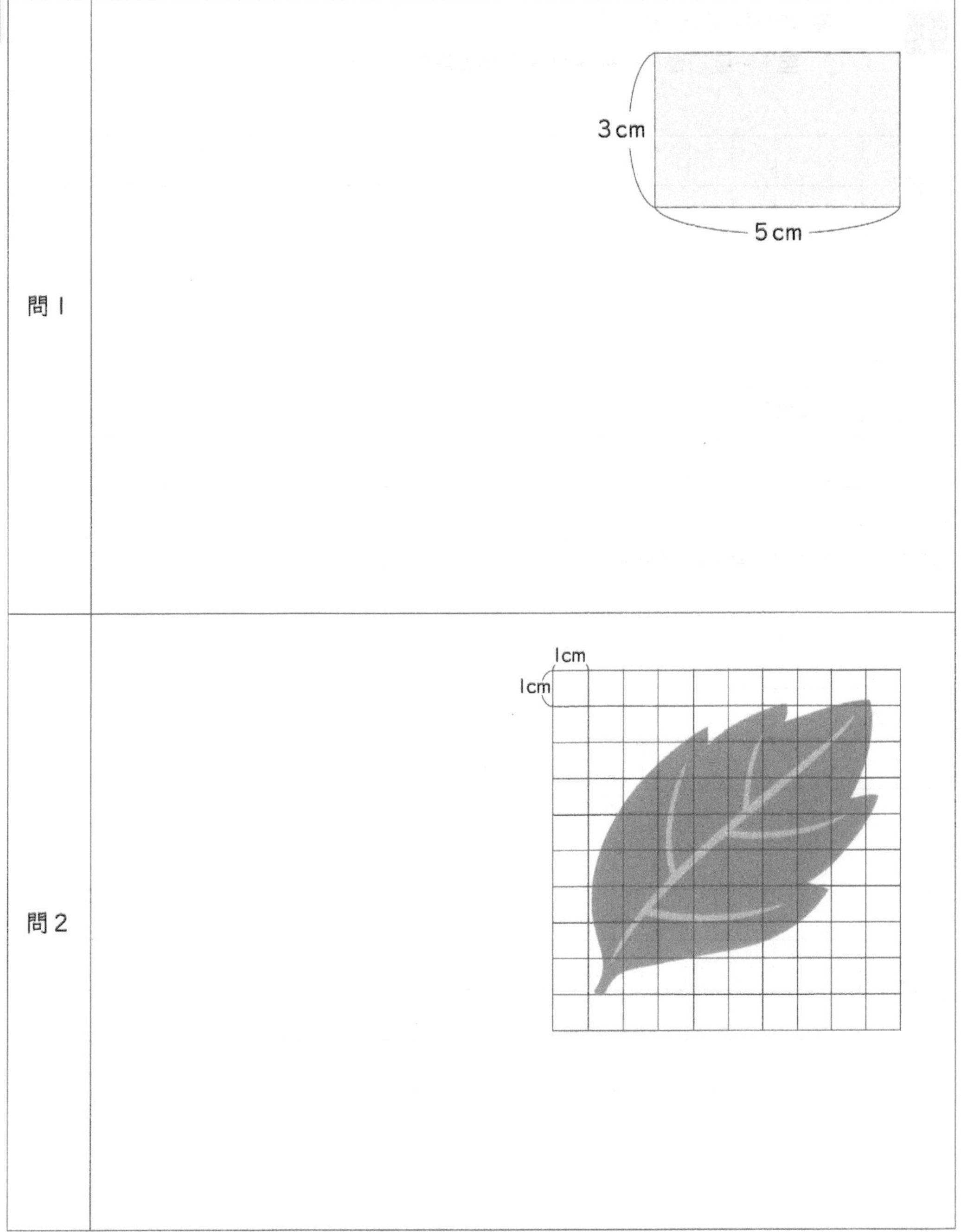

県立伊奈学園中学校　２０２０年度

※１２７％に拡大していただくと、解答欄は実物大になります。

◇作文Ⅰ◇

一

（解答記入上の注意）

○　問一～問三は、一ます目から書き始めましょう。

問一

問二

①

②　これは、

からだと考えられます。

③

④

問三

二

（解答記入上の注意）

○ 問一は、四本線を使って書きましょう。

○ 問三は、一ます目から書き始めましょう。

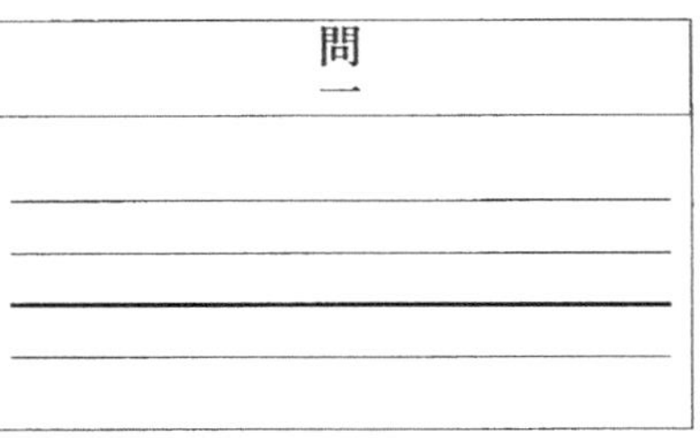

問一

問二

問三

という意味です。

三

（解答記入上の注意）

○ 問一～問四は、一ます目から書き始めましょう。

問一

からです。

問二

ということです。

問三

からです。

問四

予感がしました。

四

（解答記入上の注意）

○ 問一～問三は、一ます目から書き始めましょう。

○ 問四は、原こう用紙の正しい使い方で書きましょう。

問一

高橋さんは働きに出て、何をしたらいいのかわからなかったが、

ことで、仕事がおもしろく感じるようになりました。

問二

ものです。

問三

のことです。

四

問四

8行

県立伊奈学園中学校　2020年度

◇作文Ⅱ◇

※ 125%に拡大していただくと，解答欄は実物大になります。

［問1］（1）答え　およそ　秒速　　m

（2）答え　秒速　　m

求める過程

（3）答え　　分　　秒後

求める過程

[問2]（1）答え およそ　　km

（2）理由

[問3]（1）方法（80字）

（2）答え　　秒

理由（80字）

（3）方法（60字）

[問４]（１）答え 通り

（２）答え 通り

理由（１００字）

（３）答え

理由

[問5]（1）理由（１００字）

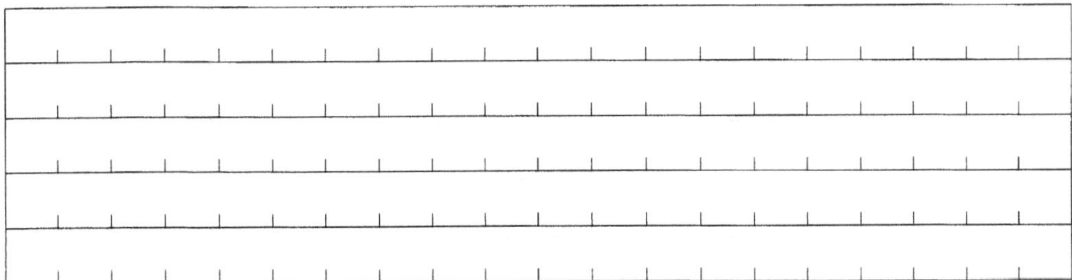

（2）説明（６０字）

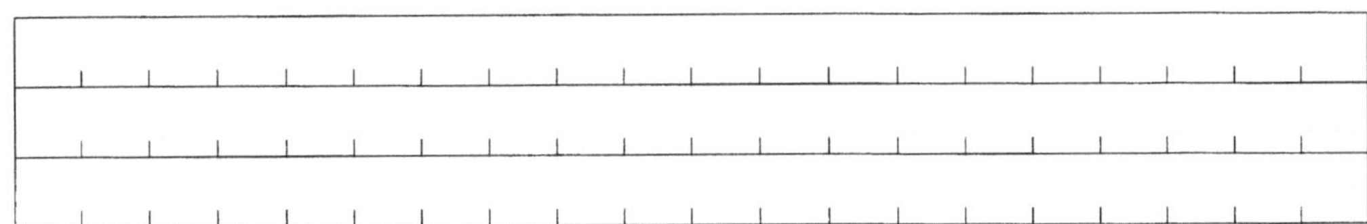

（3）月の形の図

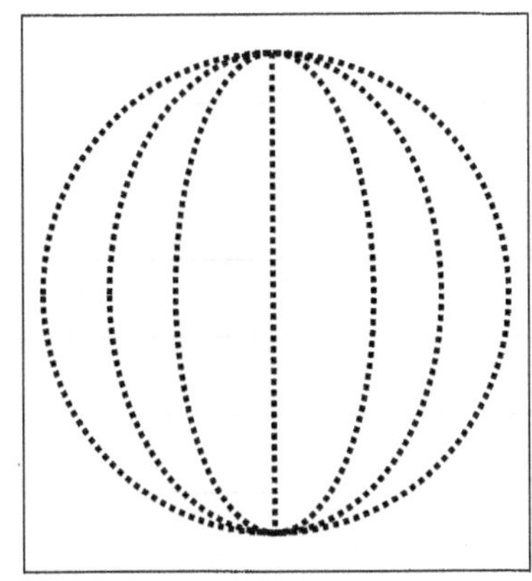

理由（４０字）

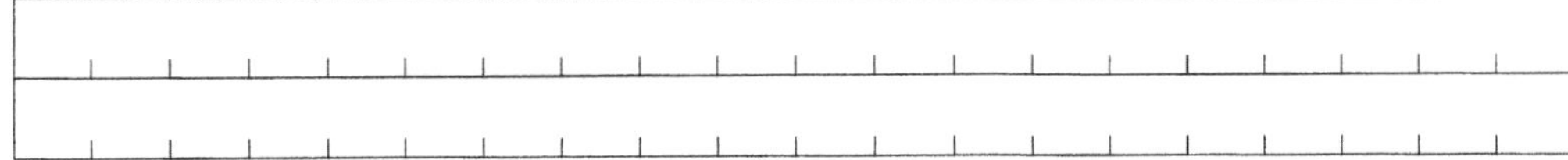

※この解答用紙は125%に拡大していただくと、実物大になります。

◇作文Ⅰ◇

一

（解答記入上の注意）

○　問一〜問四は、一ます目から書き始めましょう。

問一　①　②

問二　記号　理由

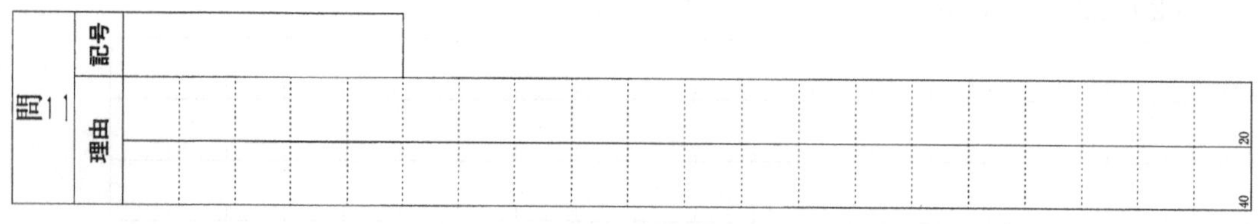

問三

問四　①　②

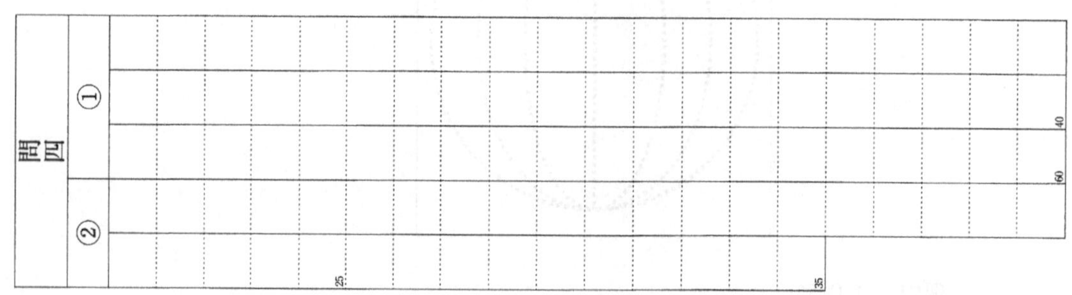

二

（解答記入上の注意）

○ 問一は、一ます目から書き始めましょう。

○ 問二は、四本線を使って書きましょう。

問一

問三

問二

三

（解答記入上の注意）

○ 問一～問四は、一ます目から書き始めましょう。

問一

からです。

問二

様子。

問三

問四

からです。

四

（解答記入上の注意）

○　問一～問三は、一ます目から書き始めましょう。

○　問四は、原こう用紙の正しい使い方で書きましょう。

問一

筆者は、

からです。

問二

社会に変えたいと言っています。

問三

問四

8行

◇作文Ⅱ◇

※この解答用紙は132%に拡大していただくと，実物大になります。

[問1]（1）答え　　　m²

求める過程（80字）

（2）答え　　　人

求める過程

（3）答え　　　分

求める過程

[問2]（1）答え

説明（40字）

（2）方法

理由（60字）

（3）理由（40字）

[問3]（1）答え　（　　　）個ずつ買い、合計金額は（　　　　　　）円

（2）答え　りんご（　　　）個、みかん（　　　）個、もも（　　　）個ずつ買い、合計金額は（　　　　　　）円

求める過程

（3）答え　　　　　　　　通り

求める過程

[問4]（1）答え

理由（６０字）

（2）説明（６０字）

（3）説明（６０字）

[問5]（1）答え　　　　　　　つぶ

求める過程（８０字）

（2）答え　　　　　　　個

求める過程

（3）答え

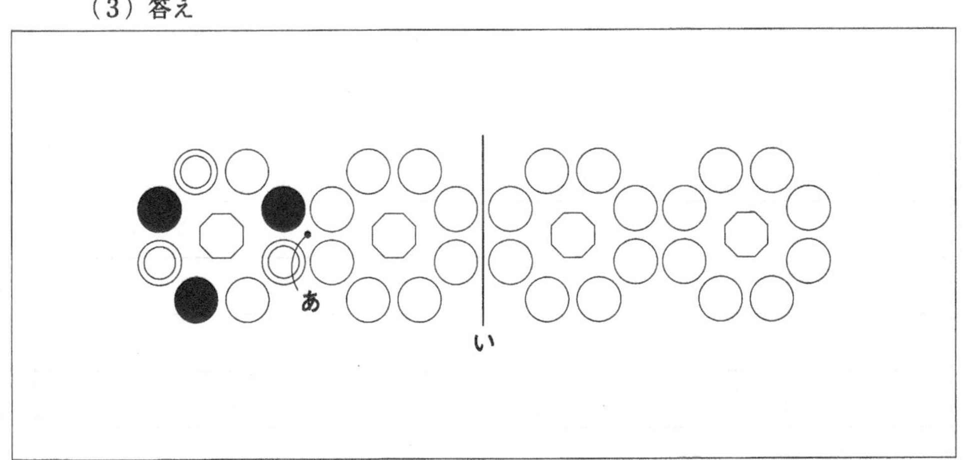

50

◇作文Ⅰ◇

県立伊奈学園中学校　平成30年度

※この解答用紙は120％に拡大していただくと，実物大になります。

一

（解答記入上の注意）

○ 問一～問四は、一ます目から書き始めましょう。

問一 ① 50 ② 20

問二

40

問三 ① ② 50 70

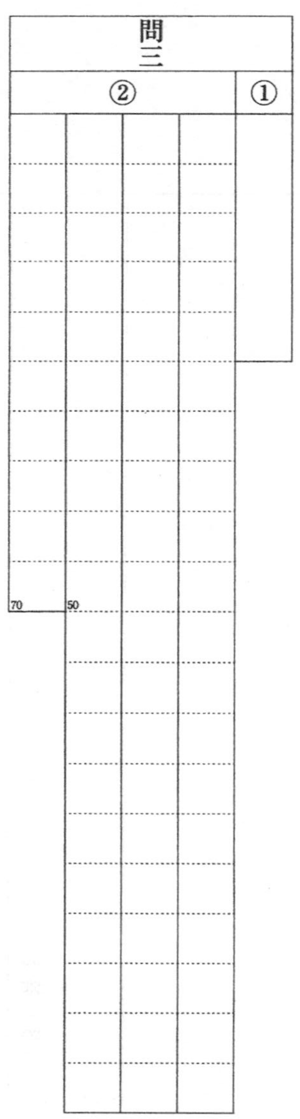

問四 ① 30 50 ② 30 40

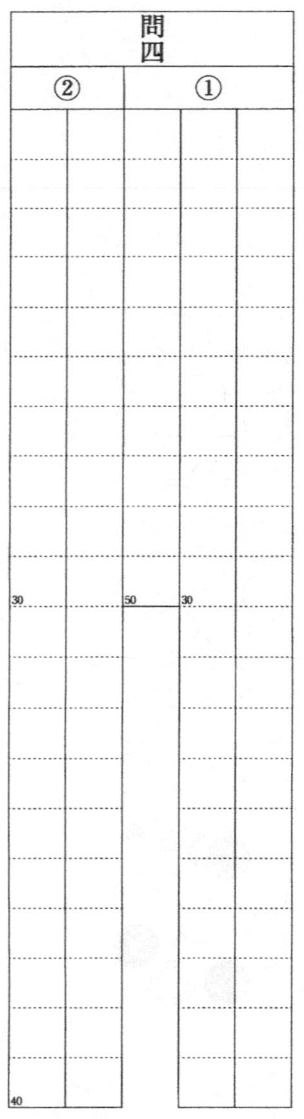

二

（解答記入上の注意）

○　問一は、四本線を使って書きましょう。

○　問二は、一ます目から書き始めましょう。

問一

問二

三

（解答記入上の注意）

○　問一～問三は、一ます目から書き始めましょう。

問一

からです。

問二

問三

気持ち。

四

（解答記入上の注意）

○ 問一〜問三は、一ます目から書き始めましょう。

○ 問四は、原こう用紙の正しい使い方で書きましょう。

問一

カエルの飼育方法の常識に当てはめてフクラガエルを飼育したところ、

ことからです。

問二

問三

からです。

問四

8行

10行

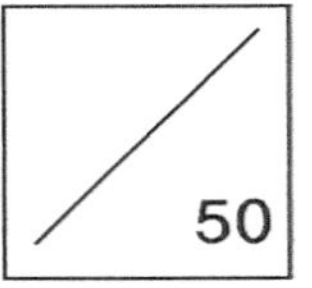

県立伊奈学園中学校　平成30年度

◇作文Ⅱ◇

※この解答用紙は132％に拡大していただくと，実物大になります。

[問１]（１）選んだ記号

理由（６０字）

（２）理由（４０字）

[問２]（１）答え　ページ

求め方（８０字）

（２）答え　日

求め方

[問3]（1）答え 時速　　　　km

求め方

（2）説明（１００字）

（3）方法（１００字）

[問4]（1）答え　　　　　　　m³　　　（2）展開図

求め方（６０字）

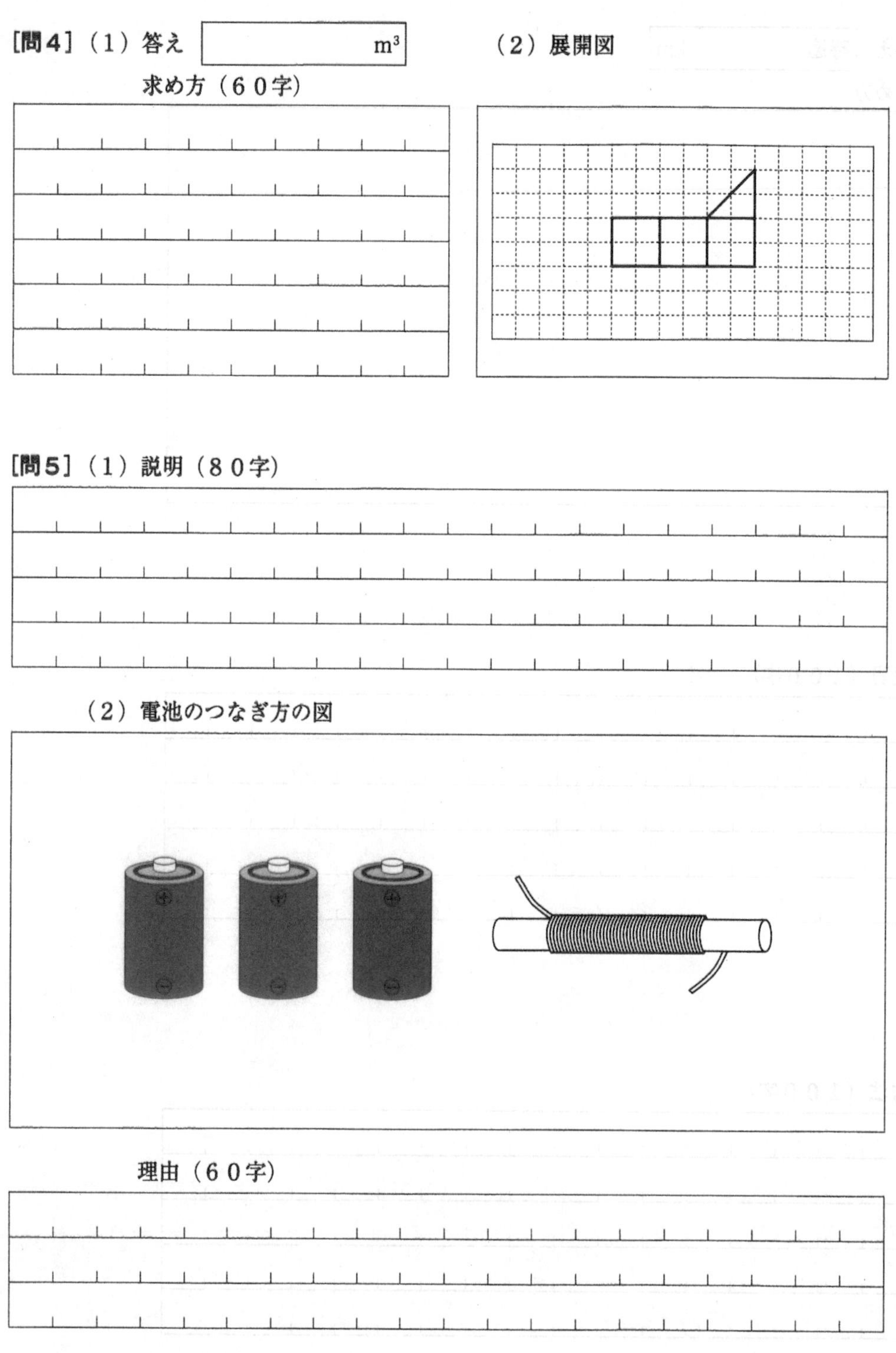

[問5]（1）説明（８０字）

（2）電池のつなぎ方の図

理由（６０字）

[問6]（1）答え　　cm^2

求め方（８０字）

（2）答え　たて　　cm　横　　cm

求め方

（3）答え　　cm

求め方

／50

◇作文Ⅰ◇　　　　　県立伊奈学園中学校　平成29年度

※この解答用紙は120%に拡大していただくと、実物大になります。

一

（解答記入上の注意）

○ 問一～問四は、一ますめから書き始めましょう。

問一　記号

理由

問二

問三

問四

①

②

人物名

日本ができるようになったこと

二

（解答記入上の注意）

○　問一は、四本線を使って書きましょう。

○　問二は、一ます目から書き始めましょう。

問一

問二

三

（解答記入上の注意）

○　問一～問四は、一ます目から書き始めましょう。

問一　熟語　読み方　短文

問二　熟語　短文

問三　気持ちです。

問四　からです。

四

（解答記入上の注意）

○ 問一〜問四は、一ます目から書き始めましょう。

○ 問五は、原こう用紙の正しい使い方で書きましょう。

問一

筆者の職業

そう考えた理由

筆者は、

からです。

問二

患者さんの

という意味です。

問三

患者さんが、

からです。

問四

四

問五

8行

10行

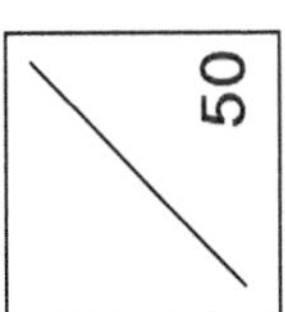

県立伊奈学園中学校　　平成29年度　　◇作文Ⅱ◇

※この解答用紙は132％に拡大していただくと，実物大になります。

［問1］（1）選んだ人物

（2）理由（１００字）

［問2］（1）説明（６０字）

（2）理由（１００字）

（3）説明（６０字）

[問3]（1）理由（40字）

（2）方法（60字）

（3）答え　　　　　曜日

理由（120字）

[問4]（1）方法（60字）

（2）理由（40字）

（3）理由（40字）

[問5]（1）答え　　　　　g

求め方（１００字）

（2）答え　　　　　個

求め方（１００字）

（3）答え　　　　　人

求め方

[問6]（1）答え　cm²

求め方（１００字）

（2）答え　分間

求め方

（3）答え　分間

求め方

50

〈ダウンロードコンテンツについて〉

本問題集のダウンロードコンテンツ、弊社ホームページで配信しております。現在ご利用いただけるのは「2025年度受験用」に対応したもので、**2025年3月末日**までダウンロード可能です。弊社ホームページにアクセスの上、ご利用ください。

※配信期間が終了いたしますと、ご利用いただけませんのでご了承ください。

中学別入試過去問題シリーズ

県立伊奈学園中学校　2025年度

ISBN978-4-8141-3133-4

[発行所] 東京学参株式会社

〒153-0043　東京都目黒区東山2-6-4

書籍の内容についてのお問い合わせは右のQRコードから　⇒

※書籍の内容についてのお電話でのお問い合わせ、本書の内容を超えたご質問には対応できませんのでご了承ください。

2024年6月28日　初版